대학생을 위한

인성교육

Character Education: With Our Life

나, 너, 우리

박명순 · 이미진 · 배성혜 공저

학지사

머리말

『대학생을 위한 인성교육: 나, 너, 우리』는 우리가 살아가면서 끊임없이 갈고 닦아야 하는 정직, 책임감, 협동, 배려, 존중, 예의 바른 태도, 소통 등과 관련된 내용을 담고 있는 책으로, 부제에서 알 수 있듯이 '나, 너, 우리'에 대한 이해와 조화로운 관계 형성을 '인성교육'이라는 틀에 맞추어 짜 보았다. 인성교육에 대한 관심은 훨씬 더 오래전부터이지만, 2015년 7월 21일 「인성교육진흥법」이 시행됨에 따라 유치원부터 초·중·고등학교와 대학교에 이르기까지 인성교육을 의무적으로 실시하게 되면서 더욱 관심을 끌게 되었다. 「인성교육진흥법」은 인성교육을 '자신의 내면을 바르고 건전하게 가꾸며 타인, 공동체, 자연과 더불어 사는 데 필요한 인간다운 성품과 역량을 기르는 것을 목적으로 하는 교육'이라고 규정하고 있다. 인성교육의 필요성을 강조하는 또 다른 측면은 대부분의 사회가 안고 있는 가정문제, 학교폭력 및 따돌림 현상, 게임중독, 부부갈등, 자살 등과 같은 심각한 사회 병리적 현상에 대한 인간성 회복의 방안으로 제안되기도 한다.

간혹 '인성교육'이라고 하면 도덕이나 윤리교육을 떠올리기도 하지만, 인성교육은 개인 내면의 차원에서부터 사회·관계적 차원에 이르기까지 우리의 삶을 찬찬히 짚어 보며 '나'에 대한 이해를 돕고 '너'와 조화로운 관계를 형성하기 위해 터득해야 하는 것을 다시금 인식시켜 주는 교육이라고 볼 수 있다. 더불어 유능한 개인이 되고 조화로운 대인관계를 만들어 가는 기술(skill)을 연마하는 교육도 포함될 것이다. '인성교육'에 대한 학문적 접근에서도 전통적인 도덕 개념에서 '정서와 사회성을 함양하는 교육'으로 '인성'에 대한 이해가 바뀌고 있다. 미래사회는 지적 능력뿐 아니라 타인에 대한 배려와 협력, 사회성, 공감, 소통능력과 같은 정의적 능력을 갖춘 인재를 요구하기 때문에 인성교육의 중요성이 더욱 부각되고 있다.

대학생들을 가르치고 지도하다 보면 당연히 알고 있어야 할 우리 삶의 어떤 측면에 대해 전혀 새롭다는 표정을 짓거나, 20대 여성에게 너무나 중요한 부분을 언급해 주셨다는 피드백을 받을 때가 있다. 그러면서 이런 내용을 성인의 삶을 준비하는 모든 젊은이가 알아 두면 참 유익하겠다는 말을 들을 때, 굳이 '인성교육'이라고 명명하지 않더라도 삶의 선배로서 인생에서 마주하게 되는 여러 측면을 선후배 간의 대화처럼 풀어내 주면 미래를 준비하는 청년들에게 매우 유익할 것이라는 생각을 종종 한다. 인성교육은 머리로 아는 지식에 그치는 것이 아니라 개인의 삶에 스며들어 살아갈 수 있도록 돕는 실제적인 교육이 되어야 할 것이다. 그런 측면에서 이 책은 인성교육에서 다루는 각 주제들에 대해 스스로 진단하고 활동하는 내용들을 담고 있다.

이 책은 총 4부, 14장으로, 모든 장은 인성교육의 이론과 그것을 실제로 훈련할 수 있는 활동들로 구성되어 있다.

제1부 '인성교육 오리엔테이션'은 인성교육의 기초를 다지는 내용으로, 제1장 '인성의 이해'와 제2장 '인성교육 집단 활동'으로 구성하였다. 제1장에서 인성의 개념과 구성요소, 인성교육의 필요성을 설명하였고, 제2장에서는 인성교육을 실시하기 전에 집단 구성원 간의 라포 형성을 위한 활동을 제시하였다.

제2부 '자기이해'는 자기를 탐색하고 발견하기 위한 목적으로 제3장 '자아발견', 제4장 '생애발달주기', 제5장 '흥미와 가치관 탐색'으로 구성하였다. 제3장에서는 자아개념과 성격유형의 진단 및 분석을 통해 자기 자신에 대한 이해를 돕도록 했고, 제4장에서는 전 생애발달단계를 통해 현재 자기 삶을 보다 깊이 성찰할 수 있도록 했으며, 제5장에서는 자기 안에 내재된 독특한 잠재력을 발견할 수 있도록 내용을 구성하였다.

제3부 '대인관계'에서는 자기 내면을 넘어 타인 및 공동체와 함께 살아가는 사회적 차원의 인성 함양을 위해 제6장 '가족관계', 제7장 '친구 및 이성관계', 제8장 '직장 내 대인관계'를 담았다. 각 장마다 관계별 특징과 사례를 제시하였고, 가족, 친구, 이성친구,

직장 내 관계에서 일어날 수 있는 문제를 해결함으로써 더불어 살아가는 인성 역량을 기르도록 구성하였다.

제4부 '의사소통 훈련'에서는 효과적으로 의사소통을 촉진하기 위한 이론과 실제를 다루고 있으며, 제9장 '듣기: 경청과 공감', 제10장 '말하기: 정확한 의사표현'으로 구성되어 있다. 제9장에서는 경청과 공감의 수준, 경청과 공감을 방해하는 요소에 대해 설명하고 효과적으로 경청과 공감을 하기 위한 실제를 다루었다. 제10장에서는 효과적으로 자신을 표현하는 기술, 나 전달법(I-message)을 연마할 수 있도록 구성해 보았다.

제5부 '자기 조절 및 타인 배려'에서는 스트레스, 분노, 우울, 타인을 배려하는 행동을 다루었고, 제11장 '스트레스의 이해와 관리', 제12장 '분노의 이해와 대처', 제13장 '우울증 다스리기', 제14장 '친사회적 행동'으로 구성되어 있다. 제11장에서는 스트레스란 도대체 어떻게 생기는지, 또 어떻게 관리해야 하는지 그 방법에 대해 살펴보았고, 제12장에서는 우리가 살아가면서 피할 수 없는 '분노' 감정을 이해하고 스스로 조절하는 방법을 찾아보았다. 그리고 제13장은 우울증의 개념, 증상 및 원인을 간략하게 설명하고 미진하게나마 우울증을 관리하는 방법에 대해서 언급했으며, 마지막으로 제14장에서는 인간이 태어나면서부터 배워야 할 배려, 나눔, 협동 등의 친사회적 행동이 어떻게 강화되고 나타나는지 둘러보고, 친사회적 행동을 실천할 수 있는 길에 대해 살펴보았다.

이 책은 2000년 이후 '인성교육'을 교양과목으로 들었던 많은 대학생의 피드백을 거치며 다듬어졌기 때문에 그 학생들에게 감사한 마음을 전하고 싶다. 더불어 인성교육에 대한 지대한 관심으로 「인성교육진흥법」 공청회에도 참석하시며 이 책이 나올 수 있게 독려해 주신 학지사 김진환 대표께 감사드리며, 유명원 부장을 비롯한 편집부 김서영 씨 등 관계자 여러분께 감사드린다.

2019년 3월
저자 일동

차례

제2부

자기이해

제3부

대인관계

인성교육 오리엔테이션

제1부

제1장

인성의 이해

1. 인성의 개념
2. 인성 구성요소
3. 인성교육의 필요성

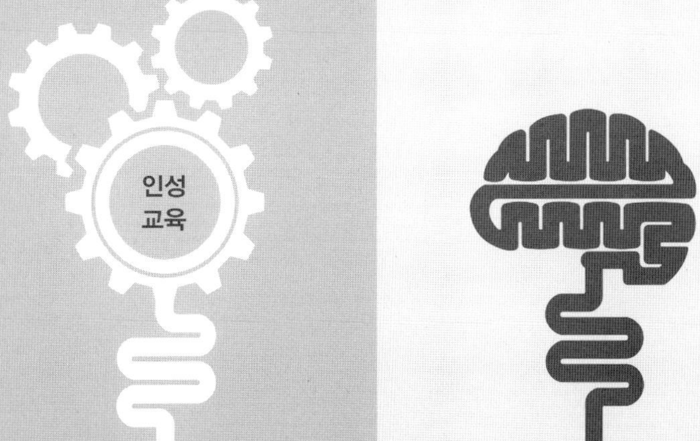

1. 인성의 개념

인성(人性)은 동서양을 막론하고 오랫동안 논의된 것으로, 개념 자체가 매우 추상적이고 포괄적이기 때문에 한마디로 정의하기 어렵다. 사전적 의미로 인성은 사람의 성품 또는 각 개인이 가지는 사고와 태도 및 행동 특성을 뜻한다(국립국어원, 2018). 우리나라에서 인성은 성품, 인격, 인품, 품성, 성격, 사람됨, 도덕성 등과 호환되고 있으며(남궁달화, 1999; 조난심 외, 2004; 조연순 외, 1998; 현주 외, 2014), 이는 어느 측면을 강조하느냐에 따라 인성의 의미가 다양하게 정의되고 있음을 보여 준다. 지금까지 학자들이 제시한 인성의 개념은 '총체성' '가치지향성' '교육가능성'이라는 비교적 공통된 특징을 나타낸다(교육부, 2015).

인성은 인지적 사고뿐 아니라 감정과 행동 특성을 포함하는 총체적 개념이다. 이근철(1996)은 인성이 좁게는 도덕성, 사회성, 정서(감정) 등을 의미하고, 넓게는 지 · 덕 · 체 또는 지 · 정 · 의를 모두 골고루 갖춘 전인성을 의미한다고 하였다. 장(Jang, 1996) 역시 인성은 인성교육을 통해 기르고자 하는 바람직한 인간의 모습을 한정하는 개념으로서, 그것은 지식이나 도덕적 사고과정뿐 아니라 사회성이나 정서 등 모종의 정의적 · 행동적 특성 등을 포함한 일종의 심리적 특성 또는 마음의 상태를 가리킨다고 하였다.

인성의 개념은 시대상을 반영하여 개인적 차원에서 점차 사회적 차원으로 발달하였다. 인성은 한 개인의 개별적인 특성을 넘어서 자신의 삶과 공동체 혹은 사회에 긍정적인 영향을 끼치는 특성으로 확대되었다(박성미, 허승희, 2012; 조연순, 2007; 현주 외, 2009). 더불어 살아가는 시대에서 인성의 개념은 개인의 윤리 · 도덕적 자질뿐 아니라

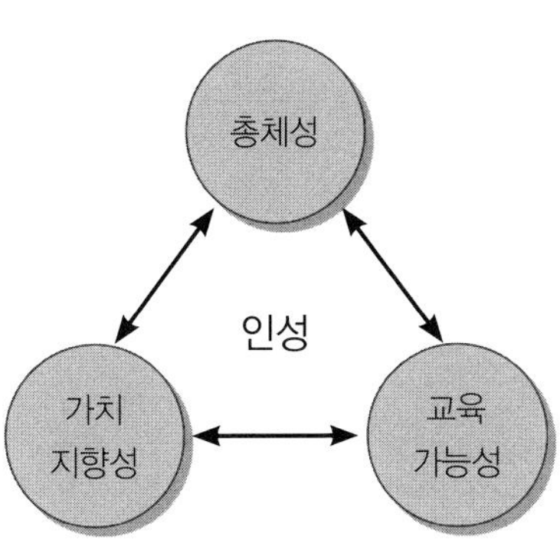

[그림 1-1] 인성개념의 특징

책임, 시민의식, 배려, 존중, 협동심 등 친사회적 행동을 수반하여 확장되었으며(미교육부, 2008), 최근에는 좋은 삶에 필요한 기술이나 능력 같은 인성역량을 추가하여 자기관리능력, 문제해결능력, 공감능력, 소통능력 등을 인성의 한 부분으로 포함시키기도 했다(정창우, 2015).

인성은 인간으로서 갖추어야 할 인격적 특성으로, 선천적이기보다 교육이나 학습을 통해 길러질 수 있다고 보았다(서지영 외, 2010). 일반적으로 성격(personality)이 타고난 성품으로 주로 개성과 같은 개인의 특성을 뜻한다면, 인성(character)은 도덕, 윤리적 기준을 고려한 개인의 성질이나 경향으로 후천적으로 획득 가능한 사람됨이나 인간성을 의미한다(김은진, 2014). 따라서 교육의 가능성을 내포하고 있는 인성은 후자인 character로 보는 것이 적합하다(현주 외, 2014).

이러한 인성의 공통 개념을 기반으로 「인성교육진흥법」(2015)에 제시된 인성교육의 정의를 이해할 수 있다.

> 인성교육은 '자신의 내면을 바르고 건전하게 가꾸고 타인 · 공동체 · 자연과 더불어 살아가는 데 필요한 인간다운 성품과 역량을 기르는 것을 목적으로 하는 교육'을 의미하며, 인성교육의 목표는 예(禮), 효(孝), 정직, 책임, 존중, 배려, 소통, 협동이다.
>
> –「인성교육진흥법」 제2조(2015) –

인성의 개념이 자신을 넘어 공동체와 사회에도 바람직한 영향을 끼치는 것으로 확장되었듯이 인성교육 역시 개인적 차원(내면)뿐 아니라 관계적 차원(타인, 공동체, 자연)까지 모두 포괄한다. 또한 더불어 살아가는 데 필요한 인간다운 성품과 역량을 교육을 통해 기를 수 있다고 명시하고 있다. 인성의 핵심 가치와 덕목으로 제시된 예, 효, 정직, 책임, 존중, 배려, 소통, 협동 등은 관련 지식의 증진만으로 완성될 수 없을 것이다. 인성교육에는 이러한 가치와 역량을 내면화하여 행동할 수 있도록 실행하고 연습하는 과정이 반드시 필요하다(지은림 외, 2013). 인성은 사고, 감정, 행동을 모두 포함하기 때문이다.

2. 인성 구성요소

인성에 대한 개념이 연구자마다 다양하게 정의되듯이 인성 구성요소도 다양하게 제시되고 있다. 국내외 여러 학자들의 연구를 바탕으로 인성 구성요소를 정리하면 다음 〈표 1-1〉과 같다.

〈표 1-1〉 인성 구성요소에 대한 선행연구 분석

연구자	인성 구성요소
조연순 외(1998)	자신감, 자아수용, 자기표현, 자기통제, 권위의 존중과 수용, 예의범절, 효/사랑/배려, 정직/신뢰, 준법정신/봉사정신, 협동정신, 책임감, 정의감, 애국심, 환경보호의식
피어슨, 니컬슨 (Pearson & Nicholson, 2000)	책임, 자제, 용기, 자아존중, 정직, 존중, 친절, 감정이입, 공정성, 정의, 시민의 덕
조난심 외(2004)	성실, 정직, 자주, 절제, 자기주도성, 사고의 유연성, 예절, 협동/준법/책임, 타인 배려, 효도/경애, 관용(개방성), 정의, 공동체 의식, 민족애, 인류애, 타문화 이해, 생명존중
김현수(2005)	성실(책임), 정직, 자율성, 절제, 경애, 효도, 예절, 협동, 준법, 배려, 정의, 민족애, 인류애, 관용(개방성), 사고유연성, 타문화 이해
리코나 (Lickona, 2006)	지혜, 정의, 불굴성, 자기통제, 사랑, 긍정적 태도, 근면, 성실, 감사, 겸손
강선보 외(2008)	도덕성, 전일성, 영성, 창의성, 관계성, 민주시민성, 생명성
박성미, 허승희 (2012)	긍정적인 생활태도, 심리적 소양, 도덕적 판단력, 타인에 대한 존중, 타인에 대한 용서와 관용, 사회구성원으로서의 역할과 책임, 세계시민의식
이근호(2012)	자기존중과 수용, 잠재력 계발, 자기통제와 개발능력
천세영 외(2012)	도덕성: 핵심 가치 인식, 책임 있는 의사결정(정직, 책임) 사회성: 사회적 인식, 대인관계(공감, 소통) 감성: 자기인식, 자기관리(긍정, 자율)
김명순, 김성회 (2012)	자기인지, 자기행동, 대인행동, 대인인지
양정실 외(2013)	존중, 배려, 책임, 협동, 공감과 수용, 대화와 소통능력, 문제와 갈등해결능력, 정의

이윤선 외 (2013)	인지(도덕적 자기인식, 도덕적 가치를 앎, 도덕적 추론, 반성적 의사결정, 도덕적 자기지식), 정의(양심, 자기존중감, 감정이입, 선을 사랑, 자아통제, 겸양), 행동(의지, 습관)
지은림 외 (2014)	도덕성(정직, 책임, 준법), 사회성(공감/배려, 소통/개방성, 봉사/협력), 감성(자기이해, 자기존중, 자기조절)
현주 외 (2014)	자기존중(자기존중 및 효능), 성실(근면 및 인내), 배려/소통(타인이해 및 공감, 친절성, 대인관계 및 의사소통능력), 책임(책임성, 협동심 및 규칙 이행), 예의(효도, 공경), 자기조절(자기조절 및 통제, 신중성), 정직/용기(솔직함, 정직성, 용감성), 지혜(개방성, 다양한 측면에서의 판단 및 의사결정 능력), 정의(공정 및 공평, 인권존중), 시민성(애국심, 타문화에 대한 관심 및 이해, 세계시민의식)
「인성교육진흥법」 (2015)	핵심 가치 · 덕목: 예, 효, 정직, 책임, 존중, 배려, 소통, 협동 핵심 역량: 지식, 의사소통능력, 갈등해결능력
조세프슨 연구소 (Josephson Institute, 2016)	신뢰성, 존중, 책임, 배려, 공정성, 시민 정신

이러한 국내외 연구 결과들을 바탕으로 본 교재를 자기이해(제3장 자아발견, 제4장 생애발달주기, 제5장 흥미와 가치관 탐색), 대인관계(제6장 가족관계, 제7장 친구 및 이성관계, 제8장 직장 내 대인관계), 의사소통 훈련(제9장 듣기: 경청과 공감, 제10장 말하기: 정확한 의사표현), 자기 조절 및 타인 배려(제11장 스트레스의 이해와 관리, 제12장 분노의 이해와 대처, 제13장 우울증 다스리기, 제14장 친사회적 행동)로 구성하였다.

3. 인성교육의 필요성

우리 사회가 고도로 산업화되고 급변하면서 겪고 있는 다양한 사회 병리적 문제의 해결과 미래 인재 양성을 위해 인성교육의 중요성이 강조되고 있다. 인성교육의 필요성을 살펴보면 다음과 같다.

첫째, 우리나라가 겪고 있는 심각한 병리현상에 대한 대처와 예방으로서 인성교육을 시행할 필요가 있다. 범죄, 자살, 학교폭력 및 따돌림 현상, 게임중독, 이혼 등과 같은 심각한 사회 병리적 현상을 겪고 있다. 현대 사회에서 벌어지는 문제 현상을 해결하기 위해 인간성 회복의 관점에서 인성교육이 필요하다.

둘째, 현대 사회의 병리적 현상과 관련된 낮은 자기존중감과 정서조절 및 스트레스 대처 능력이 연관되어 있으므로 자신에 대한 이해와 존중을 가지고 자신의 정서를 조절할 수 있도록 인성교육이 필요하다.

셋째, 민주주의와 시민사회가 발달하면서 시민의식과 도덕성이 높은 구성원을 배출할 필요성이 있기 때문에 정의, 관용, 정직, 준법 등의 가치를 갖추도록 인성교육이 필요하다.

넷째, 21세기 미래 사회는 지적 능력뿐 아니라 타인에 대한 배려와 협력, 사회성, 공감, 소통능력과 같은 정의적 능력을 갖춘 인재를 요구하기 때문에 인성교육이 필요하다. 협력하고 배려하는 능력을 배운다면 다양한 의견을 받아들이고 약자를 배려하는 사회구성원으로 커 갈 가능성이 높다. 인성교육으로 인해 구성원의 사회성이 높아진다면 사회가 소통하고 통합하는 데 기여할 수 있다.

다섯째, 지식기반 경제에서 사회 발전의 토대가 되는 인적 자원은 인적 자본과 사회적 자본에 의해 형성된다. 인적 자본은 사회구성원 개개인이 소유하고 있는 지식, 기술 및 능력이나 특성이며, 사회적 자본은 공공 목적을 위해 구성원 간에 협력하도록 하는 비공식적 가치나 규범 또는 신뢰이다. 사회적 자본 중 가장 중요한 요소는 신뢰인데, 한 국가의 경제 발전, 복지, 경쟁력은 그 사회의 신뢰 수준에 의해 결정된다고 주장하였다. 인성교육에서 추구하는 협력, 배려, 사회성, 공감 등의 능력 함양을 통해 사회의 사회적 자본의 확충에 기여하기 위해 인성교육이 필요하다(도승이, 2013).

제2장

인성교육 집단 활동

1. 인성교육 집단 활동을 위한 약속

1) 정확한 시간 엄수

제한된 시간에 효과적으로 프로그램을 준비하고 진행해 나가는 과정을 경험하면서 자유와 자율, 질서와 절제, 그리고 책임의식을 학습하게 된다. 훌륭한 교육활동은 정해진 시간에 담고 싶은 내용을 효과적으로 준비하고 진행할 때 가능하다.

따라서 집단 지도자는 모임 시간을 정확히 시작하고 마치는 훈련과, 단위 프로그램들을 정시에 마칠 수 있도록 해야 하며 또한 참가자들도 이를 인식할 수 있도록 활동 진행 시 "○분 남았습니다."라는 식으로 알려 준다. 특히 전체 집단을 여러 소집단으로 나누어 진행할 때 소집단 지도자들은 정시에 마칠 수 있는 훈련이 되어 있어야 한다.

2) 지도자를 포함한 모든 참가자들의 적극적 경청

집단 참여자들이 지도자의 말에 귀를 기울이지 않는다면 교육은 불가능하다. 지도자와 참여자들 사이에 상호 의사소통이 이루어지는 바로 그 순간부터 참여자들의 자발적 참여가 이루어지며, 진정한 학습이 이루어진다. 학생들이 집단 활동에 능동적으로 참여할 수 있으려면 상호 적극적인 경청이 이루어지도록 해야 한다. 지도자는 모임에 대한 모든 것을 책임지는 사람도 아니며, 또 그래서도 안 된다. 모임을 인도하는 지도자가 진정으로 구성원들을 위한 모임이 되기를 바란다면 그들이 참여할 수 있도록 이들을 도와야 하는데 그 핵심이 바로 적극적 경청에 있다.

구성원들이 서로의 말을 진지하게 경청하고 참여하도록 하기 위해서는 지도자가 인내하고 기다려 주어야 할 것이며, 학생들이 '경청이 왜 중요한지'를 인식할 수 있도록 돕는다.

집단 지도자는 참여하는 거의 모든 학생들이 시간 엄수와 적극적 경청에 대한 인식과 경험이 부족하다는 전제에서 출발해야 한다. 그러므로 지도자는 활동 초기 과정에서 시간이 잘 지켜지지 않고 시끄러운 것을 당연하게 생각하고 시간 개념과 경청이 자기 자신과 집단 구성원 모두에게 중요하다는 사실을 스스로 인식할 때까지 계속 상기시켜 주는 것이 필요하다. 방종과 무질서를 겪어 보면서 그것이 왜 나쁘고 얼마나 불편한 것인지를 스스로 깨달을 수 있을 때까지 기다려 주는 인내가 필요하며 당장 바꿀 수는 없는 것이다.

시간 개념과 경청은 활동이 진행되는 과정에서 발생하는 여러 가지 사건들 속에서 이루어지는 것들이며, 또한 그런 가운데 학습하게 되는 것이다. 그러므로 지도자는 집단 구성원들을 신뢰하고 인내하면서 끊임없이 기다려야 한다.

2. 여는 놀이

다음에 소개되는 프로그램들은 주로 모임의 초기 단계에서 참가자들이 서로를 알아가고 사귀도록 분위기를 띄우는 놀이들이다. 냉랭하고 긴장된 얼음 같은 분위기를 깬다고 하여 아이스 브레이킹 게임(Ice Breaking Game)이라고 하며, 어색한 분위기를 마구 흔들어 뒤섞어 놓아 분위기를 부드럽게 하는 놀이라 하여 믹싱 게임(Mixing Game)이라고도 한다. 처음 만난 사람들끼리 얼음처럼 냉랭하고, 어색하고, 불안하고, 초조한 분위기를 일순간에 뒤섞어서 편안하고, 즐겁고, 적극적인 관계를 맺도록 도와주고, 나아가 앞으로의 모임에 기대를 가질 수 있도록 하는 놀이들이다.

활동 2-1 인간빙고

◆시작 신호를 알리면 참가한 사람들은 소리를 질러 다음에 해당하는 사람을 찾아가 직접 사인을 받아 오도록 한다.

• 준비물: 활동용지와 연필(인원수만큼), 애교 있는 상품
• 인원수: 제한 없음
• 소요시간: 10~30분

진행

- 방법 1: 가로, 세로, 대각선으로 3줄을 완성한 사람은 "빙고!"라고 외치며 앞으로 나오게 한다. 빙고를 가장 먼저 완성한 세 명이 받은 사인 당사자 중 일부에게 해당 내용의 사실 여부를 확인하고 격려한다. 이때 작은 상품을 준비하면 좋다.
- 방법 2: 정해진 시간 동안 해당되는 사람을 찾아 사인을 받게 한다. 일정한 시간이 지난 후 지도자가 지목한 한 명이 자신이 사인을 받은 사람 중 한 명의 이름과 내용을 말하고, 그 사람이 또 다른 사람을 호명하는 형태로 이어 간다. 이 방법의 경우 시간이 보다 더 소요되므로, 전체 1줄 또는 2줄 빙고를 우선 완성한 사람에게 시상을 하면 좋다.

오늘 아침 밥을 먹은 사람	1개월 이내에 헤어숍에 다녀온 사람	조부모님과 함께 살았던(살고 있는) 사람	연예인 팬클럽 출신인 사람
고향이 경기도인 사람	최근 일주일 이내에 영화를 본 사람	매운 음식을 잘 먹는 사람	지금 줄무늬 양말을 신고 있는 사람
AB형인 사람	웹툰을 즐겨 보는 사람	TV에 나온 적 있는 사람	지진을 직접 느껴 본 사람
현재 연애 중인 사람	3월에 태어난 사람	지난 방학 동안 여행을 갔다 온 사람	아르바이트를 하고 있는 사람

활동 2-2 엇! 너도 그래? 나도 그래!

◆ 서로의 공통점을 찾는 활동이다. 먼저 다음의 프로필을 각자 완성하게 한다. 일정한 시간 동안 나와 공통점이 있는 친구를 찾아 서로의 이름과 내용을 박스 안에 쓴다. 이때 한 사람과 최대 2가지 정도의 공통점까지만 찾게 하는 게 좋다. 최대한 적극적으로 활동할 수 있도록 즐거운 음악을 배경으로 준비하는 것도 좋다.

- 준비물: 활동용지와 연필(인원수만큼), 즐거운 음악
- 인원수: 제한 없음
- 소요시간: 15~20분

소소한 프로필

1. 별명
2. 좋아하는 계절
3. 좋아하는 연예인
4. 생일
5. 혈액형
6. 가장 최근에 본 영화
7. 잘 먹는 음식
8. 받고 싶은 생일선물
9. 발 사이즈
10. 여행 가고 싶은 곳
11. 아침에 일어나서 제일 먼저 하는 것
12. 가장 자신 있는 신체부위
13. 가장 좋아하는 TV 프로그램
14. 이상형
15. 나와 닮았다고 사람들이 말하는 캐릭터, 동물 또는 연예인

예) 송혜교, B형

이름:	이름:	이름:	이름:
이름:	이름:	이름:	이름:
이름:	이름:	이름:	이름:

활동 2-3 내 짝을 소개합니다! 짝!짝!짝!

◆[활동 2-2]와 이어서 할 수 있는 활동으로, 공통점을 찾은 마지막 사람과 둘씩 짝을 이루어 보다 깊은 대화를 나누는 시간이다. 먼저 살짝 부끄럽지만 잠시 짝의 얼굴을 본다(눈빛 교환 3초). 그리고 첫인상을 적는다. 이어서 상대방에게 할 질문 10가지를 준비한다. 이 중 필수 질문은 5가지이고, 나머지 5가지 질

문은 각자 만든다. 질문이 완성되었으면 하나씩 서로 묻고 답한다. 이때 질문의 답을 작성하면 쓰는 것에 몰두하게 되므로 답을 작성하기보다 경청하는 것에 집중하기를 권한다. 마지막으로 모든 대화가 끝나면 서로에 대한 느낌을 말하며 마무리한다.

- 준비물: 활동용지와 연필(인원수만큼), 즐거운 음악
- 인원수: 제한 없음
- 소요시간: 15~20분

1. 이름의 뜻
2. 형제자매
3. 대학생활 동안 꼭 하고 싶은 것
4. 성격
5. 꿈
6.
7.
8.
9.
10.

지금까지 진솔한 너의 이야기를 들어 보니 너의 ______________________이(가) 참 좋았어/부러웠어. 너의 ____한 면이 정말 마음에 들어. 너의 첫인상은 ______________________________였는데, 지금 너에 대한 내 생각은 ____.

활동 2-4 타임캡슐: 나에게 쓰는 편지

◆ 100일 후 성장해 있을 자신에게 쓰는 편지이다. 어떤 영역에서, 어떤 모습으로 변하고 싶은지 그리고 그런 모습으로 변화, 성장해 있을 자신에게 칭찬과 격려를 하는 내용을 써 본다. 손발이 오그라들어도 자신과의 약속이기도 하다. 100일 후 달라져 있을 나를 위해!

- 준비물: 포스트잇, 편안한 음악
- 인원수: 제한 없음
- 소요시간: 5분

Tip 포스트잇에 작성하게 한 후, 지도자가 보관하고 마지막 수업시간에 나눠 주면 좋다.

예) 20○○년 ○월 ○일 ______________에게 이젠 누군가에게 네 속마음을 좀 더 편하게 얘기할 수 있게 되었니? 앞으로 하고 싶은 것도 찾았지? 솔직하고 당당해진 네가 자랑스러워. 20○○년 ○월 ○일 ______________

활동 2-5 비언어적 의사소통 활동들

◆ 여기에 소개하는 활동들은 인간관계 실험집단에서 사용하는 몇 가지 비언어적 경험들이다. 스킨십을 중요시하는 이 활동들은 참가자들에게 대단히 유익한 경험을 제공한다는 사실이 많은 연구를 통해서 속속 밝혀지고 있다. 이 활동은 지도자만이 정보를 알려 주고 참가자들은 지도자의 안내에 따라 말을 하지 않고 따라 하면서 지금 가지는 느낌이 어떤 것인지를 생각해 보도록 한다.

활동을 마친 다음, 참가자들은 그때의 느낌을 자기 짝과 서로 나누는 시간을 가진다. 피드백을 통해서 활동 중에 가졌던 소중한 느낌들을 새로이 확인하게 된다. 이 활동들을 사용하는 방법은 두세 번에 나누어서 진행할 수 있으며, 모임을 계속하는 동안 한두 개씩 필요에 따라 선택하여 사용할 수 있다.

2인 활동

- 믿고 쓰러지기: 두 사람이 서로 발끝이 닿도록 바짝 다가선다. 한 사람이 반걸음 뒷걸음질한 다음, 그 자리에서 뒤로 돈다. 그 사람은 먼저 뒤로 넘어지는 역할을 하는데, 마치 막대기가 쓰러지듯이 뒤로 넘어진다. 이때 뒤를 돌아보아서도 안 되며, 일단 넘어질 때는 뒷걸음질쳐서는 안 된다. 다른 사람은 뒤에서 넘어지는 사람을 든든히 붙잡아 줄 준비를 하고 있다가 안전하게 양손으로 받는다. 두 사람이 역할을 바꾸어 하고, 점차 거리를 넓혀 가면서 반복한다.

- 걷기: 한 사람이 눈가리개로 눈을 가리고 다른 사람의 인도에 따라 계단, 가파른 길, 좁은 길 등 변화무쌍한 길을 돌아다닌다. 인도자는 눈가리개를 한 짝이 행여나 불안해하지 않도록 정성껏 인도해야 하고 다치는 일이 없도록 항상 보호하는 자세로 있는다. 그렇다고 손을 붙잡아서 인도하는 일이 없도록 하며 다만 비언어적 의사소통만 하도록 한다.

- 얼굴 감상: 두 사람이 서로 마주보고 서서 눈을 감는다. 그런 다음 두 손으로 상대방의 얼굴을 손으로 조심스럽게 더듬으면서 감상하는 시간을 가진다.

- 다가서기: 두 사람이 마주보고 앉아서 2~3분 동안 대화하며 느낌을 나눈다. 다음에는 서로 등을 대고 앉아서 2~3분 동안 다시 이야기를 나누도록 한다. 그후 다시 두 사람이 다시 마주보고 앉는데 이번에는 말을 할 수 없고, 비언어적 의사소통으로만 2~3분 정도 진행해 본다.

- 두드리기: 두 사람이 얼굴을 마주보고 선다. 한 사람이 눈을 감고 차려 자세로 편안하게 선다. 다른 사람이 눈을 감은 사람의 오른쪽 머리 부분부터 다리까지 두드려 준 다음 왼쪽 다리에서 시작하여 허리를 거쳐 왼쪽 머리 부분까지 거슬러 올라가며 두드린다. 이렇게 마치고 나면 역할을 바꾸어서 다시 해 본다.

- 거울 보기: 두 사람이 마주보고 선다. 한 사람이 다른 사람의 신체동작을 따라 하는 거울 역할을 한다. 손을 앞으로 내밀어서 손바닥을 짝에게 향하게 하여 큰 동작을 움직여서 표현하도록 한다. 그런 다음 거울이 된 사람이 눈을 감고 다른 사람의 손이 천천히 움직이는 것을 감지하여(두 사람의 손바닥을 마주 붙이고 있는다) 동작을 따라서 한다. 두 사람이 역할을 바꾸어서 다시 해 본다.

• 편안한 거리 측정: 두 사람이 서로 떨어져 상호 무언으로 만나서 어느 정도의 거리가 가장 편안한지 알아보기로 한다. 맨 처음에는 2m 정도 떨어져 있다가 1.5m, 1m, 60cm, 40cm 순서로 다가간다. 매번 1분 정도 서로 쳐다보고 무언의 의사소통을 나누면서 가장 편안한 거리가 어느 정도의 거리인지를 느껴 보고 마지막으로 두 사람의 느낌을 이야기 나누어 본다.

자기이해

제2부

제3장

자아발견

1. 자아개념
   1) 자아개념의 의미
   2) 자아개념 진단 및 분석

2. 성격유형검사
   1) 심리적 선호경향
   2) MBTI 유형별 특징
   3) MBTI를 통한 자기이해

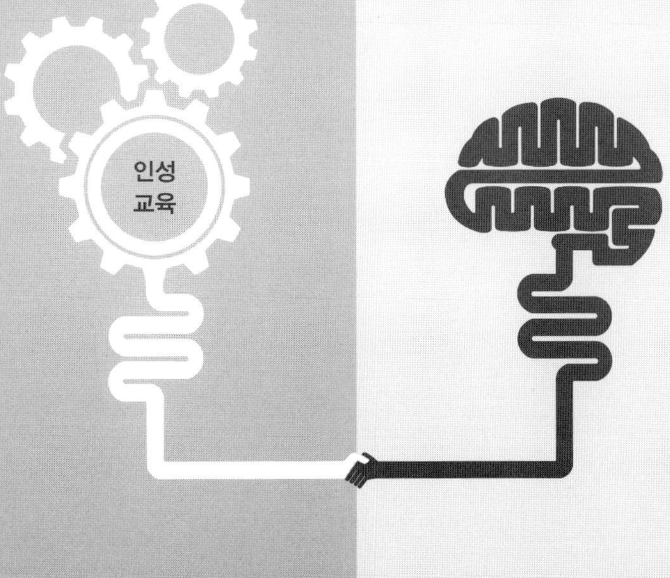

1. 자아개념

1) 자아개념의 의미

'나는 어떤 사람인가?'라는 질문에 당신은 어떤 대답을 할 것인가? 나의 성격, 가치관, 좋아하는 것, 싫어하는 것, 재능과 능력, 감정, 의사소통 패턴, 인간관계 등 자기 자신에 대해 얼마나 알고 있는가?

우리가 자신을 많이 알아야 하는 이유는 자신에 대해 많이 아는 만큼 더 자유로워질 수 있기 때문이다. 또한 친구관계, 이성관계, 직장 내 관계 등 수많은 인간관계에서 보다 건강한 관계를 맺을 수 있다. 나 자신을 이해하고 수용하고 사랑하는 만큼 다른 사람을 이해하고 수용하고 사랑할 수 있기 때문이다.

인간의 자아개념은 영아기부터 나타난다. 보통 생후 3개월부터 영아는 '나'와 '내가 아닌 것'을 구별할 수 있고, 자신을 외부 환경과 구별하여 독립된 존재라고 느끼며 자신을 이해하기 시작한다. 아동기에 접어들면 구체적이고 물리적인 존재로서 자신을 이해하고, 청소년기 이후에는 추상적 사고발달에 따른 추상적 자아개념이 생성되어 이전보다 복잡하고 포괄적인 자아개념을 갖는다(곽금주, 2013). 또한 미드(Mead, 1934)는 자아개념을 사회적 발달과정, 즉 사회적 접촉과 경험에서 비롯된다고 여기고 자아개념과 사회적 환경의 상호작용이 이후 자존감, 정체감, 사회성 형성과 관련된다고 주장하였다.

자아개념은 크게 3가지 요소로 구성된다. 외모, 신체와 그 특성, 재산 및 소유물을 포함하는 물질적 자아와 성격, 능력, 적성 등과 같이 나의 내면적 특성을 말하는 심리적 자아, 그리고 타인과의 관계 속에서 나의 위치와 신분을 나타내는 사회적 자아가 있다(James, 1890). 인간은 의식적 · 무의식적으로 생활 경험에 근거하여 끊임없이 자신을 평가하는 경향이 있다. 이 평가가 긍정적일 때는 만족과 기쁨을 느끼지만 부정적일 때는 불만과 좌절을 경험한다.

또한 자아개념은 다측면적인 구조를 지닌다(Higgins, 1987; Markus & Nurius, 1986). 현실적 자아는 현재의 나에 대한 정보를 담고 있는 자아이고, 이상적 자아는 이상적으로 되기를 바라는 자신의 모습이다. 부모와 같이 중요한 사람들에 의해 기대되는 나의 모습은 의무적 자아이며, 가능한 자아는 앞으로 노력하면 가능하다고 보는 자신의 모습을 말한다.

자신에 대한 평가는 자아의 여러 측면을 비교하며 이루어진다. 현실적 자아와 이상적 자아를 비교할 때 둘 사이에 괴리가 클수록 좌절감과 실패감이 강해진다. 예를 들어, 주변 사람들과 비교하여 현실적 자아가 우월하다고 하더라도 그 모습이 자신의 이상적 자아에 훨씬 못 미친다면 스스로 불만족을 느낄 수 있다. 또한 현실적 자아와 의무적 자아의 괴리가 클수록 불안과 부담감이 커진다. 즉, 부모나 주변 사람들의 기대수준이 높고 현실적 자아가 그 기대에 못 미치면 마음에 강한 부담감을 느끼게 된다. 자신의 이상적 자아와 현실적 자아 사이에 차이가 없다 해도 주변 사람들이 기대하는 의무적 자아가 높은 사람 역시 불안감을 느끼기 쉽다. 뿐만 아니라 아무리 노력해도 이상적 자아가 의무적 자아에 도달할 수 없다고 느낀다면 더욱 깊은 좌절감과 절망감을 경험할 수 있다(권석만, 2014).

사람들은 대부분 자기 자신에 대해 막연한 생각을 지닐 뿐 자신을 구체적이고 체계적으로 지각하는 경우는 드물다. 자신을 제대로 인식하고 이해하는 것은 특별한 노력을 기울여야 하는 과정이기 때문이다. 또한 자아개념은 다른 사람의 감정과 사고를 전망하는 공감능력의 발달에도 영향을 미친다. 다시 말해, 자아개념이 명확할수록 자신과 구별된 다른 이의 감정과 의식을 정확하게 이해할 수 있고 독립된 개체로서 타인을 존중하고 그들의 의견을 더 잘 수용할 수 있다는 뜻이다. 이처럼 사회적 존재로서의 '나'에 대한 이해는 인간관계를 원활하게 할 뿐만 아니라 성숙한 성인으로 성장하는 데

반드시 필요하다. 그러므로 청년기에 다양한 방법으로 자신을 알아 가고 이해하고자 시간을 보내는 것은 의미가 있다.

2) 자아개념 진단 및 분석

자신이 어떤 자아를 형성하고 있는지 알아보기 위해 자아를 진단하고 분석하는 방법이 있다. 이 절에서는 대표적인 자아분석 검사로 에릭 번(Eric Berne)의 교류분석 이론에 기초한 인생태도 검사와 에고그램 검사, 그리고 자기개방의 정도를 알아보는 조해리의 창에 대해 살펴보기로 한다.

(1) 인생태도 검사

인생태도는 성장 과정 속에서 부모와 의미 있는 타인들과의 관계 속에서 긍정적 또는 부정적 자극의 반복 및 강화에 의해 형성된다. 자신을 긍정적으로 보는 측면, 자신을 부정적으로 보는 측면, 남을 긍정적으로 보는 측면, 남을 부정적으로 보는 측면이 발달하고, 이 4가지 측면의 조합에 따라 인생태도의 유형이 분류된다(강갑원, 2004; 우재현, 2002). 4가지 인생태도의 의미는 다음과 같이 나뉜다.

첫째, 자기긍정-타인긍정(I'm OK-You're OK)의 태도이다. 이 유형의 사람은 '나도 당신도 이만하면 괜찮다'는 생각을 갖고 자신과 타인에 대한 긍정적인 삶의 태도를 지닌다. 인생은 가치 있는 가능성의 세계라고 여기고, 긍정적 · 낙천적 인생관을 지니며 타인에 대해서도 긍정적으로 평가하는 경향이 있다.

둘째, 자기긍정-타인부정(I'm OK-You're not OK)의 태도이다. 이 유형은 '나는 잘났고, 너는 별 볼 일 없다'는 식의 삶의 태도를 보인다. 이런 사람은 타인과 거리를 두고, 불신하고 무시하며 독선적이고 야심이 많다. 그래서 전반적으로 권위주의적이고 자기중심적인 성격으로 드러나는 경우가 많다.

셋째, 자기부정-타인긍정(I'm not OK-You're OK)의 태도이다. 이 유형의 사람은 '나는 별 볼 일 없고, 너는 잘났다'는 입장을 취하고 있다. 즉, 스스로에 대한 열등감, 무가치함, 우울, 무력감과 같은 정서적 태도를 보이며 타인에게 의존하려는 욕구도 나타낸다. 또한 스스로 '희생자' 역할을 감당하며 때로는 수동적 공격성을 표출하기도 한다.

넷째, 자기부정-타인부정(I'm not OK-You're not OK)의 태도이다. 이는 '나도 별 볼 일 없고, 너도 별 볼 일 없다'는 입장으로 비관론적인 삶의 태도를 지닌 유형이다. 이 유형의 사람은 어떤 노력도 기울이지 않으면서 만사를 부정적으로 바라보고, 자신의 인생에 대해 심한 회의감을 느끼며 삶의 의미를 상실하여 자포자기한 채 살아가는 경향이 있다.

4가지 인생태도의 유형에 따른 행동적인 특징은 〈표 3-1〉과 같다(김종운, 박성실, 2014).

〈표 3-1〉 인생태도 유형에 따른 행동 특징

	자기긍정-타인긍정	자기긍정-타인부정	자기부정-타인긍정	자기부정-타인부정
타인과의 관계	• 누구와도 사이좋게 모든 일을 잘 해냄	• 지배, 추궁, 징벌, 배타적임	• 타인으로부터 도피함	• 타인을 신뢰하지 않고 공격함
자기와의 관계	• 자기를 존중하고 소중하게 생각함	• 타인의 진의를 바르게 수용하는 경험이 없음	• 자기는 강하지 않고 무능하다고 생각함	• 존재하는 권리를 부정함 • 자기에 대해서도 공격적이며 인간적 수용을 거부함
분노의 감정	• 분노를 표시해야 할 때 자유롭게 표출함	• 원한의 분노를 품고 있음	• 욕구불만의 분노가 많고, 이러한 분노를 마음속에 축적함	• 체제나 세상에 대한 분노를 품고 있음 • 희망 없는 세상에 대판 분노를 품고 있음
두려움의 감정	• 두려워할 때는 두려워할 자유가 있음	• 타인을 지배하는 힘을 잃을까 두려워함	• 실패에 대한 두려움이 있음	• 버림받는다는 두려움 또는 혼자만 남겨진다는 두려움이 있음
삶의 지향성	• 지금-여기에 살고 있음 • 성공을 목표로 하는 승자의 생활을 하며 자기를 바꾸려고 노력함	• 흑백논리의 이분법적 태도를 지니고 경직된 삶을 살아감	• 무엇을 원하는지 자신도 잘 모르며 자기 것도 챙기지 못함 • 문제나 책임으로부터 도피하고 낙담함	• 인생의 목표가 없으며 될 대로 되라는 식임
의사소통	• 개방적	• 자기방어, 공격적	• 타인비난, 자기방어, 자기합리화	• 적대감, 험악, 반항적

활동 3-1 나의 참모습

개요 및 목표

자신이 생각하는 나와 주위 사람들이 생각하는 나를 비교하며 진짜 나를 찾아갈 수 있다.

- 집단의 크기: 6~8명
- 소요시간: 15~20분

진행

① 자신의 모습을 윤곽선으로 그린 후, 윤곽선의 안쪽에는 '자신이 생각하는 나'를, 윤곽선의 바깥쪽에는 '주위 사람들이 생각하는 나'를 적는다.

② '자신이 생각하는 나'와 '주위 사람들이 생각하는 나'의 공통점에는 ○ 표시하고, '자신이 생각하는 나'와 '주위 사람들이 생각하는 나'의 차이점 중에서 자신의 참모습이라고 생각되는 것에 □ 표시한다.

③ 이 활동을 통해 새롭게 발견한 자신의 모습에 대해 나눈다.

활동 3-2 자아존중감 검사

1. 다음의 질문에 솔직하게 답하시오.

① 전혀 그렇지 않다 ② 약간 그렇지 않다 ③ 약간 그렇다 ④ 매우 그렇다

내용				
1. 나는 내가 적어도 다른 사람만큼 가치 있는 사람이라고 느낀다.	①	②	③	④
2. 나는 내가 좋은 장점(자질)을 많이 갖고 있다고 느낀다.	①	②	③	④
3. 나는 대체로 내가 실패자라고 느끼는 경향이 있다.	①	②	③	④
4. 나는 남들이 하는 만큼은 일을 할 수 있다.	①	②	③	④
5. 나는 남들에게 자랑스러워할 만한 것들이 별로 없다.	①	②	③	④
6. 나는 나 자신에 대해 긍정적인 태도를 가지고 있다.	①	②	③	④
7. 대체로 나는 나 자신에 만족한다.	①	②	③	④
8. 내가 나를 더 존중하지 못해 안타깝다.	①	②	③	④
9. 대체로 나 자신이 쓸모 없는 존재로 느껴진다.	①	②	③	④
10. 때때로 나는 내가 전혀 유능하지 못하다고 생각한다.	①	②	③	④

출처: 이자영 외(2009); 전병재(1974); Rosenberg(1965).

2. 다음의 질문에 솔직하게 답하시오.

① 전혀 그렇지 않다 ② 약간 그렇지 않다 ③ 약간 그렇다 ④ 매우 그렇다

내용				
1. 나는 가끔 내가 다른 사람이었으면 하고 바란다.	①	②	③	④
2. 나는 여러 사람 앞에서 이야기하기 어렵다.	①	②	③	④
3. 나에게는 고쳐야 할 점이 많다.	①	②	③	④
4. 나는 어렵지 않게 마음을 결정할 수 있다.	①	②	③	④
5. 나는 다른 사람들과 재미있게 지낸다.	①	②	③	④
6. 가족 중에 나에게 관심을 보여 주는 사람이 없다.	①	②	③	④
7. 나는 새로운 것에 익숙해지기까지 많은 시간이 걸린다.	①	②	③	④
8. 나는 친구들에게 인기가 있다.	①	②	③	④
9. 우리 가족은 나에게 너무 많은 기대를 한다.	①	②	③	④
10. 우리 가족은 대체로 내 기분을 이해해 주는 편이다.	①	②	③	④
11. 나는 매사를 쉽게 포기하는 편이다.	①	②	③	④

12. 나는 비교적 남보다 행복한 편이다.	①	②	③	④
13. 나의 생활은 뒤죽박죽이다.	①	②	③	④
14. 대체로 다른 사람들이 내 생각을 따라 주는 편이다.	①	②	③	④
15. 나는 나 자신에 대해 별로 내세울 것이 없다.	①	②	③	④
16. 나는 집을 나가 버리고 싶은 생각이 자주 든다.	①	②	③	④
17. 종종 내가 하는 일이 뜻대로 되지 않는다.	①	②	③	④
18. 나는 외모가 그리 멋진 편이 못 된다.	①	②	③	④
19. 나는 할 말이 있을 때 대체로 그 말을 하는 편이다.	①	②	③	④
20. 우리 가족들이 나를 잘 이해하고 있다.	①	②	③	④
21. 다른 사람들에 비해서 나는 별로 사랑을 받지 못한다.	①	②	③	④
22. 어떤 때는 가족들이 나를 미워하는 것 같다.	①	②	③	④
23. 내가 하고 있는 일에 대해 실망을 느낄 때가 많다.	①	②	③	④
24. 나는 모든 것이 그다지 어렵게 생각되지 않는다.	①	②	③	④
25. 나는 다른 사람이 나에게 의지해도 될 만큼 강하지 못하다.	①	②	③	④

출처: 강종구(1986); Coopersmith(1967).

결과 해석 방법

구분	영역	문항번호	점수/최대점수 (문항수)	총점/최대점수 (문항수)
검사1	부정적인 자아존중감	3, 5, 8, 9, 10	/ 20(5)	/ 40(10)
	긍정적인 자아존중감	1, 2, 4, 6, 7	/ 20(5)	
검사2	자기비하	1, 3, 11, 15, 16	/ 20(5)	/ 100(25)
	타인과의 관계	6, 7, 9, 10, 20 ,21 ,22	/ 28(7)	
	지도력과 인기	2, 5, 8, 14, 18, 25	/ 24(6)	
	자기주장과 불안	4, 12, 13, 17, 19, 23, 24	/ 28(7)	

※ 밑줄 친 문항은 역채점 문항임

(2) 에고그램 검사

에릭 번은 임상경험을 통해 사람은 어떤 때는 어린이같이, 어떤 때는 어른같이 생각하고 느끼고 행동한다는 점을 발견하였다. 이러한 발견에 기초하여 정립한 교류분석에 따르면 한 개인의 자아상태는 세 가지 종류, 즉 부모자아(parent: P), 성인자아(adult: A), 어린이자아(child: C)로 나눌 수 있다. 어린이자아는 출생 시부터 존재하고, 성인자아와 부모자아는 타인을 생각하며 스스로를 돌봐야 하는 사회적 세계에 적응하면서 형성된 것이다. 이 세 가지 자아에 대해 자세히 살펴보면 다음과 같다(강갑원, 2004; 김규수, 류태보, 2001; 노안영, 2005).

① 부모자아(P)

부모자아는 5세 이전에 부모를 포함한 중요한 인물의 말이나 행동을 보고 무비판적으로 받아들여 내면화한 자아를 말한다. 부모자아는 비판적 부모자아(Critical Parent: CP)와 양육적 부모자아(Nurturing Parent: NP)로 나뉜다.

- 비판적 부모자아(CP): 부모의 윤리, 도덕, 가치판단 기준이 그대로 자녀에게 내면화된 부분으로 지시적, 비판적, 편견적, 징벌적 특징을 나타낸다. 이 자아가 높은 사람은 명령이나 지시 등의 형태로 자신의 가치관을 강요하는 지배적 언행을 보인다. 자신의 신념에 따라 '아니다'라고 분명히 말하는 장점도 있지만, 동시에 자신이 항상 최고라는 식으로 행동하는 경향이 있다. 무뚝뚝하고 완고하여 배우자나 자녀가 불안을 느낄 수 있다(언어형태 예: "틀렸잖아." "가위 쓰고 나면 제자리에 둬야지." "여자가 밤 늦게 돌아다니면 안 된다." "요즘 애들은 버릇이 없어." 등).
- 양육적 부모자아(NP): 부모가 자녀를 양육하는 과정에서 사랑하고 돌보는 말이나 행동이 내면화된 것으로 동정, 보호, 양육, 배려하는 특징이 있다. 이 자아는 아이의 성장을 돕는 어머니처럼 상대방이 도움을 필요로 할 때 보살펴 주고 위로해 주며 따뜻한 말을 한다. 원만한 인간관계를 위해 필요하지만 간혹 지나치면 상대방에게 심적 부담을 줄 수 있고, 스스로도 심리적으로 지칠 수 있다(언어형태 예: "좋았어요." "힘들지, 어서 와. 이것 좀 먹어." "몸이 안 좋아 보이는데 얼른 퇴근하고 쉬세요." 등).

② 성인자아(A)

성인자아는 생후 10개월 무렵 자신에 대한 지각과 독창적 사고가 가능하고 혼자서 어떤 일을 해낼 수 있다는 자신감이 생기면서부터 점차 발달한다. 성인자아의 특징은 객관적, 합리적, 분석적, 지성적, 논리적, 현실적이라는 점이다. 성인자아는 부모자아와 어린이자아가 가지고 있는 정보를 평가하고, 그 정보의 사용 여부를 결정하는 기능을 한다. 감정에 지배되지 않는 이성적이고 냉정한 영역이지만 성인자아가 반드시 정신적으로 성숙한 인간을 의미하는 것은 아니고 그 기능 자체를 나타낸다고 볼 수 있다(언어형태 예: "왜?" "외식하는 돈으로 장을 봐서 집에서 해 먹으면 훨씬 싸고 위생적이지요." "저 친구의 진의가 무엇인지 좀 더 자세히 살펴보자." 등).

③ 어린이자아(C)

어린이자아는 생득적으로 자연스럽게 발생하는 모든 충동과 감정, 그리고 5세 이전에 부모와의 관계에서 경험한 감정과 반응 양식이 그대로 내면화된 것이다. 상대방이 부모처럼 행동하거나 자신이 즐거울 때 잘 나타난다. 자유 어린이자아(Free Child: FC)와 순종적 어린이자아(Adapted Child: AC)로 구분된다.

- 자유 어린이자아(FC): 부모나 어른의 반응에 구애받지 않고 자신의 욕구를 자연스럽게 나타내는 자아로 그 특징은 본능적, 적극적, 감정적, 즉흥적이라는 점이다. 남의 시선을 별로 신경 쓰지 않고 현실을 아랑곳하지 않으며, 즐거움을 추구하고 불쾌한 것은 피하는 경향이 있다. 이 자아가 적절히 나타나면 주위 사람들에게 즐거움을 주고 매력적인 요소로 작용하지만, 지나치면 자신을 통제하지 못하고 경솔한 사람으로 평가받을 수 있다(언어형태 예: "야, 주말이다 놀러 가자." "이거 사 주실래요?" "나 그것 싫은데요." 등).
- 순종적 어린이자아(AC): 부모나 권위자의 관심을 얻기 위하여 이들의 요청에 부응하려는 특징을 나타내는 자아로 부모나 권위자에 의해 형성된다. 이 자아가 높은 사람은 순종적, 순응적, 소극적, 의존적인 모습을 지닌다. 겉으로 보기에 인간관계를 원만하게 이끌어 가는 것 같으나 사실은 자신을 억제하고 있기 때문에 내면에는 여러 가지 심리적 문제가 있을 수 있다. 예를 들어, 감정을 억압하거나, 열등감에 사로잡히거나, 앙심을 품거나, 갑자기 화를 내는 행동을 보인다(언어형태 예: "이

거 하나 먹어도 됩니까?" "잘 모르겠어요." "아니, 괜찮습니다." 등).

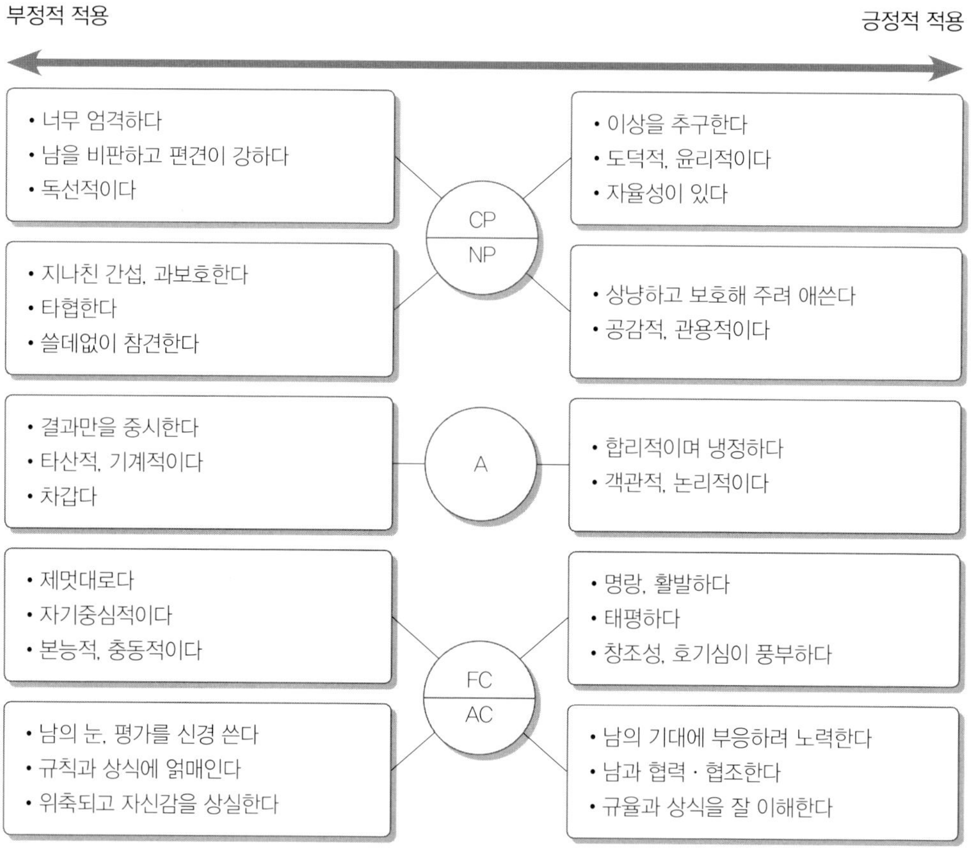

[그림 3-1] 자아상태의 양면성

활동 3-3 에고그램 검사

◆다음 질문에 해당하는 점수를 흰색 빈칸에 적으시오.

매우 그렇다(5) 그렇다(4) 보통이다(3) 그렇지 않다(2) 전혀 그렇지 않다(1)

문항					
1. 다른 사람을 헐뜯기보다는 칭찬을 잘하는 편이다.					
2. 대화에서 격언, 속담을 잘 인용한다.					
3. '법이 없이도 살아갈 수 있는 사람'이라는 소리를 잘 듣는다.					
4. 행동이나 말이 자유롭고 자연스럽다.					
5. 말이나 행동을 냉정하고 침착하게 하므로 안정된 분위기를 느낀다.					
6. '내가 말하는 대로 된다'는 식으로 말한다.					
7. 상냥하며 부드러우며 애정이 깃들어 있는 대화나 태도를 취한다.					
8. TV, 영화 등을 보면서 마음이 약해 눈물을 잘 흘리는 편이다.					
9. 육하원칙에 따라 사리를 따지거나 설명하는 편이다.					
10. 호기심이 강하고 기발한(창의적인) 착상을 잘한다.					
11. 말을 할 때 상대방의 안색을 자주 살핀다.					
12. 직장 내외에서 사회봉사활동에 참가하기를 좋아한다.					
13. 사회의 윤리, 도덕, 규칙 등을 중시하고 준수한다.					
14. 다른 사람으로부터 부탁을 받으면 거절하지 못한다.					
15. 자세가 바르며 여유가 있다.					
16. 자신을 멋대로라고 생각한다.					
17. 다른 사람의 마음에 들고 싶다고 생각한다.					
18. 부모나 상사가 시키는 대로 한다.					
19. 타산적이며 이해득실을 생각하고 행동한다.					
20. 일을 능률적으로 잘 처리해 간다.					
21. 매사에 조심스럽고 소극적인 편이다.					
22. 대화에서 감정적으로 되지 않고 이성적으로 풀어 간다.					
23. 상대방의 이야기를 잘 경청하고 공감하는 편이다.					
24. 책임감이 강하고 약속시간을 엄수한다.					
25. 부하나 아이의 실패에 대해 관대하고 격려한다.					
26. 의리와 인정에 이끌려 아이, 부하, 동료 등 누군가를 마음에 걸려 한다.					

27. 신이 나면 도가 지나쳐서 실수를 한다.					
28. 아이나 부하를 엄격하게 다룬다.					
29. 생각하고 있는 바를 입 밖으로 내지 못하는 성질이다.					
30. 친구나 동료, 아이들이나 부하에게 신체적 접촉과 같은 스킨십을 잘 하는 편이다.					
31. 상대방의 말을 가로막고 자신의 생각을 말한다.					
32. 밝고 유머가 있으며, 장난을 잘 치는 편이다.					
33. 어떤 일이나 사실에 근거해서 판단한다.					
34. 상대의 실수를 지적하고 정정한다.					
35. 열등감이 강하고 자신의 감정을 억눌러 버리는 편이다.					
36. 오락이나 술 등 음식물을 만족할 때까지 먹는다.					
37. 미래의 일을 냉정하고 예리하게 예측하고 행동한다.					
38. 욕심나는 것을 가지지 않고는 못 배긴다.					
39. 자신의 생각을 관철하기보다 타협하는 경우가 많다.					
40. 동정심이나 배려심이 강하고 어린이나 타인을 돌보기를 좋아한다.					
41. 어떤 결정을 내릴 때 사실을 확인하거나 반대의견을 듣는다.					
42. 중얼중얼하는 목소리로 말하거나 우물쭈물 사양하는 편이다.					
43. 상대를 바보 취급하거나 멸시한다.					
44. 기쁨이나 화를 내는 등 희로애락을 직접적으로 표현한다.					
45. 곤경에 처해 있는 사람을 위로하거나 북돋아 주기를 즐겨 한다.					
46. 현상을 잘 관찰, 분석하고 합리적으로 의사결정한다.					
47. "~해도 괜찮을까요?" "~할 생각입니다." "이젠 됐습니다." 등의 말을 쓴다.					
48. "와! 멋있다." "굉장하군!" "아하!" 등 감탄사를 자주 쓰며 농담을 잘한다.					
49. "당연히 ~해야 한다." "~하지 않으면 안 된다."는 식의 말투를 잘 쓴다.					
50. 권리를 주장하기 전에 의무를 다한다.					
합계					
	CP	NP	A	FC	AC

채점 및 해석

에고그램이 완성되면 다음과 같은 순서로 해석한다.

① 먼저 어느 자아상태가 가장 높은지를 주목하여 본다.

② 어느 자아상태가 가장 낮은지를 본다.

③ P가 높은 사람은 CP와 NP를 비교한다. C가 높은 사람은 FC와 AC를 비교한다.

④ A가 어느 정도 높으며, A가 다른 자아상태와 비교해서 높은지 혹은 낮은지를 본다.

⑤ 자신이 바라는 에고그램을 그려 본다. 자신이 원하는 혹은 예상한 그래프와 실제 그래프를 비교해 보고 어느 부분을 바꿀 것인지 확인한다. 높은 것을 낮추기보다 낮은 것을 높이는 쪽으로 계획한다. 낮은 자아를 높이기 위해 구체적으로 어떻게 행동하여야 할 것인지를 계획하고 실천할 수 있도록 한다.

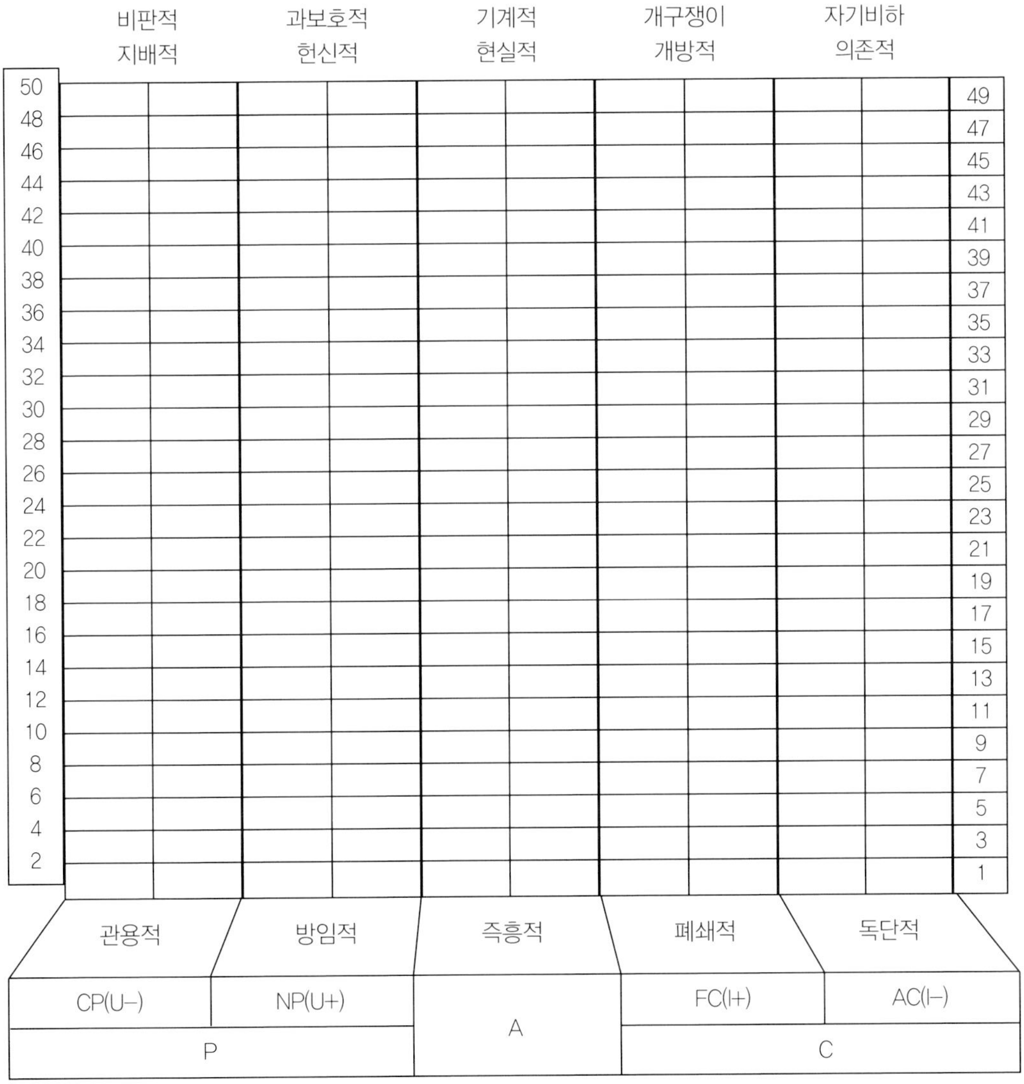

[그림 3-2] 나의 OK-에고그램 결과

출처: 김종운, 박성실(2014).

※ 참고 – 여러 가지 에고그램

에고그램의 패턴은 그 사람의 삶의 방식에 대한 습관과 같은 것이다. 따라서 다음과 같은 7가지 대표적인 에고그램 패턴은 누구나 가지고 있는 7가지 삶의 습관이라고 할 수 있다(한국교류분석협회, http://www.ta.or.kr).

① ∧형: 원만 패턴(보통)

NP를 정점으로 하는 ∧형의 에고그램을 나타낸다. 일반적으로 대인관계에서 문제가 적고 자타를 모두 긍정하는 사람이라고 할 수 있다. 이 패턴은 '인화'를 강조하는 사람에게 많이 나타나는 패턴이다. 자신의 성격을 바꿔 보고자 하는 사람은 이 형태를 목표로 하는 것이 좋다.

② N형: 헌신 패턴(슈바이처형)

NP를 정점으로 하고 FC를 낮은 점으로 하는 N형은 자기부정적이고 타인에게 의존적인 유형이다. 이 유형의 사람은 NP가 높고 타인에 대한 배려나 온정이 있지만 AC가 높으므로 하고 싶은 말을 하지 못하고 마음속으로 삭이는 것이 특징이다. 기분 전환도 잘 할 줄 모르므로 싫은 감정을 쉽게 잊어버리지 못하고 자율신경 실조증 등의 스트레스 병에 걸리기 쉬운 사람이라고 할 수 있다.

노력 포인트

'재미있다.' '한번 해 보자.'라는 마음으로 적극적으로 뛰어드는 자세가 중요하다. 유머나 농담을 통해 유쾌한 기분에 젖어 보는 것이 필요하고, 보다 강인한 근성을 키우는 훈련을 하는 것을 권장한다.

③ 역N형: 자기주장 패턴(돈키호테형)

CP, FC가 높고 NP, AC가 낮은 역N형은 자기중심적인 사람으로 자기주장형이다. 결국 책임의 소재는 타인에게 있고 자신은 항상 옳다고 하는 자기반성이 부족한 사람일 것이다. 그러나 이 패턴의 사람이 가진 야망이나 욕망이 예술이나 예능 방면으로 향했을 때는 능력을 발휘한다. 예술가 타입이라고 할 수 있다.

노력 포인트

주변 사람들의 좋은 점을 발견하도록 노력해서 칭찬하는 연습을 하는 것이 중요하다. 늘 상대방의 입장에서 이해하고, 부드러운 말을 쓰며 따뜻한 느낌을 주도록 노력하는 것이 필요하다.

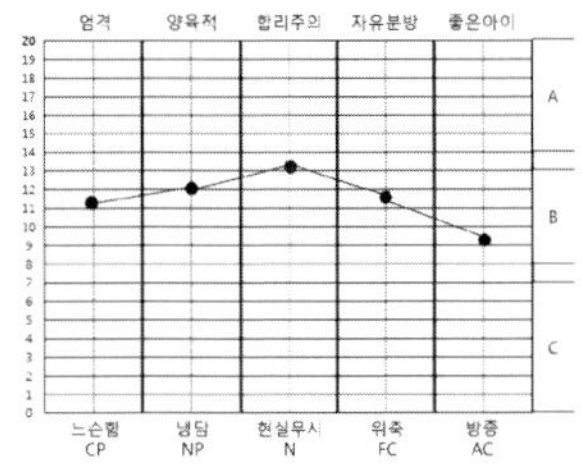

∧형: 원만 패턴

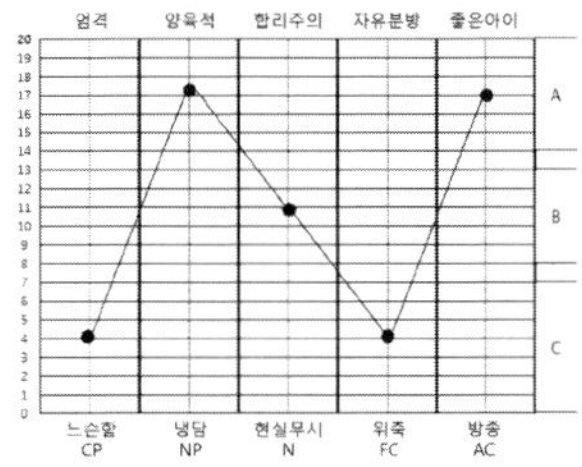

N형: 헌신 패턴

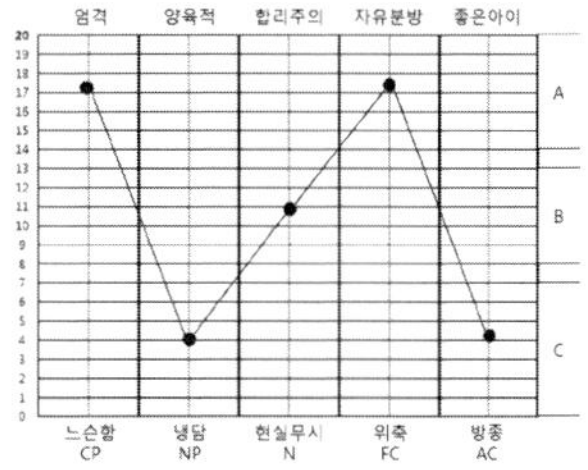

역N형: 자기주장 패턴

④ V형: 갈등 패턴(햄릿형)

양끝의 CP, AC가 높고 전체가 V형이 된다. CP가 높으므로 "이렇게 해야 돼!" "이렇게 해서는 안 돼!"라고 자신이나 타인에게 완전함을 요구하지만, 마음속으로 갈등을 반복하고 후회를 많이 하는 사람이다. 결국 책임감이나 사명감에 사로잡혀 있는 엄격한 자신과 타인으로부터의 평가에 신경을 쓰는 자신이 끊임없이 갈등을 반복하는 것이 특징이다.

노력 포인트

현실에 근거하여 상황에 대한 정확한 판단을 하는 것이 중요하다. 감정적으로 행동하지 않도록 스스로 통제하며, 침착하고 객관적이며 공정한 태도를 갖는 것이 필요하다.

⑤ W형: 고뇌 패턴(베르테르형)

V형의 아류 형태로 양쪽의 CP, AC가 높은 데다 A도 높은 점이 특징이다. CP, AC의 갈등 상황은 V형과 같지만 A가 높아 현실을 음미하거나 분석하려고 하는 만큼 이 부분의 고민은 심각하다. 자포자기나 침울한 상태가 되기 쉽다고 할 수 있다.

노력 포인트

'재미있을 것 같다.' '한번 해 보자.' 또는 '즐겁다.'는 마음으로 호기심을 가지고 생활하는 것이 중요하다. 또한 감정과 느낌을 겉으로 드러내는 것을 연습하고, 마음대로 하고 싶은 일을 찾거나 많은 사람과 이야기를 나누고 재미있는 일들을 만들어 보는 것이 필요하다.

⑥ M형: 명랑 패턴(우상형)

NP, FC 양쪽이 높고 다른 것은 그것보다 낮은 점이 특징이다. 이 패턴은 밝고 명랑한 젊은 여성에게 잘 나타난다. 타인에 대한 배려가 있고 호기심이 왕성하며 즐거운 것을 아주 좋아하는 사람이라고 할 수 있다. 분위기를 주도하는 밝고 유쾌한 사람이다.

노력 포인트

현실에 근거하여 상황에 대한 정확한 판단을 하는 것이 중요하다. 감정적으로 행동하지 않도록 하고, 감정이 높아졌을 때는 "조금만 생각할 여유를 주십시오."와 같이 사이를 두는 것이 필요하다.

⑦ 우경사형: 완고 패턴(황소형)

CP를 정점으로 우측으로 내려가는 우경사형의 특징은 한마디로 완고하다는 것이다. AC가 가장 낮아 타인의 의견에는 귀를 기울이지 않는다. 타인이 하는 일에 화끈대는 경우가 많아 두통이나 고혈압이 되기 쉬운 형이라고 할 수 있다.

노력 포인트

매사를 즐겁게 인식하고 적극적으로 생활하는 것이 중요하다. 그리고 자기의 주관만 고집하기보다는 다른 사람들의 의견에도 적극 귀를 기울이는 타인 존중의 태도가 필요하다.

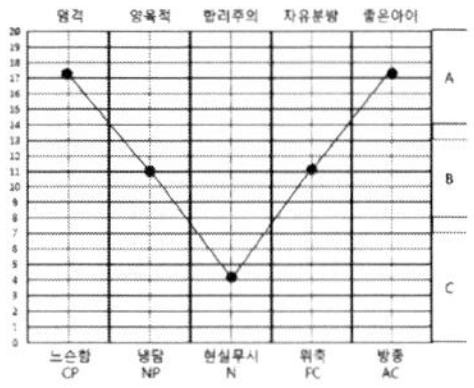
V형: 갈등 패턴

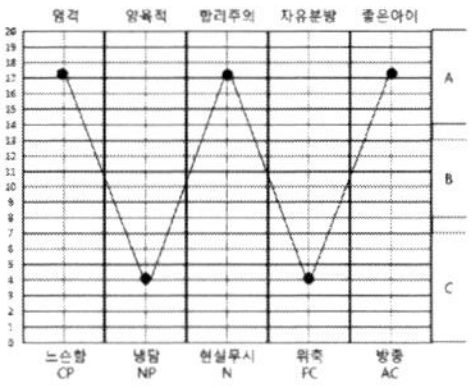
W형: 고뇌 패턴

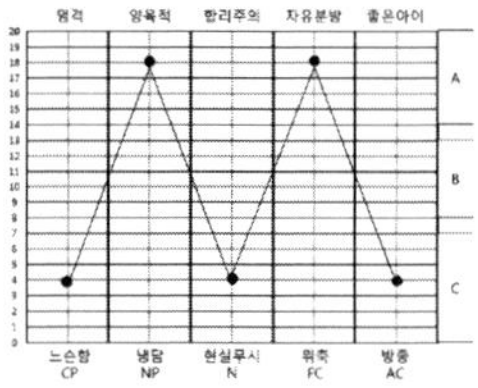
M형: 명랑 패턴

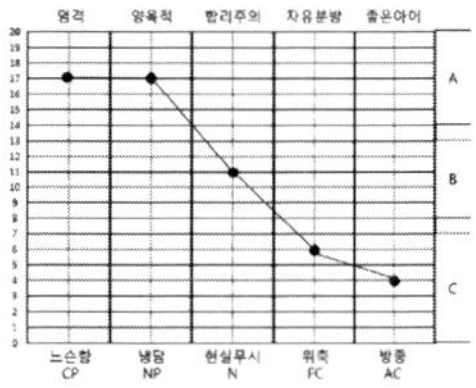
우경사형: 완고 패턴

(3) 조해리의 창

주위의 가까운 사람에게 어떤 사람으로 인식되고 있는가? 혹시 당신은 미처 모르고 있었는데 주위 사람이 어느 날 당신에게 "넌 ~해."라고 말한 적은 없는가? 자신도 모르고 남도 모르는 무의식 속에 숨겨진 자신의 모습이 있을지도 모른다고 상상해 본 적은 없는가? 이 모든 질문에 답을 해 주는 것이 바로 조해리의 창(Johari's window of mind)이다. 조셉 루프트(Joseph Luft)와 해리 잉햄(Harry Ingham)은 자기개방과 피드백의 측면에서 자신을 진단해 볼 수 있는 마음의 창을 개발했다.

자기개방은 자기 자신을 있는 그대로 다른 사람에게 보이는 것이다. 남에게 자신을 보여 주는 것은 타인이 자신을 알 수 있도록 하는 행위이며 자신이 느끼고 생각하고 믿는 것에 대해 다른 사람과 의견을 교환한다는 의미이다. 자신의 느낌이나 감정을 상대방에게 솔직하게 이야기할 때 상대방도 좀 더 개방적이고 친숙하게 다가올 수 있기 때문에 자기개방을 바람직하게 하는 사람은 상대방을 편안하게 해 주는 능력을 가진 사람이다. 그러므로 원만한 인간관계를 유지하기 위해서는 적절한 자기개방이 필요하다. 또한 타인은 나를 비춰 주는 사회적 거울(social mirror)이라는 말처럼, 다른 사람의 반응 속에서 나의 모습을 비춰 보는 일 역시 중요하다. 다른 사람을 통해 자신에 대한 피드백을 얻음으로써 자기이해가 깊어지고 자신의 행동에 대한 조절 능력이 커진다(권석만, 2014).

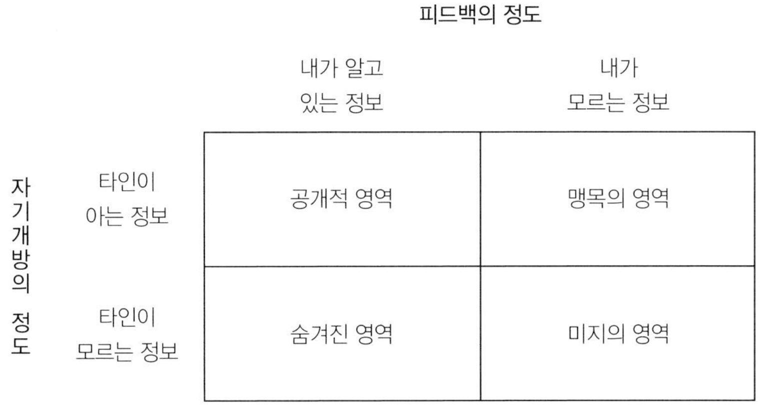

[그림 3-3] 조해리의 창

조해리의 창은 자기개방과 피드백의 정도에 따라 네 영역으로 구분된다.

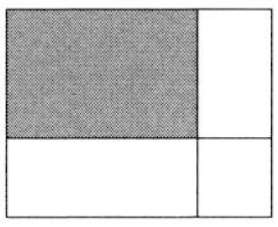

첫째, 공개적 영역(open area)은 나도 알고 있고 다른 사람에게도 알려져 있는 나에 관한 정보를 의미한다. 이 영역의 창이 가장 넓은 사람은 개방형으로, 대체로 인간관계가 원만하고 적절하게 자기표현을 잘할 뿐만 아니라 다른 사람들의 말도 잘 경청하여 호감과 친밀감을 주며 인기가 있다. 그러나 공개적 영역이 지나치게 넓은 사람은 말이 많고 경박한 사람으로 비쳐질 수도 있다.

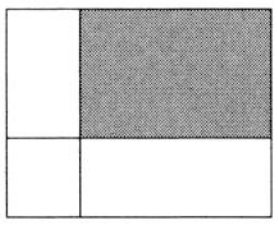

둘째, 맹목의 영역(blind area)은 나는 모르지만 다른 사람은 알고 있는 나의 정보를 말한다. 예를 들어, 이상한 행동습관, 특이한 말버릇, 독특한 성격과 같이 남들은 알지만 자신은 모르는 자신의 모습을 의미한다. 이 영역의 창이 넓은 사람은 주장형으로, 자신의 기분이나 의견을 잘 표현하며 나름대로 자신감을 지닌 솔직하고 시원시원한 사람일 수 있다. 그러나 이들은 다른 사람의 반응에 무관심하거나 둔감하여 때로는 독단적이며 독선적인 모습으로 비쳐질 수 있으므로 다른 사람의 말에 좀 더 진지하게 귀를 기울이는 노력이 필요하다.

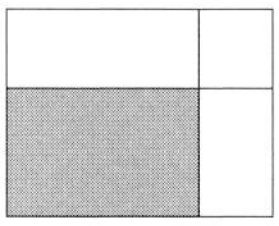

셋째, 숨겨진 영역(hidden area)은 나는 알고 있지만 다른 사람에게는 알려지지 않은 정보를 뜻한다. 즉, 나의 약점이나 비밀처럼 다른 사람에게 숨기는 나의 부분을 의미한다. 이 영역이 가장 넓은 사람은 다른 사람에 대하여 수용적이며 속이 깊고 신중한 편이다. 신중형은 겉보기에 잘 적응하지만 내면적으로 고독감을 느끼는 경우가 많으며 현대인에게 가장 많은 유형으로 알려져 있다. 그중 일부는 자신의 속마음을 잘 드러내지 않고 계산적이고 실리적인 경향이 있다. 이 유형은 자기개방을 통해 다른 사람과 좀 더 넓고 깊이 있는 교류를 할 필요가 있다.

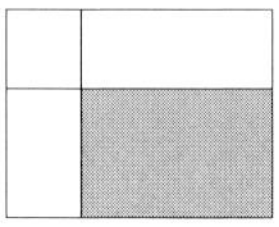

넷째, 미지의 영역(unknown area)은 나도 모르고 다른 사람도 알지 못하는 나의 부분을 의미한다. 심층적이고 무의식의 정신세계처럼 우리 자신에게 알려져 있지 않은 부분이 이에 해당된다. 그러나 이 부분은 자신의 행동과 정신세계에 대한 지속적인 관심과 관찰을 통해 의식될 수 있다. 이 영역이 가장 넓은 사람은 고립형으로, 인간관계에 소극적이며 혼자 있는 것을 좋아하는 사람들이다. 다른 사람과 접촉하는 것을 불편해하거나 무관심하여 고립된 생활을 하는 경우가 많으며, 고집이 세고 주관이 지나치게 강한 사람도 있으나 대체로 심리적인 고민이 많으며 부적응적인 삶을 살아가기도 한다. 고립형은 인간관계에 좀 더 적극적이고 긍정적인 태도를 가질 필요가 있다.

사람에 따라 나와 남이 아는 자신의 모습이 매우 많을 수도 있고, 자신만 알고 있는 비밀을 많이 간직하고 있는 사람도 있다. 또 자신은 미처 몰랐던 자기 모습이 많음에 놀란 사람도 있을 것이다. 편안하게 자신의 있는 그대로의 모습으로 타인과 관계한다는 것은 '나도 알고 남도 아는 내 모습'의 영역이 넓다는 것이고, 이를 위해서 자신을 이해하고 수용하기 위한 노력을 많이 해야 한다.

활동 3-4 친구에게 나를 알리기

개요 및 목표

다른 사람에게 자신을 개방하는 활동으로 개방 영역에 따른 자신의 개방 정도를 알 수 있다.

- 집단의 크기: 6~8명
- 소요시간: 15~20분

진행

① 원으로 둘러앉는다.

② 다음에 제시된 표의 내용을 참조하면서 자신에 대해 잠시 생각하는 시간을 갖는다.

③ 작성한 내용을 조원들과 서로 이야기한다.

개방 영역	내용
신체적 특징	
장점과 능력	
장래 희망과 계획	
이성친구	
가족	
친구에 대한 기대와 욕구	
실수	
열등감	

1. 자신을 개방할 때 어떠한 기분이 들었는가?

2. 특별히 개방하고 싶지 않은 영역은 무엇인가?

활동 3-5 조해리의 창 검사

◆ 자기개방의 정도와 피드백 정도를 알아보고, 자신이 어떤 형에 속하는지 알아보는 검사이다. 다음의 물음에 대해서 제시된 기준에 따라 자신의 상태에 맞는 적당한 숫자를 택하시오.

전혀 아니다		약간 그렇다		어느 정도 그렇다		상당히 그렇다		매우 그렇다
1	2	3	4	5	6	7	8	9

① 세로축 점수(평균)	② 가로축 점수(평균)
• 나는 다른 사람에게 나에 관한 이야기를 잘 하는가? • 다른 사람에게 나의 모습을 잘 드러내 보이는가? • 다른 사람에게 나의 속마음을 잘 내보이는가?	• 다른 사람이 나에 대해 어떤 생각을 가지고 있는지 알려고 노력하는가? • 다른 사람이 나에 관해서 하는 말에 귀를 기울이는가? • 다른 사람이 나를 어떻게 평가하고 있는지 잘 알고 있는가?

①의 평균에 해당하는 숫자를 세로축에 표시하고 수평으로 선을 긋고, ②의 평균에 해당하는 숫자를 가로축에 표시하고 수직으로 선을 긋는다. 그러면 사각형은 4개의 영역으로 분할된다. 이것이 나의 '마음의 창'이다.

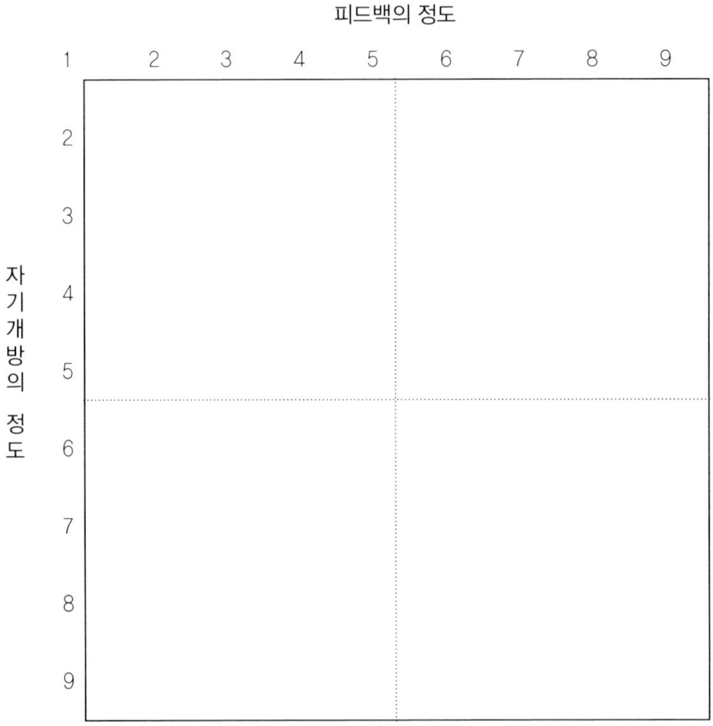

1. 당신은 어떤 유형인가? 유형별 특징의 설명을 듣고, 느낀 점을 쓰시오.

2. 당신에게 해당된다고 생각하는 질문에 답하시오.

- 당신은 친구와 얼마나 많은 것을 공유하려는 사람인가?
- 친구에게 속사정을 개방할 때 어떤 기분이 드는가? 특별히 개방하지 못하는 영역은 무엇인가?
- 당신의 친구로부터 어떠한 충고들을 들어 왔는가? 친구의 충고에 대해 당신은 어떤 태도를 취하는가? 받아들이기 힘든 충고는 무엇이었는가?
- 당신의 깊은 내면을 들여다보아라. 당신에게 시기, 질투, 지나친 경쟁심, 미움, 분노의 마음이 얼마나 있는가?

2. 성격유형검사

1) 심리적 선호경향

"나는 이런 사람이야." "저 사람은 내 스타일이 아니야." "저 친구는 엉뚱한 경향이 있어." 등의 말을 우리는 일상생활에서 쉽게 접할 수 있다. 우리는 주변인들에 대해 기억에 남는 특징이나 반복적으로 목격하게 되는 성향들로 그 사람을 설명하고 규정하려고 한다. 주변인뿐 아니라 자기 자신에 대해서도 마찬가지이다.

MBTI(Myers-Briggs Type Indicator)는 인간행동을 개인의 인식과 판단에 대한 선호방식에 따라 체계적으로 설명하는 융(Jung)의 성격유형이론을 근거로 마이어스-브릭스(Myers-Briggs) 모녀가 개발한 성격유형검사지이다. MBTI는 개인이 가진 심리적 선호경향을 구체적이고 체계적으로 살펴볼 수 있는 대표적인 심리검사이다. 여기서 심리적 선호란 다음과 같은 의미를 갖는다.

- 더 지속적이고 일관성 있게 활용하는 것

- 선택적으로 더 자주, 더 많이 쓰는 것
- 선택적으로 더 좋아하는 것
- 상대적으로 편하고 쉬운 것
- 상대적으로 더 쉽게 끌리는 것

MBTI의 4가지 선호지표는 에너지의 방향, 주의의 초점이 어디에 있는가에 따른 외향(Extraversion)－내향(Introversion), 정보를 인식하고 수집하는 방법에 따른 감각(Sensing)－직관(iNtuition), 판단하고 결정하는 기준에 따른 사고(Thinking)－감정(Feeling), 생활양식에 따른 판단(Judging)－인식(Perception)이 있다. 이 지표에서 2가지 반대 성향 중 무엇을 더 선호하는지 질문을 통해서 측정하고 그 결과가 4개의 알파벳 문자(예: ISTJ)로 요약된다. MBTI의 모든 가능한 조합은 총 16가지 유형으로 나뉜다(김정택, 심혜숙, 1991).

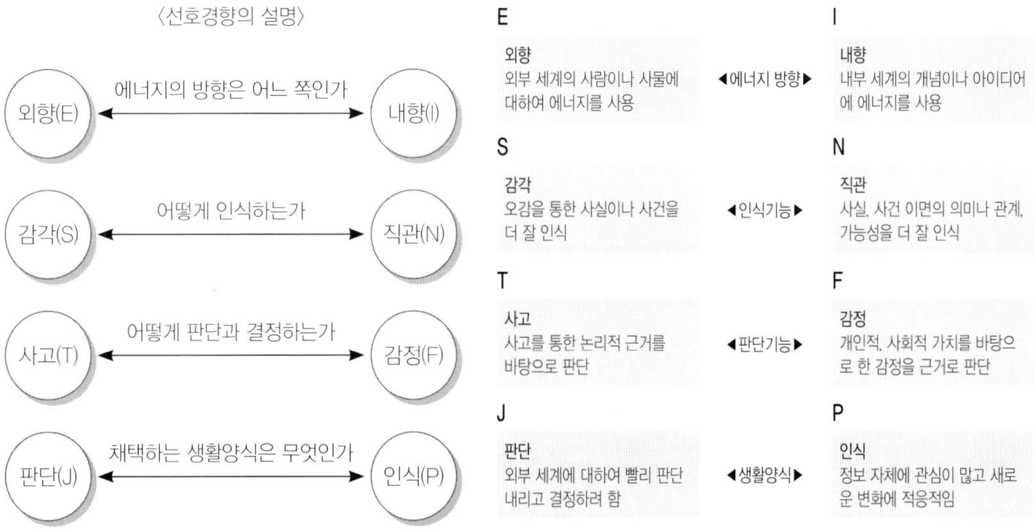

[그림 3-4] MBTI 선호지표

MBTI의 성격유형 판별지표는 〈표 3-2〉와 같다.

〈표 3-2〉 MBTI의 성격유형 판별지표

에너지 방향과 주의 초점	외향형(E) • 폭넓은 대인관계를 유지하며 정열적이고 활동적임 • 자기 외부에 주의집중, 외부활동에 적극적이고 정열적이고 활동적임, 말로 표현 • 경험한 다음에 이해, 쉽게 알려짐	내향형(I) • 깊이 있는 대인관계를 유지하며, 조용하고, 신중하고, 이해한 다음에 경험함 • 자기 내부에 주의집중, 내부활동에 집중하고 조용하고 신중함, 글로 표현 • 이해한 다음에 경험, 서서히 알려짐
정보 인식과 수집 방법	감각형(S) • 오감에 의존하며 실제의 경험을 중시하며 지금 현재에 초점을 맞추고 정확하고 철저하게 일을 처리함 • 지금 현재에 초점, 실제의 경험 • 정확하고 철저한 일 처리, 나무를 보려는 경향, 가꾸고 추수함	직관형(N) • 육감 내지 영감에 의존하며 미래지향적이고 가능성과 의미를 추구하며 신속, 비약적으로 일을 처리함 • 미래 가능성에 초점, 아이디어 • 신속비약적인 일 처리, 숲을 보려는 경향, 씨 뿌림
판단과 의사결정	사고형(T) • 진실과 사실에 주 관심을 갖고 논리적이고 분석적이며 객관적으로 판단함 • 원리와 원칙 • 논리적, 분석적임, 맞다 또는 틀리다는 규범 · 기준 중시, 지적 논평	감정형(F) • 사람과 관계에 주 관심을 갖고 상황적이며 정상을 참작한 설명을 함 • 의미와 영향 • 상황적, 포괄적임, 좋다 또는 나쁘다 • 나에게 주는 의미 중시, 우호적 협조
생활양식	판단형(J) • 분명한 목적과 방향이 있으며 기한을 엄수하고 철저히 사전 계획을 하고 체계적임 • 정리정돈과 계획, 의지적 추진 • 신속한 결론, 통제와 조정 • 분명한 목적의식과 방향감각 • 뚜렷한 기준과 자기의사	인식형(P) • 목적과 방향은 변화 가능하고 상황에 따라 일정이 달라지며 자율적이고 융통성 있음 • 상황에 맞추는 개방성, 이해로 수용, 유유자적, 융통과 적응 • 목적과 방향은 변화 가능 • 할 수 있다는 개방성

2) MBTI 유형별 특징

ISTJ **세상의 소금형** 한번 시작한 일은 끝까지 해내는 사람들	**ISFJ** **임금 뒤편의 권력형** 성실하고 온화하며 협조를 잘하는 사람들	**INFJ** **예언자형** 사람과 관련된 뛰어난 통찰력을 가지고 있는 사람들	**INTJ** **과학자형** 전체적인 부분을 조합하여 비전을 제시하는 사람들
ISTP **백과사전형** 논리적이고 뛰어난 상황 적응력을 가지고 있는 사람들	**ISFP** **성인군자형** 따뜻한 감정을 가지고 있는 겸손한 사람들	**INFP** **잔 다르크형** 이상적인 세상을 만들어 가는 사람들	**INTP** **아이디어 뱅크형** 비전적인 관점을 가지고 있는 뛰어난 전략가들
ESTP **수완 좋은 활동가형** 친구, 운동, 음식 등 다양한 활동을 선호하는 사람들	**ESFP** **사교적인 유형** 분위기를 고조시키는 우호적 사람들	**ENFP** **스파크형** 열정적으로 새로운 관계를 만드는 사람들	**ENTP** **발명가형** 풍부한 상상력을 가지고 새로운 것에 도전하는 사람들
ESTJ **사업가형** 사무적, 실용적, 현실적으로 일을 많이 하는 사람들	**ESFJ** **친선 도모형** 친절과 현실감을 바탕으로 타인에게 봉사하는 사람들	**ENFJ** **언변 능숙형** 타인의 성장을 도모하고 협동하는 사람들	**ENTJ** **지도자형** 비전을 가지고 사람들을 활력적으로 이끌어 가는 사람들

[그림 3-5] MBTI 유형별 특징

각각의 성격유형에 대한 설명은 다음과 같다(한국MBTI연구소, http://www.mbti.co.kr).

- ISTJ: 조용하고 신중하며 철저함과 확실성으로 좋은 결과를 얻고자 한다. 구체적, 사실적, 현실적이며 책임감이 강하다. 해야 할 것을 논리적으로 결정하고 흐트러짐 없이 꾸준히 해 나가며 체계적으로 자신의 일, 가정, 삶을 구성해 갈 때 기쁨을 얻는다.
- ISFJ: 조용하고 다정하며 세심하고 성실하며 책임감이 강하다. 자신들의 의무에 헌신적이고 이를 꾸준히 실현해 나가는 편이다. 타인, 특히 자신에게 중요한 사람

들의 느낌에 관심이 많고 그들과 관련된 구체적인 것을 잘 알아차리고 기억한다. 직장, 가정에서 정돈되고 조화로운 환경을 만들기 위해 노력한다.

- INFJ: 아이디어, 관계, 물질 안에서 의미와 연관성을 찾는다. 사람들의 동기를 이해하기 원하고 다른 사람들에 대해 통찰력을 지니고 있다. 자신의 확고한 가치를 양심적으로 수행하며 공동의 선을 추구하기 위한 명확한 비전을 개발한다.
- INTJ: 독창적이고 창의적인 마인드를 지니고 있다. 아이디어를 실현하고 목적을 성취하고자 하는 욕구를 지니고 있으며 사건의 패턴을 빨리 파악하여 관련된 설명과 더불어 앞으로의 전망을 제시한다. 회의적이고 독립적이며 자신과 타인들에 대한 능력과 수행에 높은 기준을 지니고 있다.
- ISTP: 상황에 대해 관조적이고 유연하다. 문제가 발생할 때까지 조용히 관찰하지만 일단 발생하면 실행 가능한 해결책을 찾기 위해 빠르게 움직인다. 원인과 결과에 관심이 많고 사실을 논리적으로 구조화하고자 하며 효율성에 가치를 둔다.
- ISFP: 조용하고 다정하며 정서에 민감하고 친절하다. 현재의 순간을 즐기며, 자신만의 공간과 시간 안에서 일하는 것을 좋아한다. 자신의 가치를 충실히 여기며 의미 있는 사람들에게 충실하고 헌신적이다. 논쟁과 갈등을 싫어하며 자신의 의견이나 가치를 다른 사람에게 강요하지 않는다.
- INFP: 이상주의자이며 자신에게 의미 있는 가치나 사람들에게 충성한다. 호기심이 많고 일의 가능성을 보는 경향이 있으며 아이디어를 수행하기 위한 촉매 역할을 한다. 사람들의 본질을 이해하려고 노력하고 이들의 가능성을 성취할 수 있도록 돕는다.
- INTP: 이론적이고 추상적이며 자신의 관심 영역에 논리적이고 이론적인 설명을 하고자 한다. 타인과의 상호작용보다는 아이디어에 더 많은 관심을 가지고 있다. 조용하고 보유적이며 유연성 있고 적응력 있다. 관심 분야에 대해 문제해결에 깊이 집중하는 모습을 보인다. 분석적, 회의적이며 때로는 비판적이다.
- ESTP: 상황에 유연하여 즉각적인 결과에 초점이 맞춰진 현실적인 접근을 선호한다. 이론과 개념적인 설명을 지루해하며 문제해결을 위해 활동적으로 움직인다. 지금 이 순간 벌어지는 일에 관심이 많고, 타인들과 활기차게 할 수 있는 매 순간을 즐긴다.
- ESFP: 사교적이고 다정하며 수용적이고 긍정적이다. 타인들과 함께 일하는 것을

즐기며 상식적, 현실적인 접근으로 일을 재미있게 하고자 한다. 융통성 있고 자발적이며 새로운 사람들과 환경에 빠르게 적응한다. 사람들과 함께 경험할 때 가장 잘 학습한다.

- ENFP: 열정적이고 따뜻하며 상상력이 풍부하다. 세상을 가능성이 풍부한 곳으로 바라본다. 사건과 정보를 잘 연관 지으며 자신만의 패턴을 기반으로 자신감 있게 일을 진행한다. 타인으로부터 칭찬받기 원하며 감사와 지지를 잘 표현한다. 자발적이고 융통적이며 때로 자신만의 즉흥적이고 유창한 언변을 발휘한다.
- ENTP: 상황을 빠르게 이해하고 활기차고 기민하며 거리낌 없이 표현한다. 새롭고 도전적인 문제를 해결하는 데 흥미를 느끼며 개념적 가능성을 창출하고 그후 전략적으로 그것을 분석한다. 일상적인 일은 지루해하며 똑같은 일을 똑같은 방식으로 처리하는 경우가 드물다. 사람과 상황의 전반적 흐름을 읽어 낸다.
- ESTJ: 구체적이고 현실적이며 사실적이다. 결정을 하고자 하고, 결정된 것을 이행하기 위해 빠르게 움직인다. 프로젝트를 구조화하고 사람들을 조직하며 가능한 한 가장 효율적인 방법으로 결과를 얻는 것에 초점을 둔다. 명확한 논리적 기준을 가지고 있고, 규칙적으로 따르며 다른 이들도 그러하길 바란다.
- ESFJ: 마음이 따뜻하고 양심적이며 협조적이고 주변 상황이 조화롭고 화합되기를 원한다. 목표를 성취하기 위해 결정권을 가지고 일하기 좋아하며 정확하고 제시간에 완수되기를 원한다. 사소한 일들도 성실하게 끝까지 해내며 자신의 존재와 기여를 인정받기 원한다. 일상생활에서 타인의 필요를 잘 알아챈다.
- ENFJ: 따뜻하고 감정이입을 하며 표현이 활발하고 책임감이 있다. 타인들의 정서, 욕구, 동기에 높은 관심을 갖고 있다. 모든 사람의 잠재성을 찾는 동시에 그것을 실현시킬 수 있도록 돕는다. 비전과 목표에 대해서 다른 사람들을 동기화시키는 리더십을 발휘한다.
- ENTJ: 솔직하고 결단력 있으며 타인들을 이끌고자 한다. 조직의 문제를 해결하기 위한 포괄적인 시스템을 개발하고 수행한다. 자신의 지식을 확장하고자 하고, 그것을 타인들에게 전달하는 것을 즐긴다. 장기계획과 목표를 설정하고 자신의 아이디어와 비전을 뚜렷하게 표현하고 관철시킨다.

〈표 3-3〉 4가지 기질적 특징

SJ(보호자)	SP(장인)	NF(이상가)	NT(합리적)
소속과 봉사 책임감, 의무 존중 위계질서 존중 보수적 가치관 전통 근면정신 경험과 체득	자유로움 충동적 스스럼없고 자발적 흥미와 자극 현재의 몰입능력 행동적, 용감한 도구 사용의 숙련성 절충과 적응	자아실현 잠재력 개발 진실하고자 하는 욕구 끊임없이 이상을 추구 인간적 온정적 열정적, 통찰적 복잡한 커뮤니케이션	자신감 실현 지적 이해 원리 파악과 장악 사고의 체계 구축 사고의 정확성 이론적, 논리적 장기계획 추상적 구도 구축

〈표 3-4〉 4가지 기능형 특징

	ST	SF	NF	NT
주의집중	객관적 분석	주관적 가치	주관적 가치	객관적 분석
경향	실질적, 분석적	동정적, 친절	열성적, 통찰적	논리적, 분석적
능력 발휘 분야	물건과 사실을 다루는 기능직	사람들을 위한 실제적 봉사 분야	사람들을 이해하고 상호 소통하는 분야	이론적이고 기능적인 발달 연구 분야
가능한 직업 분야	응용과학, 사업, 행정, 회계, 법, 생산직, 건축	의료, 지역봉사, 교직, 감독, 종교봉사, 사무직, 판매	사회과학, 연구, 문학, 음악예술, 종교봉사, 의료, 심리치료, 교직	순수과학, 연구, 관리직, 컴퓨터, 법, 엔지니어, 기술직

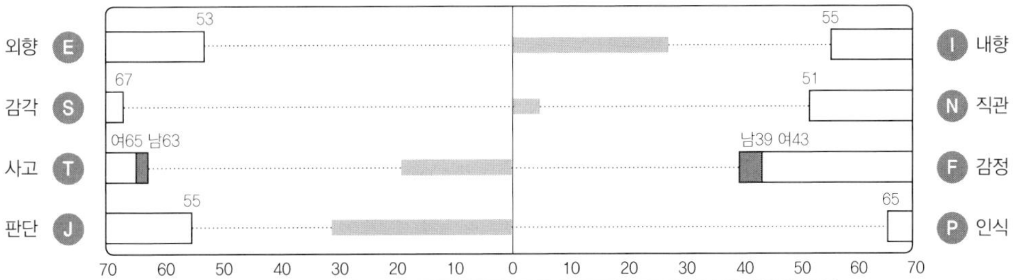

Form G에 의한 선호문자 유형	I	N	T	J
선호 환산 점수	27	5	19	31

[그림 3-6] MBTI 검사 결과 예시

출처: 한국심리검사연구소(2004).

3) MBTI를 통한 자기이해

성격유형검사(MBTI)를 하기 전에 성격유형에 대한 기본 전제 몇 가지를 기억할 필요가 있다. 우선, 성격유형은 선천적이면서 또한 후천적으로 발달하는 것이다. 또한 각 성격유형은 그 가치에 있어서 동등하지만 특정 상황에 더 쉽게 기능하는 성격유형이 있을 수 있다. 성격유형은 한 사람의 대인관계 양상을 결정하고, 그런 대인관계를 통해 성격유형이 강화되기도 한다. 이처럼 성격유형을 탐색하는 과정은 자신과 타인을 더 깊이 이해하는 시간이 된다.

성격유형은 환경에 따라 변하기도 한다. 예를 들어, 부부 사이의 경우 또는 나이가 들면서 처한 환경에 따라 바뀔 수 있다. 다시 말해, 이 성격유형의 결과는 좋고 나쁨이 없다. 오히려 이 결과를 토대로 자신의 성격유형과 잘 어울리는 직업군을 고려하거나, 팀 프로젝트를 할 때 아이디어 뱅크형부터 꼼꼼한 뒤처리 유형까지의 다양한 성격이 모여 조화를 이룬다면 훨씬 시너지를 발휘할 수 있을 것이다. MBTI는 단지 사람이 저마다 다르다는 것을 이해하고 개인의 타고난 잠재력을 실현하기 위한 하나의 과정적 도구일 뿐이다. 개인의 심리적 선호경향을 이해함으로써 주체성을 확립하고, 타고나지 않은 선호성을 더욱 개발한다면 개인의 적응력과 유연성을 높일 수 있다.

※ 참고 – 반대유형과의 상호작용

① 외향형(E)과 관계 형성하기

- 외향형들과 대화할 때, 특히 중요한 이야기를 할 때는 힘 있게, 열정적으로 하려고 애써야 한다.
- 외향형들과 얘기할 때에는 될 수 있는 한 뜸을 들이지 않아야 한다.
- 외향형에게 마음대로 자기 생각을 표현할 수 있도록 해 주어야 한다. 이들은 생각을 말로 표현하지 못하면 생각하기가 어렵다.
- 사회적 상호 교류를 위한 그들의 욕구를 인지해야 한다.

② 내향형(I)과 관계 형성하기

- 1:1로 관계를 맺으라.

- 많은 표현과 활력 자체가 내향형들에게 부담스러울 수 있다는 것을 기억하라.
- 내향형에게 무언가 물을 때는 즉각적인 반응을 기대하기보다 생각할 시간을 주라. 대화 시 주제를 바꿀 때도 시간을 주라.
- 내향형이 당신을 알고 신뢰하는 데는 시간이 필요하다는 것을 염두에 두라.
- 사생활을 위한 그들의 욕구에 가치를 두라.
- 그들의 사고를 유인하기 위해서 질문을 하라.

③ 감각형(S)과 관계 형성하기
- 사실을 진술할 때는 명료하게, 직접적으로, 일정한 틀에 맞춰, 구체적이고 직접적으로 이야기하라.
- 이들을 설득하고자 할 때에는 일의 현실성과 실제적 효과를 보여 주라. 예를 들어 주면 쉽게 이해한다.
- 어떤 변화를 시도하고자 할 때는 그 변화가 기존의 방식에서 조금씩 바뀌어 온 것이지 결코 전면적인 변화는 아니라는 것을 보여 주라. 감각형은 이미 이루어져 있는 상태를 존중한다.

④ 직관형(N)과 관계 형성하기
- 직관형과 이야기할 때는 가능한 한 그들의 창조적 상상력을 높이 평가해 주고, 그들의 상상력에 호소하라.
- 세부적인 것보다 개관을 주고, 부분이 전체적인 일과 어떤 연관이 있고, 세부적인 것이 전체에 어떤 영향을 미치는지 보여 주라.
- 미래의 비전을 가지라.
- 생각의 확장을 인정하라.
- 직관형을 지금 당면한 문제에 참여하게 만들려면 이 일이 앞으로 얼마나 많은 가능성을 수반할 것인지에 대해 생각해 보게 한다.

⑤ 사고형(T)과 관계 형성하기
- 사고형과 의사소통할 때는 침착하고 객관적인 자세를 취하려고 노력하라. 감정 표현이 많아질수록 사고형들은 객관적 판단의 근거를 얻지 못해 당황할 수 있다.
- 논리를 사용하고 합리적이 되도록 노력하라.
- 사고형은 실제적인 방법으로 보여지는 사랑을 더 잘 감지한다.
- 감정형이 사고형과 대화할 때는, 다른 사람의 감정도 사고만큼 비중 있는 하나의 현실임을

이야기해 주는 것이 좋다.

- 분석할 수 있게끔 정보를 제공하라.

⑥ 감정형(F)과 관계 형성하기

- 감정형과 의사소통할 때는 용건을 처리하기 전에 먼저 인간관계를 수립하는 것이 중요하다.
- 감정형과 대화할 때는 더욱 정서적으로 대하려고 노력하라. 칭찬은 아끼지 않고, 비판은 부드럽게 하라.
- 감정형에게 대화란 단순한 정보를 나누는 것이 아니라 곧 마음을 나누는 것이다. 당신의 감정을 그들과 함께 나누라.
- 인간적이고 친절하라.
- 그들의 감정을 공유할 때 그들에게 용기를 주라.

⑦ 판단형(J)과 관계 형성하기

- 판단형과 함께 어떤 일을 계획했는데 만약 일정을 변경할 경우가 생기면 반드시 이에 대해 먼저 알려 주라. 판단형은 다가올 상황에 대해 사전에 알기를 원한다.
- 준비하고 심사숙고하라.
- 그들이 활동해야 하기 때문에 그들의 시간에 가치를 두라.
- 언제, 어느 곳이든 가능하면 결말을 내라.
- 그들의 마감시간을 진지하게 받아들이라.

⑧ 인식형(P)과 관계 형성하기

- 인식형과 어떤 일정을 정할 때는 판단형의 시간표보다 여유 있는 시간배정을 하라.
- 인식형은 상황의 변화에 따라 유연성 있게 대처하는 것을 자연스러워한다. 따라서 대안과 변화에 개방적이 되도록 노력하라.
- 마지막 상황에서 변경 사항이 있을 수 있다는 것을 예상하고 또 그것을 허용하는 분위기에서 의사결정을 하려고 노력하라.
- 당신의 접근 방식을 다양하게 사용하라.
- 그들 자신의 마감시간을 그들이 세우도록 허락하라.

활동 3-6 유형별 MBTI

◆같은 상황에 대해 사람마다 어떻게 다른 반응과 행동을 하는지 알아보자. MBTI 유형별로 집단을 이루어 (예: E집단 vs. I집단) 다음의 상황을 제시하고, 그 결과를 전체 앞에서 발표한다. 이는 자신과 다른 유형의 사람을 이해하는 데 도움이 된다.

나의 MBTI 유형

- 친구들과 하루 종일 신나게 놀고 집에 돌아온 후 내가 하는 행동을 쓰시오.

- 교수님이 처음 본 사람들과 과제 조를 짜 주셨다. 기분(속마음)은? 그리고 첫 조모임에 가서 나는 어떤 모습으로 있을 것 같은가?

- 우리 학교에 처음 오는 친구에게 지하철에서 학교 강의실까지 오는 길의 약도를 그리고 설명하시오.

- 진로를 결정해야 하는 나에게 두 가지 선택지가 있다. 하나는 내가 시간 가는 줄 모르고 몰입하게 되고 재미있어 하는 일이지만 내가 객관적으로 잘하는지 잘 모르는 일이고, 다른 하나는 내가 어렵게 느끼지 않고 결과물도 좋고 다른 사람들도 잘한다고 인정해 주는 일이지만 별로 재미를 느끼지 못하는 일이다. 나는 어떤 직업을 선택할 것인가?

- 우리는 삼총사 친구, 나와 A는 약속에 제시간에 도착했다. 그런데 B는 약속 시간이 지났는데 오지 않고, 연락도 없다. 40분 후 B가 도착했고, 그 사이에 친구 A는 화가 무척 났다. 이 상황에서 나는 A와 B에게 각각 무엇이라고 말할 것인가?

- 여동생이 언젠가부터 불안해 보이더니 갑자기 울음을 터뜨리며 고백을 한다. “나 임신했어. 어떡해! 흑흑”. 당신은 어떻게 반응할까?

- 새로운 학기, 우리 반끼리 MT를 간다. 1박 2일 MT 계획을 짜 보자.

- 집안에서 가족들과 가장 많이 부딪치는 생활상의 불편함에는 어떤 것들이 있는가?(예: 가장 듣기 싫은 잔소리, 다른 가족들이 싫어하는 나의 행동 등)

제4장

생애발달주기

1. 인간 발달단계
   1) 태내기
   2) 신생아기와 영아기
   3) 유아기
   4) 아동기
   5) 청소년기
   6) 성인전기
   7) 성인중기
   8) 노년기

2. 발달주기별 과제
   1) 하비거스트의 발달과제
   2) 에릭슨의 심리사회적 발달
   3) 레빈슨의 인생의 사계절

3. 주목받는 발달시기, 청년기
   1) 청년기의 등장
   2) 청년기의 특징
   3) 청년기의 성공적 발달지표

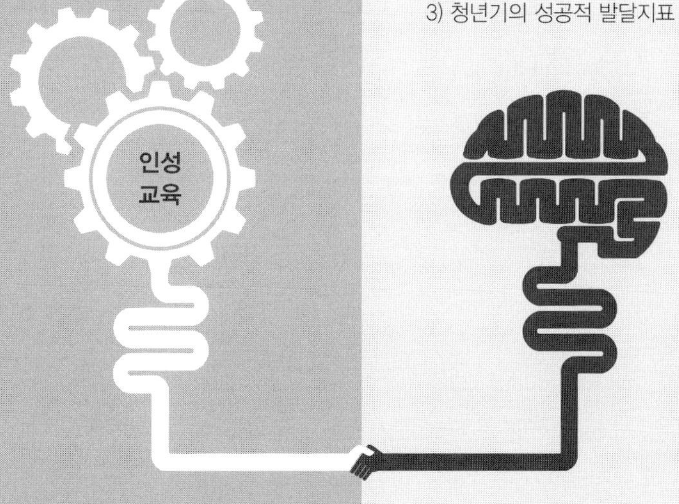

모든 사람은 태어나서 죽음을 맞이하는 길을 걷고 있다. 인간의 전 생애발달을 이해하는 것은 사람들이 각 시기마다 공통적으로 경험하는 것과 고민하는 것이 무엇인지 보여 준다. 이는 인생의 각 단계에서 자신의 삶을 보다 깊이 성찰할 수 있도록 도울 뿐만 아니라 다른 발달단계에 놓여 있는 주위 사람들을 이해하고 그들과 소통할 수 있다는 측면에서도 의미가 있다.

1. 인간 발달단계

발달이란 수정란이 태아로 형성되어 출생, 성장, 노화의 과정을 거쳐 죽음에 이르는 동안 신체 성장, 체중 증가, 운동능력 변화, 지능의 발달 등 심신의 형태, 구조 및 기능이 끊임없이 변화하는 과정이다. 따라서 발달은 '발달=f(연령)'와 같이 연령의 함수로 나타나며 유전과 환경의 영향을 받는다(박명순, 2002).

인간의 발달단계를 구분하는 방식은 학자들 간에 다소 차이가 있으나 대략 다음과 같이 구분해 볼 수 있다. 각 단계는 태내기, 신생아기, 영아기, 유아기, 아동기, 청소년기, 성인전기, 성인중기, 노년기이다.

1) 태내기(수정~출생)

인간의 성장 · 발달은 수정으로부터 시작된다. 출생 전 태내의 여러 가지 조건이 출생 후의 성장 과정에 크게 영향을 주기 때문에 태내 발달이 중요시되고 있다. 태내 발달에 영향을 주는 요인으로 임산부의 영양상태, 약물복용, 임신 중의 질병, 임산부의 연령, 흡연과 음주, 정서상태 등을 들 수 있다.

2) 신생아기와 영아기(출생~2세)

신생아기와 영아기는 자신의 몸을 스스로 움직이고 이동할 수 있게 되는 시기로 신체 발달과 운동 발달의 측면에서 일생을 통해서 가장 두드러진 성장을 보인다. 또한 언어를 획득하여 성인과 기본적인 상호작용을 할 수 있으며, 자기와 타인에 대한 개념과 대인관계에서의 기본적 태도가 형성되고 인지능력과 정서표현이 가능한 사회화가 시작된다. 이러한 발달은 새로운 환경에 적응하며 발달하기 때문에 발달 정도의 개인차가 나타난다.

(1) 신체 및 운동 발달

생후 약 2주까지의 영아를 신생아라고 한다. 우리나라 신생아의 평균 신장은 출생 시 남아가 50.12cm, 여아가 49.35cm이며 체중은 남아가 3.41kg, 여아가 3.29kg이다(질병관리본부, 2007). 생후 3~4개월이 되면 체중은 두 배가 되고, 1년이 되면 세 배, 2년이 되면 11~12kg로 성인 체중의 20%가 되며 신장은 2년이 되면 88.1cm 정도로 출생 시의 1.5배가 된다. 이처럼 영아기 동안 이루어지는 급속한 성장을 1차 성장급등이라고 한다.

운동 발달은 신체적 성장과 뼈, 근육 및 신경계가 성숙하면서 이루어진다. 보편적으로 생후 10개월이 되면 길 수 있게 되고, 14개월 정도 되면 75%의 영아가 걸을 수 있게 된다. 그러나 운동 발달에는 개인차가 있어서 몇 개월 정도의 차이는 정상으로 이해해도 무방하다.

(2) 감각, 반사 및 인지 발달

오랜 시간 동안 학자들은 갓 태어난 신생아를 무기력하고 맛과 냄새 등 자극에 무감각하며 무반응적인 존재로 생각해 왔다. 그러나 최근 연구를 보면 신생아의 감각은 완전하지 않지만 상당히 발달되어 있다. 태어날 때부터 흐릿하지만 볼 수 있고, 들을 수 있으며, 맛볼 수 있고, 냄새 맡을 수 있으며, 촉감을 느낄 수 있다. 특히 신생아의 촉각, 미각, 후각 등은 시각이나 청각보다 더 발달되어 있는 것으로 알려져 있다.

신생아는 외부의 특정한 자극에 즉각 대응할 수 있는 20여 가지의 반사능력을 가지고 태어난다. 이러한 선천적인 반사는 뇌간에 의해 통제되는 무의식적인 운동으로 신생아의 신경학적인 정상 여부를 판단하는 중요한 근거로 사용되며 초기의 생존과정에서 중요한 기능을 한다. 대표적으로 빨기 반사, 파악 반사, 바빈스키 반사 등이 있는데 이러한 반사능력은 생후 수개월 이내에 사라진다.

분산적이고 전체적인 반사운동으로 시작한 영아의 행동은 2~3개월 이후부터 외부의 환경에 대해 지적 능력이 발달하며 환경의 자극을 수용하고 반응하고 이해하는 것으로 이루어진다. 3~4개월 된 영아는 어머니의 목소리와 우유병을 인식하고, 4~5개월이 되면 낯선 사람을 구별하고 반응하기 시작한다. 5~6개월의 영아는 어머니의 얼굴, 유방, 놀이용품 등에 대한 기억이 생기고 점점 분화 발달하며 7~8개월부터는 언어의 기억과 손운동의 기억 사이에 상호 통일적인 역동관계를 형성하며 아기다운 재롱을 부린다.

(3) 정서 및 사회성 발달

출생 시의 정서는 막연한 흥분상태에 불과하며 영아기로 성장 · 발달함에 따라 공포, 분노, 애정, 기쁨, 호기심 등으로 분화된다.

2개월 정도면 다른 사람의 소리를 듣고 얼굴을 돌릴 수 있고, 3개월이면 사람을 구별할 수 있어 자기를 돌보아 주는 어머니에게 미소를 짓기도 한다. 4개월이 되면 사람의 얼굴을 주시하고, 말을 거는 사람에게 웃음과 재잘거림으로 반응하며 애교가 생긴다. 5~7개월이 되면 자기를 보고 욕하는 것과 웃고 반기는 것, 화난 음성과 자기를 좋아해 반기는 음성에 대해 다른 반응을 보인다. 8~9개월이 되면 다른 사람의 음성과 행동을 조금씩 모방하고, 10~15개월 사이에는 자신의 행동에 억제를 받으면 울음으로 반응을 나타내고 다른 어린이에 대한 사회적 반응이 급격히 발달한다. 그리고 16~24개월이 되면 어른이 시키는 일이나 욕구 좌절에 대해 반항심이 나타나 자체적으로 반항하거나 시무룩해서 침묵, 긴장의 형태로 반응하기도 한다.

※ 애착 형성

애착이란 특정한 개인에 대한 애정적 유대이다. 최초의 애착은 생후 6~7개월 무렵부터 나타나며 양육자를 포함한 소수의 개인에게 형성된다. 특정한 개인에게 애착을 형성한 영아는 애착대상과 접촉을 유지하려고 노력하고, 애착대상의 부재 시에 슬픔을 나타내고, 애착대상과 함께 있으면 이완되고 안락함을 느끼는 반면, 다른 사람과 함께 있으면 초조해하고 안달한다. 영아기 동안 형성된 양육자와의 안정된 애착은 이후 발달단계에서도 타인에 대한 애정 형성의 바탕이 된다.

3) 유아기(3～5세)

유아기에는 운동능력이 발달하며 자신의 신체를 조정하는 능력을 갖고 환경을 탐색해 보고 행동을 한다. 또한 어느 정도 고유한 성격이 형성되어 뚜렷한 개성을 지니게 되며 독립욕구가 강해져서 어른이 아이를 함부로 조종할 수 없게 된다.

(1) 신체 및 운동 발달

유아는 이 시기에 운동 발달에서 상당한 진보를 보인다. 유아의 운동 발달의 속도나 질적 특성은 유아의 동기, 학습기회, 연습, 성인들의 지도에 의해 결정된다. 유아는 내재적 동기에 의해 운동기술을 발달시키며 그 결과 자기 만족감을 얻는다.

(2) 인지 발달

유아기는 경험을 통해 새로운 행동능력을 획득하는 시기이므로 어린이의 생활 전부가 교육의 한 과정이라고 볼 수 있다. 유아의 지적 발달은 단순한 상태에서 복잡한 상태로, 구체적인 상태에서 추상적인 상태로, 무식별에서 식별의 상태로, 분산된 상태에서 조직된 상태로, 자아중심적 상태에서 사회중심적 상태로 발달되어 가는 과정에 있다.

유아의 지능 발달은 어느 시기보다도 중요한 의미를 갖는다. 이 시기의 지능 발달은 환경의 영향을 많이 받는다. 지능은 대체로 3세에서 10세 사이에 급속히 발달하는데 그중에서도 유아기에 성인의 50%로 발달이 가장 왕성하고 아동기에 거의 완성된다.

4) 아동기(6～12세)

아동기는 신체의 발달속도가 점차 정상적으로 되고 신체의 체계가 전체적으로 안정되는 시기이다. 지적 발달과 사회적 행동이 현저하게 발달하며 자기 스스로 감정을 통제하여 사회적으로 우월해지려는 욕구가 확대되며 협동심과 경쟁심이 강해진다. 놀이에서 일로 분화 발달한다.

(1) 신체 및 운동 발달

신체 발달은 아동에 있어서 매우 중요하다. 왜냐하면 신체의 크기나 골격은 운동이나 친구와의 놀이에서 중요하기 때문이다. 신체 발달은 운동기능을 촉진시키는 조건이 되며 아동의 정신 발달에도 큰 영향을 주게 된다. 운동 기능의 발달은 인간의 모든 생활의 기초가 되고 성격 형성에도 중요한 역할을 하게 된다.

(2) 인지 발달

피아제(Piaget)의 인지발달단계에 따르면 아동기는 구체적 조작기에 해당한다. 피아제는 7세라는 연령을 지적 발달에 있어 결정적인 전환점으로 강조하였는데, 이는 이 시기에 논리적 사고의 시작을 나타내는 새로운 형태의 구조가 나타나기 때문이다. 아동후기(11~12세)가 되면 비로소 구체적 사고의 단계를 지나 추상적 사고의 단계로 나아가고 보존개념, 서열화, 분류능력 등이 생긴다.

(3) 정서 및 사회성 발달

아동기에 인간의 기본 정서가 거의 발달하고, 개인의 기초 인격이 형성된다. 정서의 각 부분에서 분화가 이루어지며, 유아기에 비해 안정된 발달을 한다. 또한 유아기의 자기중심적 경향에서 벗어나 인간관계를 점차 확대하고 심화하여 다른 사람과 집단에 대해 상호 의존하게 된다. 동시에 개인적으로 자립하고 자기를 주장하여 사회적 환경에 적응할 수 있는 행동양식과 습관이 형성된다. 부모의 과보호, 임의적 교육, 배척, 수용, 권력적 지배, 기대, 편애 등이 자녀의 사회성 발달에 중요한 역할을 하게 된다.

5) 청소년기(12~20세)

아동기에서 성인기로 옮겨가는 과도기인 청소년기(adolescence)는 사춘기로부터 시작되며 생리적 변화, 이전 시기에 비해 더욱 발달된 지적 변화, 사회관계 속에서 새롭게 획득하는 개인의 역할 변화 등이 그 특징이다.

(1) 신체 발달

청소년기에 키, 몸무게, 근육 그리고 신체 비율에서 급격한 변화가 일어난다. 이러한 경향을 제2차 성장급등이라고 한다. 청소년기의 성장 비율은 이전 시기보다 두 배 정도 빨라진다. 일반적으로 여자의 사춘기는 12세경이며 남자의 경우는 14세경으로 여자가 남자보다 약 2년 정도 빠르다. 가족의 생활수준이 높은 경우 자녀가 사춘기를 경험하는 시기가 더 빨라지는 경향이 있는데 이는 더 좋은 영양 섭취와 건강관리에서 비롯된다.

(2) 정서 및 사회성 발달

청소년은 부모와 가족으로부터 점차 멀어지며 점점 자기 자신과 친구에게 의존하기 시작한다. 아동기에 친구는 함께 놀거나 게임을 하기 위해 필요한 존재였지만, 청소년은 부모로부터 독립하기를 원하기 때문에 친구에게 의존하기 시작하며 이 시기의 친구는 가족이 제공했던 정서적 지원의 일부를 제공하는 역할을 한다. 또한 청소년은 이성 친구에 대해 관심을 갖고 성적 인간으로서의 자신에 대한 개념을 형성하기 시작한다.

청소년기에는 사랑, 희열, 기쁨 등의 긍정적 정서뿐 아니라 분노, 공포, 불안, 권태, 죄책감, 우울 등의 부정적 정서를 자주 경험하는데, 이는 정서를 적절하게 표현하지 못하고 무조건 억압하는 것과 관련이 있다. 그 밖에도 부정적 정서는 외부 사건, 자극대상 및 비합리적 사고에 의해서도 영향을 받는다. 특히 비합리적 사고는 개인에게 파괴적이며 자아실현을 방해하는 방향으로 작용한다. 공포나 불안 같은 부정적 정서는 과거 사건 자체에서 기인하기보다 그 사건이나 상황에 대해 자신이 갖고 있는 비합리적 신념 때문인 경우가 많다. 그러므로 비합리적 신념을 합리적 신념으로 바꿈으로써 부정적 정서표현을 조절할 수 있게 되고 이는 정신건강에도 이롭다.

※ 비합리적 신념의 예

- 나는 주위의 모든 사람들로부터 항상 인정과 사랑을 받아야 한다.
- 가치 있다고 여겨지기 위해서는 완벽하리만큼 유능하고, 적절하며, 성취적이어야만 한다.
- 일이 원하는 대로 되지 않는 것은 곧 무시무시한 파멸이다.
- 사람의 불행은 외부 환경 때문이며 사람으로서는 그것을 어쩔 수 없다.
- 과거의 경험이나 사태는 현재의 행동을 결정하며 사람은 과거의 영향에서 벗어날 수 없다.
- 사람은 타인에게 의존해야만 하고, 의존할 만한 더 강한 누군가가 있어야만 한다.

(3) 정체감의 발달

마샤(Marcia, 1980)는 에릭슨의 이론을 발전시켜 정체감 지위(status of identity) 모형을 제시했다. 정체감 지위는 개인의 정체감 형성 과정과 정체감 형성 수준의 개인차를 함께 보여 준다. 정체감 지위 분류는 '정체감 위기 경험 여부(정체감을 갖기 위해 노력하는가)'와 '과업에 대한 전념(무엇에 전념하고 있는가)'이라는 두 가지 기준에 의해 나뉜다. 청소년에게는 '정체감 유예'와 '정체감 성취' 모두 바람직한 정체감 지위로 여겨진다(신명희 외, 2013)

〈표 4-1〉 마샤의 정체감 지위

정체감 지위	위기 (crisis)	전념 (commitment)	특징
정체감 혼미 (identity diffusion)	×	×	• 방향성이 결여된 상태로 다른 사람이 어떤 일을 하는지, 내가 이 일을 왜 하는지에 대해 관심 없음 • 부모와 애착관계가 없거나 거부당한 것으로 느낌, 낮은 자존감, 혼돈과 공허감 • "뭐가 뭔지 잘 모르겠어."
정체감 상실 (identity foreclosure)	×	○	• 스스로 심각하게 생각하거나 의문을 갖지 않고 타인의 가치를 받아들이는 상태 • 부모나 의미 있는 타인과 동일시해서 유사한 직업이나 신념 선택(개인적 이유나 탐색 과정 없음) • 위기를 경험하지 않고 쉽게 의사결정 • "원래 공부 잘하면 의대 가잖아. 그래서 의대 왔어."
정체감 유예 (identity moratorium)	○	×	• 현재 정체감 위기나 변화를 경험하고 있는 상태 • 다양한 역할 실험을 하고 있으나 몰두하지 못한 상태 • 안정감이 없으나 정체감 성취를 위한 과도적 단계로 시간이 지나면 정체감을 확립할 가능성이 높음 • "내게 잘 맞는 진로는 무엇일까? 의대에 가는 것도 좋은데 내 적성에 맞을까? 좀 더 고민해 봐야겠어."
정체감 성취 (identity achievement)	○	○	• 삶의 목표, 가치, 직업, 인간관계 등에서 위기를 경험하고 대안을 탐색하여 확실하고 변함없는 자아정체감을 확립한 상태 • 현실적, 대인관계 안정감, 높은 자아존중감, 높은 스트레스 저항력 • "고민 끝에 나에게 가장 어울리는 진로를 찾았어. 내 적성에도 잘 맞고 내가 잘할 수 있는 일인 것 같아."

최종적인 정체감 성취로 정체감 지위가 완성되는 것은 아니다. 자아정체감은 인간의 발달단계에 따라 변화할 수 있다. 만약 어떤 사람이 충격적인 사고, 실직, 이혼 등과 같은 사건을 겪으면, 비록 그가 정체감 성취에 도달했던 사람일지라도 과거 자신의 가치관이나 행동양식에 대해 회의감을 느끼는 인생 위기를 다시 경험할 수 있다. 이 시기에 대부분의 사람들은 자신을 돌아보고 자신에 대한 새로운 관점을 형성한다. 이러한 정체감 유예와 정체감 성취의 반복 현상을 MAMA 사이클(Moratorium-Achievement Cycles)이라고 한다(Marcia, 1999, 2001, 2002).

6) 성인전기(20~40세)

성인기란 생물학적으로는 완전한 성장을 이룬 발달단계로 신체 발달은 물론 성적 성숙의 결과로 생식능력을 갖춘 시기이다. 사회적 차원에서 성인기는 성숙하고 합리적이며 책임감 있는 행동을 하는 시기에 해당한다. 또한 높은 충동 통제와 좌절에 대한 강한 인내 및 기분의 변화를 제어하는 것이 가능하므로 정서적 안정성을 지닐 수 있으며 성인의 의무와 권리 역시 수행해야 한다.

성인전기는 신체적으로나 지적으로 최고의 상태에 도달하는 시기로, 청소년기에 비해 인지 및 신체 발달에서 큰 변화가 일어나지는 않지만, 많은 사회적 상호작용과 함께 다양한 역할을 통해 많은 활동이 이루어지는 시기이다. 이 기간 동안 대부분의 사람들은 부모로부터 독립하여 직업을 갖고, 배우자를 만나 결혼을 하고 자녀를 두며, 나아가 사회의 일원으로 활발히 활동하게 된다.

7) 성인중기(40~65세)

성인중기는 사회적, 심리적 측면에서의 발달은 진행되지만 이전 시기에 비해 신체적으로는 쇠퇴하는 변화가 많이 나타난다.

신체적인 면에서 노안으로 인한 시력 감퇴와 노인성 난청 경향을 보이기 시작하고, 약 50세 무렵부터는 미각, 후각 등의 감각에서도 약화 경향을 보이기 시작한다. 이전에 비해 근육조직은 더욱 감소하고 지방조직이 증가하면서 살이 찌고 동시에 힘과 지구력이 감소하는 경향을 보인다. 또한 생식능력에서도 여성은 폐경을 경험하는데, 폐경 이

후 에스트로겐의 감소로 뼈의 손실이 가속화되어 골다공증이 증가하기도 한다.

또 다른 한편으로 성인중기는 가장 생산적인 기간이다. 문화 수준이 향상되고 경제적으로 안정되고 사회적 지위가 확립되어 안정된 분위기 속에서 자신의 역할을 수행할 수 있는 인생의 황금기로 불린다. 경력 면에서 최고의 위치에 도달하는 시기이며, 자녀들이 대부분 성장하여 부모로서의 책임감이 줄고 좀 더 많은 시간을 자신의 직업 및 사회봉사 활동으로 보낼 수 있게 된다. 또한 성인중기는 노부모 봉양과 자녀에 대한 부모의 역할을 동시에 수행해야 하기에 샌드위치 세대라고도 불린다.

8) 노년기(65세 이후)

인간 발달의 마지막 단계로, 일반적으로 노년기를 생각하면 경제적 어려움, 육체적 쇠약 등으로 곧 죽게 될 것이라는 부정적인 예상을 한다. 하지만 과학과 의료 기술이 발달하고 인간의 수명이 늘어남에 따라 노년층의 인구가 계속 증가하고 있고, 노인의 건강상태가 과거보다 훨씬 좋아졌으며 과거와 달리 넓고 활동적으로 생활하는 경향이 증가하고 있다. 그러므로 노년기를 생활연령으로 구분하기보다 동일 연령대의 신체적 · 사회적 환경과 비교해서 얼마나 잘 기능하는지에 따라 분류하는 것이 바람직하다는 견해가 확산되고 있다.

노년기는 신체적인 면에서 급격히 약화된다. 시력과 청력 등의 감각적 쇠퇴가 두드러질 뿐만 아니라 체온 조절 능력의 약화가 뚜렷이 나타나며 신체의 근력이 약해지고 그로 인해 질병 발생 가능성이 증가한다. 특히 노인은 자극에 대한 반응 시간 및 정보를 처리하는 시간이 길어져 교통사고를 당할 가능성이 더욱 높아지므로 주의해야 한다. 반면, 지적인 측면에서는 성인후기에도 기존의 일반 지식이나 어휘력이 꾸준히 유지되는 것으로 알려져 있다.

활동 4-1 인생 그래프

개요 및 목표

앞으로의 생애를 더욱 활기차게 나아가기 위해 과거의 나와 만나는 시간이다. 비록 흑역사일지라도 과거 자신의 모습을 이해하고 있는 그대로 수용할 때 아름다운 미래를 준비할 수 있다.

- 집단의 크기: 6~8명(최대 20명)
- 준비물: 조용한 음악, 포스트잇

진행

① 활동지의 가로축에는 나이를 표시한다(왼쪽 탄생, 오른쪽 죽음).

② 태어나서부터 지금까지 시기별로 있었던 의미 있는 사건(경험)을 점으로 표시하여 곡선으로 연결한다. 이때 세로축의 점수(−100~+100)는 자신의 경험에 대한 느낌, 행복지수, 중요도, 자신에게 미친 영향력 정도를 의미한다.

③ 앞으로의 삶이 어떠할 것인지를 예측하며 이를 점선으로 표시한다. 이때 자신의 사망 나이를 표시하고 어떤 분위기에서 생을 마감하고 싶은지 생각해 본다.

④ 소집단을 형성하여 각자의 인생 그래프를 나눈다.

⑤ 한 사람씩 발표가 끝날 때마다 다른 학생들은 발표한 학생에게 자유롭게 해 주고 싶은 이야기(공감적 반응, 응원의 메시지 등)를 말해 준다. 피드백이 마무리되면 약 1분 정도 친구들이 포스트잇에 메시지를 간단히 적어서 선물로 준다.

⑥ 자신의 발표 내용과 친구들로부터 받은 메시지를 토대로 내가 나에게 해 주고 싶은 격려의 말을 작성한다.

규칙

- 비밀 유지: 오늘 친구들이 나눈 이야기를 다른 사람에게 하지 않는다.
- 자기개방 선택권: 내가 하고 싶은 얘기를 하고 싶은 만큼 한다.
- 경청하고 공감하는 태도: 다른 친구의 이야기를 비난하거나 충고하지 않고 공감적 이해로 반응한다.

Tip

• 지도자는 차분한 분위기를 조성하여 진지하게 활동에 임할 수 있도록 한다.

예)

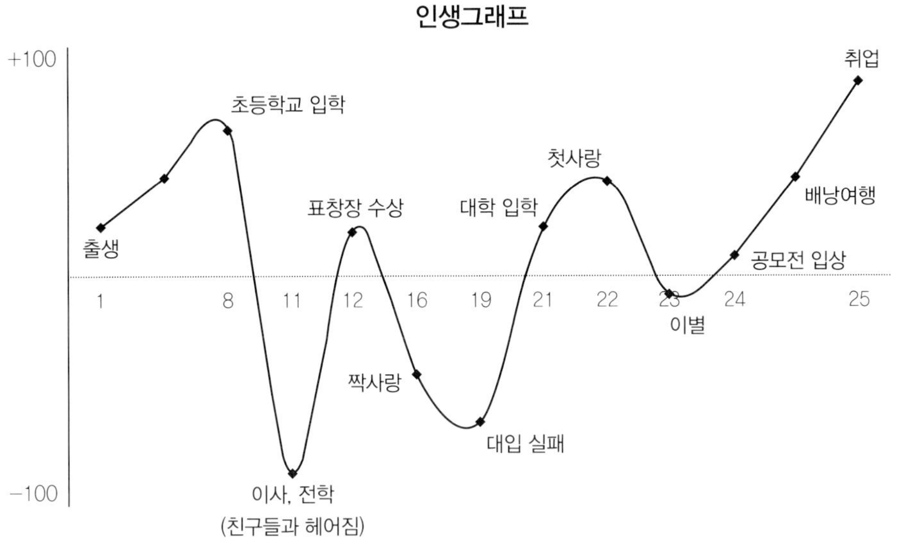

세상에서 하나뿐인 ___________________의 이야기

친구가 나에게 전해 준 보물

나에게 쓰는 편지

2. 발달주기별 과제

1) 하비거스트의 발달과제

하비거스트(Robert. J. Havighurst)는 특정 발달단계에서 반드시 성취해야 할 과제를 의미하는 발달과제(development task)라는 개념을 제안했다. 발달과제란 개인의 일생 중 특정 시기 혹은 그 가까운 시기에 나타나는 과제로, 그 과제를 성취하면 행복을 느끼고 후속과제의 성공으로도 연결되지만 실패하면 사회의 인정을 받지 못하게 되어 불행하고 후속과제를 성취하는 데도 어려움을 겪게 된다. 발달과제에는 개인의 생물학적 성숙과 관련된 과제뿐만 아니라 사회규범과 관련된 과제도 포함된다. 발달단계별 과제는 다음과 같다.

〈표 4-2〉 발달단계별 발달과제(권대훈, 2009)

발달단계	발달과제
영 · 유아기	• 걷는 법을 배운다. • 딱딱한 음식을 먹는 방법을 배운다. • 말을 배운다. • 대소변을 조절하는 법을 배운다. • 성차를 알고 성 예절을 배운다. • 생리적 안정을 유지하는 법을 배운다. • 사회적 환경에 대한 간단한 개념을 형성한다. • 부모, 형제자매, 타인과의 정서적 관계를 배운다. • 선 · 악을 구별하고, 양심을 형성한다.
아동기	• 일상놀이에 필요한 신체 기능을 습득한다. • 성장하는 유기체로서 자신에 대해 건전한 태도를 형성한다. • 동년배 친구와 사귄다. • 남자 또는 여자의 적절한 사회적 역할을 배운다. • 독(讀) · 서(書) · 산(算)의 기본 기능을 배운다. • 일상생활에 필요한 기초 기능을 배운다. • 양심, 도덕성, 가치척도를 발달시킨다. • 인격적 독립의 성취를 학습한다. • 사회집단과 제도에 대한 태도를 형성한다.
청년기	• 새롭고 성숙한 남녀관계를 형성한다. • 남자 또는 여자의 사회적 역할을 학습한다. • 자기 신체를 수용하고 신체를 효과적으로 조정한다. • 부모나 다른 성인으로부터 정서적으로 독립한다. • 경제적 독립의 필요성을 인식한다. • 직업 선택과 준비에 몰두한다. • 결혼과 가정생활을 준비한다. • 시민의 기본 자질을 갖춘다. • 사회적으로 책임 있는 행동을 실천한다. • 가치체계와 윤리관을 확립한다.
성인초기	• 배우자를 선택한다. • 결혼 후 배우자와 동거생활을 한다. • 가정생활을 시작한다. • 자녀를 양육한다. • 가정을 관리한다. • 직업을 선택한다. • 시민으로서의 책무를 감당한다. • 마음에 드는 사회집단을 모색한다.

성인중기	• 성인의 시민적 · 사회적 책무를 다한다. • 생활의 경제적 표준을 설정 · 유지한다. • 청소년들이 책임감 있고 행복한 성인이 되도록 돕는다. • 성인에게 필요한 여가활동을 갖는다. • 배우자와 인격적 관계를 맺는다. • 중년기의 생리적 변화에 적응한다. • 노부모에 대해 적응한다.
노년기	• 체력 감퇴와 건강에 적응한다. • 은퇴와 수입 감소에 적응한다. • 배우자의 사망에 적응한다. • 동년배와 친밀한 관계를 맺는다. • 사회적 · 시민적 책임을 이행한다. • 만족스러운 생활조건을 구비한다.

2) 에릭슨의 심리사회적 발달

에릭슨(Erik Erikson)은 인간행동의 기초로 자아의 성장에 관심을 갖고 아동의 자아가 형성되는 심리사회적 환경을 중요시했다. 프로이트(Freud)가 아동의 초기 경험만을 중요시한 것과 달리, 에릭슨은 인간의 발달이 영아기부터 죽을 때까지 일생 동안 계속되며, 각 발달단계마다 해결해야 할 심리사회적 위기(psycho-social crisis)를 지니고 있다고 보았다. 심리사회적 위기를 성공적으로 해결했을 때는 성격 발달이 제대로 이루어지고, 반대로 각 단계별 위기를 잘 해결하지 못하면 이후에도 계속 그 문제에 부딪힐 뿐 아니라 다음 단계의 발달이 지연되어 결국 성격 형성에 좋지 않은 영향을 미칠 수 있다는 것이다. 예를 들어, 심리사회적 위기를 만족스럽게 해결하면 긍정적 요소(신뢰, 자율성 등)가 자아 속에 통합되어 건전한 발달을 이루지만, 심리사회적 위기를 제대로 해결하지 못하면 부정적 요소(불신, 수치, 의심 등)가 자아 속에 통합되어 발달에 손상을 입는다.

에릭슨은 8단계의 심리사회적 발달단계를 제시하고, 각 단계에서의 위기를 어떻게 해결하느냐에 따라 각 개인의 독특한 성격이 형성된다고 보았다. 특정 단계에서 위기 극복에 실패했어도 다음 단계로 발달 진행이 될 수 있으며, 각 시기는 그 위기를 해결하기에 가장 적절한 시기를 의미한다.

〈표 4-3〉 에릭슨의 심리사회적 발달단계(신명희 외, 2013)

심리사회적 위기	연령	주요 사회적 관계	주요 특징	바람직한 결과
신뢰 대 불신	0~1세	어머니 (양육자)	양육자의 일관되고 적절한 돌봄과 사랑은 기본적인 신뢰감을 형성한다. 거부적이고 부적절한 돌봄은 불신을 야기한다.	신뢰, 희망
자율성 대 수치 및 의심	2세	부모	자기능력으로 기능을 발휘하도록 허용, 격려할 때 자율성이 발달한다. 과잉보호나 도움의 결핍은 환경을 통제하는 자신의 능력에 의심을 갖게 하여 수치심이 형성된다.	의지
주도성 대 죄의식	3~5세	가족	탐색할 수 있는 자유를 허용하고 질문에 충실히 답해줄 때 주도성이 발달한다. 활동을 제한하거나 간섭하고 질문을 귀찮게 여기면 죄의식이 형성된다.	목적, 의도
근면성 대 열등감	6~11세	이웃, 학교	성취할 기회를 부여하고 성취한 것을 인정, 격려하면 근면성이 발달한다. 성취할 기회를 갖지 못하거나 결과에 비난을 받고 귀찮은 존재로 취급되면 열등감이 형성된다.	기술, 유능감
정체감 대 역할혼미	청소년기	또래집단, 리더십 모델	자신의 존재, 가치에 대한 인식이 정체감을 발달시킨다. 신체적 불안감, 성역할과 직업 선택의 불안정은 역할혼미를 초래한다.	성실, 충성
친밀성 대 고립	성인 전기	친구, 연인, 회사동료	타인과 친밀한 인간관계를 유지하는 능력을 발달시킨다. 친밀한 관계 형성에 실패하면 고립감을 느끼게 된다.	사랑
생산성 대 침체	성인 중기	노동 분화와 가사 분담	다음 세대의 지도과정에 참여하고 생산적인 활동을 통해 타인과 사회를 위해 노력할 때 생산성이 발달한다. 이러한 활동에 참여하지 못하면 침체감에 빠진다.	배려
통합성 대 절망	노년기	인류	자신의 인생이 만족스러웠다고 회상하고, 자신을 수용하고, 인생에 대한 관조를 할 수 있을 때 통합성이 형성된다. 인생을 후회하고 죽음을 두려워할 때 절망감에 빠진다.	지혜

(1) 1단계: 신뢰 대 불신(trust vs. mistrust)

어머니(양육자)는 신생아의 세계에서 가장 중요한 대상이자 최초의 사회적 관계이다. 어머니가 음식이나 애정을 통해 기본 욕구를 만족시켜 주면 영아는 어머니를 신뢰하게 되며 자신과 주변 세계에 대한 신뢰성을 형성한다. 그러나 어머니가 욕구에 적절히 응하지 못하거나 일관성 없이 양육하면 영아는 불신감을 갖게 되고 이는 이후 발달단계의 전 과정 동안 지속될 수 있다. 이렇게 형성된 신뢰성은 이후 맺게 되는 모든 사회적 관계에서 성공 여부의 기초가 되기 때문에 이 단계를 가장 중요한 시기로 본다.

(2) 2단계: 자율성 대 수치 및 의심(autonomy vs. shame and doubt)

이 시기의 유아는 대소변의 통제가 가능하게 되고, 스스로 걷게 되면서 외부 세계를 열심히 탐색한다. 숟가락질을 통해 음식도 자신의 힘으로 먹는 등 무엇이든지 스스로 해 보려는 의지를 보인다. 언어에서도 '나' '내 것' 등을 반복하거나 "안 해!" "싫어!"라고 말하며 자기주장을 표현한다. 이때 부모가 유아의 독자적인 행동을 허용하고 격려하면 자율성이 높아지지만, 반대로 지나치게 엄격하게 배변 훈련을 하거나 사소한 실수에도 벌을 주는 등 아이를 통제하고 비난하면 유아는 자신의 능력에 대한 수치심이나 의심을 갖게 된다.

(3) 3단계: 주도성 대 죄의식(initiative vs. guilt)

이 단계의 아동은 언어능력과 운동 기능이 발달하면서 매우 적극적으로 환경을 탐색한다. 또한 스스로 활동을 계획하고 목표를 세우고 이를 달성하기 위해 진취적으로 행동한다. 이 시기에 아동에게 활동의 자유를 허용하면 주도성을 격려 받고 자신이 독립적임을 확신하지만, 반대로 주도적으로 할 수 있는 기회를 제한하거나 심하게 꾸짖으면 아동은 새로운 활동을 나쁜 것이라고 여기고 죄책감을 갖게 된다. 이러한 아동은 자기를 내세우기 두려워하고, 어른에 대한 의존성이 높으며, 목표를 설정하고 달성하려는 목적의식과 용기가 부족해질 수 있다. 이 시기에는 아동이 선택할 시간과 기회를 제공하고 놀이를 가능한 한 방해하지 않으며 지켜볼 필요가 있다.

(4) 4단계: 근면성 대 열등감(industry vs. inferiority)

이 시기는 인지적 기술과 사회적 기술을 습득해야 하는 단계로, 아동은 주로 학교에서 대부분의 시간을 보내기 때문에 부모의 영향력은 줄어들고 교사와 친구의 중요성이 커지게 된다. 이때 학교 공부를 비롯한 일들을 성실하게 수행하며 성공을 경험하면 근면성이 발달하지만 도전이 너무 어려워 실패로 끝나는 경험이 많아지면 부정적인 자아상을 형성하고 열등감에 빠지게 된다. 이렇게 형성된 열등감은 학습에 방해요인이 될 뿐 아니라 이후의 삶에도 부정적 영향을 준다.

(5) 5단계: 정체감 대 역할혼미(identity vs. role confusion)

청소년기는 신체적으로는 급격한 성장을 하지만 정신적인 조정능력이 신체적 변화를 따라가지 못하는 시기이다. 멋을 내거나 외모를 꾸미는 데 열중하는 등 다른 사람이 자신을 어떻게 생각하는지에 관심이 많고, 앞으로의 진로에 대한 고민과 갈등에 직면하는 시기이다. 또 내가 누구인가에 대한 의문과 탐색을 통해 이제까지의 심리적 정체감을 재규정하게 된다. 이 단계에서 긍정적인 자아정체감이 확립되면 이후의 심리적 위기를 적절히 넘길 수 있지만 여러 상황에서의 역할을 성공적으로 통합하지 못하고 방황하면 성적 · 직업적 정체성에 대한 혼미가 나타나게 된다. 에릭슨은 정체감 형성이 반드시 이 시기에 시작되어 종결되는 것은 아니며 때로는 이 시기 이전에 시작되어 성인기까지 지속될 수 있음을 인정한다.

(6) 6단계: 친밀성 대 고립(intimacy vs. isolation)

이 시기의 젊은이는 부모로부터 독립하고 직업을 선택하며 삶을 함께 나눌 배우자를 만나게 된다. 따라서 성숙하고 책임감 있는 성인으로서의 역할을 수행하고, 다른 사람들과 친밀하고 신뢰할 만한 관계를 형성해야 하는 시기이다. 이전 단계에서 긍정적인 자아정체감을 획득해야 성인전기에 진정한 친밀감을 획득할 수 있고, 만약 다른 사람과 삶을 공유하는 친밀한 인간관계를 성립하지 못하면 사회관계를 회피하며 스스로 고립되고 자신에게만 몰두하게 된다.

(7) 7단계: 생산성 대 침체(generativity vs. stagnation)

인생의 중년에 해당하는 시기로 자녀를 양육하고 지도하며 다음 세대를 양성하는 데 관심을 기울이는 시기이다. 이 시기의 생산성은 자신의 아이를 낳아 키우거나 지식과 기술을 다음 세대로 전수하는 직업적 성취를 통해 나타날 수 있다. 이 시기에 생산성을 발달시키지 못하면 침체감에 빠져 부모 역할이나 지도자 역할을 제대로 수행하지 못하게 되고, 타인에 대한 배려심과 관대함이 결여된 채 자신에게 더욱 몰두하는 경향을 보인다.

(8) 8단계: 통합성 대 절망(ego integrity vs. despair)

노년기는 그동안 살아온 인생을 돌아보고 정리하는 시기이다. 신체는 물론 정신 기능이 급격하게 쇠퇴하고 직장에서의 은퇴로 경제적 능력이 상실되며 친구나 배우자의 사망으로 인생무상과 무력감을 경험하게 된다. 따라서 이 시기에는 이러한 신체적 · 사회적 퇴화를 현명하게 수용하는 것이 매우 중요한 과제이다. 전반적인 측면에서 자신의 인생에 대해 긍정적인 가치를 부여하고 수용하면 삶의 보람과 지혜를 통해 보다 높은 차원의 인생철학을 발전시키는 통합성이 발달되지만, 자신이 걸어온 삶을 후회스럽고 무가치하다고 생각하는 경우 깊은 절망에 빠지게 된다.

활동 4-2 나의 심리사회적 발달단계

◆에릭슨의 심리사회적 발달 단계를 기반으로 자신의 인생을 생각해 보자.

1. 신뢰 vs. 불신

2. 자율성 vs. 수치 및 의심

3. 주도성 vs. 죄의식

4. 근면성 vs. 열등감

5. 정체감 vs. 역할혼미

6. 친밀성 vs. 고립

3) 레빈슨의 인생의 사계절

레빈슨(Daniel J. Levinson, 1978)은 아동기처럼 성인기에도 모든 사람들이 동일한 발달시기를 거치며 인생의 흐름이 진행된다고 보았다. 레빈슨은 35~40세의 성인 남성 40명을 대상으로 심층 면접 기법을 통해 개인의 인생사를 엮어 전기를 만들고 이에 근거하여 성인 발달이론을 발전시켰다. 그가 제시한 인생의 사계절(seasons of life) 이론은 인간의 삶은 출발점과 종점이 있는 여행이며, 그 여행의 방향과 속도는 문화와 개인에 따라 다르지만 결국 보편적인 길을 따라 여행한다는 가정을 전제로 한다. 레빈슨이 제시한 성인기 동안 일어나는 변화의 단계는 다음의 그림과 같다.

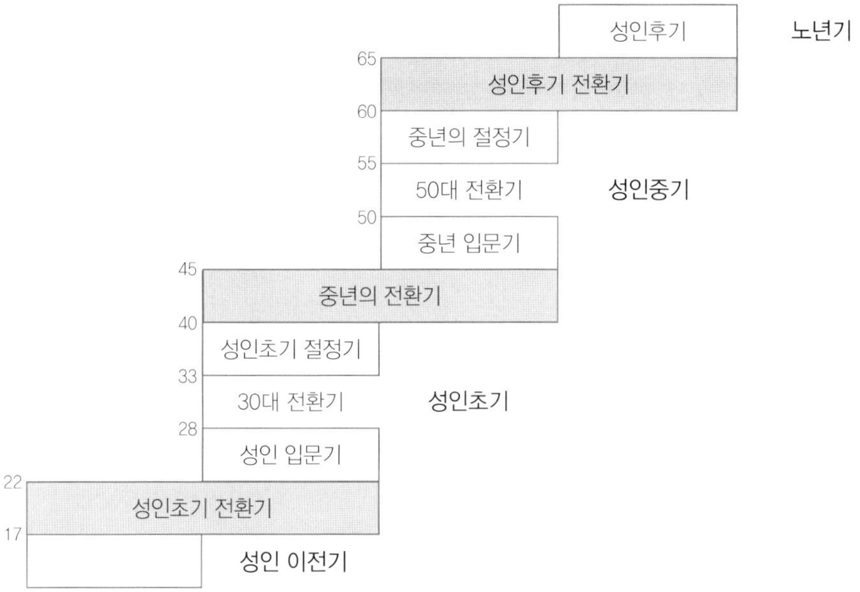

[그림 4-1] 인생의 사계절

레빈슨에 따르면 인간의 인생주기는 약 25년씩 지속되며 아동기와 청소년기(0~22세), 성인전기(17~45세), 성인중기(40~65세), 성인후기(60세 이후)의 4개의 시대가 있다. 사계절의 변화와 마찬가지로, 각 시대는 보편적인 인생주기 안에 질적으로 다르게 존재하고 각 계절은 매우 안정적인 상태인 반면, 한 계절에서 다른 계절로 넘어가는 중간의 '전환기'는 불안정한 시기로 본다. 사람들은 이와 같은 인생의 여정 속에서 어떤 사람과 결혼할 것인지, 앞으로 무엇을 하며 살아갈 것인지, 특정 시기에 무엇을 우선시 할 것인지와 같은 많은 선택을 하며 인생구조를 형성해 나간다. 이러한 인생구조는 인생의 전반에 걸쳐서 안정기와 전환기를 반복하며 전개된다.

'안정기'는 직업, 결혼, 가족과 같은 중요한 선택을 통해 인생구조가 형성되는 시기로 6~7년에서 길게는 10년 정도 지속된다. 아무리 잘 짜인 인생구조라 해도 시간이 지나면 인생에 회의를 느끼는 '전환기'를 맞게 된다. 전환기는 다음 계절로 넘어가는 환절기처럼 현재의 인생을 재평가, 종결하고 새로운 인생구조를 구축하기 위한 가능성을 탐색하는 등 다음 인생구조의 기반이 될 중요한 선택을 하는 시기이다. 성인초기 전환기(17~22세)는 청소년기와 성인초기를 연결하는 동시에 양쪽에 모두 속하는 시기이다. 이 시기의 발달과제는 성인 이전의 자아에서 벗어나 성인의 세계로 안전하게 진입하는 것으로 특히 관계를 수정하고 종결하게 되는 시기이다. 예를 들어, 부모와의 관계에서는 의존과 보호라는 기존의 관계에서 벗어나 자율성과 독립이라는 새로운 가능성을 탐색하고 선택한다. 또한 학교에서의 자아를 마무리하고 직업세계에서의 자아 형성을 위해 탐색하는 등 성인정체감을 형성하기 위한 선택과 결정을 하는 시기이다.

성인초기(22~40세)는 인생의 절정기로 신체적, 정신적 활력이 최고 수준으로 발달하는 동시에 성인 사회에서 자기 위치를 확립하기 위한 심리적 갈등과 긴장도 최고 수준에 달한다. 레빈슨은 이 시기를 "에너지와 풍요로움, 모순과 스트레스가 최고인 시기"라고 말하기도 했다.

성인 입문기의 20대 청년은 결혼, 직업, 주거, 삶의 방식과 같은 중요한 선택을 하며 점차 진정한 성인으로 발달해 나간다. 또한 자신이 성취하고 싶은 꿈을 만들어 내고, 그 꿈은 대개 직업세계에서 성취하는 것과 연관이 있으며 꿈을 이루기 위해 자신의 삶을 현실적이고 긍정적인 방식으로 구성하기 시작한다. 이처럼 일과 사랑에서 다양한 가능성을 탐색하고 선택하는 과정에서 많은 변화와 불안정을 경험하는 시기이다.

30세를 전후로 전환기에 이르면 성인들은 자신이 설정한 최초의 인생구조를 재평가하고 수정한다. 자기 인생에서 무엇인가 놓쳐 버린 것, 잘못된 것, 미래를 위해 변화가 필요하다는 생각을 하며 초기 선택을 재고하고 자신이 처한 상황 안에서 크고 작은 변화를 시도해 보는 시기이다.

성인초기 절정기(33~40세)는 두 번째 인생구조를 형성하는 시기로 가족, 직업, 사회 안에서 자리를 잡고 자신의 삶을 정착시킨다. 또한 인생에서 의미 있는 것을 성취하기 위해 노력하며 진정한 자기 자신이 되어 가는 시기이다.

성인중기(45~60세)는 신체 기능의 저하를 경험하는 동시에 기본적 욕구가 감퇴함으로써 젊은 시절의 욕망으로부터 보다 자유로워지고 지혜, 판단력, 도량, 연민, 조망의 폭이 깊어져 인생을 여유롭게 즐길 수 있는 자원을 소유하게 된다. 또한 새로운 방식으로 개인적 성취를 이루고 사회에 공헌할 기회가 주어지며 부모와 스승이라는 역할을 통해 다음 성인 세대를 가르치고 지도할 책임이 주어진다. 자신과 사회와의 관계를 더욱 고민하는 50대 전환기를 맞게 되고 이 과정을 통해 좀 더 균형 잡힌 삶과 인생의 완성을 경험한다.

이상의 발달이론들을 종합해 보면 성인이 된다는 것은 건강하게 형성된 자아정체감을 바탕으로 친밀한 관계를 수립하고, 제도 교육의 완결, 결혼과 출산, 직업세계로의 진입을 뜻하며 가치 있다고 여기는 삶의 방식을 선택하여 성인으로서의 인생구조를 형성하는 것을 의미한다. 이와 같은 기준에서 요즘의 대학생들을 성인으로 볼 수 있을까?

3. 주목받는 발달시기, 청년기

1) 청년기의 등장

기존의 발달심리이론에서 제시한 성인의 기준으로 본다면 현재 우리나라의 대학생들을 성인으로 간주하기에 어려운 측면이 많다. 부모로부터 완벽하게 주거 독립을 못한 경우가 많고, 용돈은 벌지만 학비 등은 부모에게 의존하는 경우도 많으며 '마마보이' '헬리콥터 부모' 같은 신조어에서도 알 수 있듯이 여전히 정서적으로 독립적인 의사결정을 내리지 못한 채 살고 있는 경우도 있기 때문이다. 이러한 관점에서 대학생은 완전한 성인이라고 말하기 어렵다.

아네트(Arnett, 1994, 1997, 2000, 2001)는 현대 산업사회는 성인기로의 이행을 시작하여 완결 지었다고 스스로 생각하는 과도기인 청년기(Emerging Adulthood)가 존재한다고 주장한다. 대략 18~25세, 즉 대학생 시기가 이에 해당되지만 청년기의 시작과 끝 역시 주관적이며 개인적이다. 청년기는 청소년기도 아니고 성인초기도 아닌 둘 사이에 존재하는 '성인이 되어 가는 과정의 시기'이다. 이때 청년들은 부모의 감독에서 서서히 벗어나지만 완전한 성인의 역할을 하지 않는 성인기 진입을 경험하게 된다. 장휘숙(2009)이 우리나라 18~39세 남녀 2,583명을 대상으로 조사한 결과, 남성들은 30세, 여성들은 28세에 성인기가 시작된다고 인식하고 있었다. 또한 2017년 우리나라 평균 초혼 연령은 남자 32.9세, 여자 30.2세로 조사되었다(통계청, 2018). 우리나라 역시 청소년기와 성인기 사이에 중간 시기가 새롭게 등장하였음을 알 수 있다.

2) 청년기의 특징

곽금주(2013)는 청년기를 성인으로 진입하는 시기로 여기고 그 특징을 다음과 같이 설명하고 있다.

(1) 정체성 탐색의 시기

에릭슨과 같은 기존 심리학자는 정체성 탐색과 형성을 청소년기의 주요 과제로 여겨 왔다. 하지만 청년기야말로 자신의 정체성을 탐색하기 위한 최적의 시간이다. 청년기는 부모의 간섭과 영향에서 벗어남은 물론 성인의 의무와 책임에서도 자유롭기 때문에 더욱 자유롭게 삶의 방식과 사랑, 일 등에서 다양한 가능성을 시험해 볼 수 있다. 특히 우리나라 청소년이 입시전쟁으로 인해 제대로 된 정체성을 탐색하기 어려운 현실을 고려할 때 청년기, 특히 대학생 시기의 역할 탐색은 매우 자연스러운 현상이다. 실제로 많은 대학생들이 다양한 취미활동이나 인턴십 등과 같은 사회참여를 통해 자신이 누구

인지 깊이 탐색하고 있으며, 워크캠프나 국제적 구호활동, 배낭여행 등의 영역에도 참여 비율이 매우 높다.

(2) 불안정성의 시기

청년기의 정체성 탐색은 바꾸어 말하면 정착하지 못한 불안정함을 뜻하기도 한다. 왜냐하면 이 시기에는 선택의 기회와 대안적 가능성이 열려 있기 때문이다. 또한 인생에 대한 다양한 계획과 그 계획의 수정판도 가지고 있다. 예를 들어, 대학에 입학했으나 전공에 흥미가 없으면 전공을 바꾸는 등 자신의 대학생활 계획을 수정한다. 대학 졸업 후 직장에 들어갔으나 직장이 잘 맞지 않거나 돈을 더 벌고 싶은 이유로 대학원 교육이 필요하다고 여겨지면 다시 계획을 수정한다. 이처럼 인생계획을 수립하고 수정하는 과정을 통해 자신에 대해 더 깊이 알게 되고, 자신이 원하는 미래로 나아갈 수 있게 된다. 그러므로 청년기는 인생에서 가장 불안정한 시기라고 볼 수 있다.

(3) 자기중심적 시기

자기중심성은 아동기와 청소년기뿐 아니라 청년기에도 해당하는 용어이다. 그러나 차이가 있다면 청년기 자기중심성은 극복해야 할 인지적·정서적 미숙함이 아니라 정상적이고 필수적이라는 점이다. 청년기는 부모의 영향을 벗어나는 동시에 성인의 의무와 책임을 경험하는 시기이다. 즉, 청년기는 외적인 구속이나 타인에 대한 책임, 일상의 의무도 없는 오로지 자신에게 집중할 수 있는 시기로 볼 수 있다. 게다가 성인의 삶을 준비하기 위해서는 교육, 직업, 결혼, 출산 등 중요한 의사결정을 해야 하므로 자신에게 주의가 집중되는 것은 정상적이고 건강한 발달의 요소이다.

(4) 사이에 낀 시기

청년기는 연령도 청소년기와 성인초기에 끼어 있고 스스로도 성인으로 가는 길목에 있다고 느낀다. 우리나라 남녀 모두 20대 후반이 이르러서야 비로소 성인이 되었다고 인식하는 조사 결과(장휘숙, 2009) 역시 이를 지지한다. 특히 기존의 성인의 기준이었던 재정적 독립, 독립적 의사결정, 책임감 수용 등은 하루아침에 완성되지 않는다. 이와 같은 과정적 성격으로 인해 청년기를 사이에 낀 시기라고 부른다.

(5) 가능성의 시기

청년기는 탐색과 불안정성의 시기, 즉 많은 가능성이 열려 있지만 삶의 방향이 결정된 것은 거의 없는 시기이다. 그러므로 청년은 큰 희망과 기대를 갖는다. 연구에 따르면 18~24세 청년의 96%가 자신의 미래의 삶에 대해 낙관하고 있으며 자신의 꿈이 언젠가는 이루어질 것이라고 믿고 있었다(Hornblower, 1997). 이는 청년이 가족으로부터 떨어져 있고, 새로운 책임과 의무에는 자유로우므로 자신의 삶을 바꿀 수 있는 충분한 기회를 갖고 있다고 여기기 때문이다.

3) 청년기의 성공적 발달지표

벤슨 등(Benson et al., 2004)은 청년기 발달에 관한 50여 개의 이론적 · 경험적 연구를 검토하여 청년기의 성공적 발달지표를 추출했다. 청년기의 성공적 발달지표는 다음의 〈표 4-4〉와 같다. 우리나라의 통계적 조사는 아니지만 우리나라도 이미 서구화되고 있기 때문에 성공적인 청년기 발달을 완수하기 위해 참고할 필요가 있다.

〈표 4-4〉 청년기의 성공적 발달지표

차원	지표
물리적 · 신체적 건강	• 좋은 영양상태 • 규칙적인 운동 • 불법적인 약물에 의존하거나 남용하지 않음 • 안전한 성행동 • 비폭력 • 안전운전
심리적 · 정서적 안녕	• 긍정적인 자기정체감 • 인생 만족도 • 긍정적인 견해 • 목적지향성 • 친사회적 지향
인생살이 기술	• 독립적 의사결정 • 정서적 자기규제 • 대인관계기술 • 자기효능감 • 재정적 책임감

윤리적 행위	• 진실을 말하기 • 약속 지키기 • 범죄를 저지르지 않기 • 법과 규율 준수하기 • 타인에 대해 염려하고 보살피기 • 스스로에 대해 책임감 갖기
건강한 가족과 사회적 관계	• 부모, 애인, 또래와 친밀한 관계를 형성하고 빈번한 상호작용 (집단 활동 포함: 스포츠팀, 교회, 합창단, 댄스수업 등)
학업	• 고등학교 졸업 • 고등교육의 완수 • 직업을 갖기 위한 자격증
구조적 고용	• 학교, 직장, 집에서 주당 35시간 이상 일하기
시민 · 사회적 관여	• 봉사활동 • 정치적 참여 • 자선과 기부

활동 4-3 청년기 발달 평가

1. 호킨스 등(Hawkins et al., 2004)이 제시한 청년기 성공적인 발달지표를 기준으로 자신의 현재 발달 상태를 평가해 보자.

차원	지표	발달 진행 평가
물리적 · 신체적 건강	• 좋은 영양상태 • 규칙적인 운동 • 불법적인 약물에 의존하거나 남용하지 않음 • 안전한 성행동 • 비폭력 • 안전운전	
심리적 · 정서적 안녕	• 긍정적인 자기정체감 • 인생 만족도 • 긍정적인 견해 • 목적지향성 • 친사회적 지향	

인생살이 기술	• 독립적 의사결정 • 정서적 자기규제 • 대인관계기술 • 자기효능감 • 재정적 책임감	
윤리적 행위	• 진실을 말하기 • 약속 지키기 • 범죄를 저지르지 않기 • 법과 규율 준수하기 • 타인에 대해 염려하고 보살피기 • 스스로에 대해 책임감 갖기	
건강한 가족과 사회적 관계	• 부모, 애인, 또래와 친밀한 관계를 형성하고 빈번한 상호작용(집단 활동 포함: 스포츠팀, 교회, 합창단, 댄스수업 등)	
학업	• 고등학교 졸업 • 고등교육의 완수 • 직업을 갖기 위한 자격증	
구조적 고용	• 학교, 직장, 집에서 주당 35시간 이상 일하기	
시민 · 사회적 관여	• 봉사활동 • 정치적 참여 • 자선과 기부	

2. 그 외, 청년기를 보내고 있는 자신의 현재 고민과 해결해야 할 과업이라고 생각하는 것에 대하여 이야기해 보자.

현재 고민과 해결해야 할 과업	진행 정도 (O: 완성, △: 진행중, X: 미해결)	해결방안

활동 4-4 자서전 작성

◆인간의 생애발달주기를 기반으로 자서전을 작성하시오.

제5장

흥미와 가치관 탐색

어른들은 아이들에게 "커서 어떤 사람이 되고 싶니?"라고 종종 묻는다. 태어나서 첫 생일을 맞은 아이에게 돌잡이 의식을 하며 앞으로의 삶에 대한 부모의 바람을 드러내기도 한다. 진로에 대한 지식과 태도는 어린 시절부터 발달하기 시작하고 사춘기를 거쳐 청년기에 이르러 보다 성숙해지며 생을 마칠 때까지 지속적으로 발달한다(Upton, 1982).

진로(career)란 한 개인의 생애 동안 일과 관련해서 경험하고 거쳐 가는 모든 체험을 의미한다. 즉, 진로계획, 직업 선택, 일의 세계에 대한 태도와 지식, 직업에 대한 만족도, 승진, 직무에 대한 동기, 직업변경 등이 모두 진로라는 개념에 포함된다. 직업(job)은 일반적으로 보수를 받는다는 것을 전제로 한 일을 의미하는데, 진로는 이런 유보수 직업뿐 아니라 보수를 받지 않는 일(예를 들어, 자원봉사, 복지사업, 집안일, 정치운동 등)까지도 포함하고 있다. 또한 진로 발달 경로는 모든 사람에게 통용되는 어떤 표준적이고 객관적인 방법이 있는 것이 아니므로 자신이 스스로 진로목표에 접근하고 달성해 나가는 것이 중요하다. 진로탐색은 실제로 진로의 목표를 세우고 자신의 특성과 욕구를 직업세계의 특성과 취업조건에 결부시켜 구체적으로 진로를 계획하고 대안과 최적안을 선택하는 과정을 의미한다.

특히 직업세계의 입문을 앞두고 있는 대학생 시기에 스스로 진로를 탐색하고 선택하는 일은 중요한 과업이다. 안타깝게도 많은 대학생들이 진로를 선택하는 과정에서 어려움을 호소하고 있다. 왜냐하면 진로를 정하기 위해서는 우선 자신이 누구인지, 어떤 장점이 있는지, 하고 싶은 것은 무엇인지 등 자아성찰을 통해 자신에 대해 충분히 알고 있어야 하기 때문이다. 새로운 경험을 통해 자신의 선호를 알아 나가는 것 역시 진로 선택의 필수 과정이다(황매향 외, 2013). 이처럼 진로탐색은 자신 안에 있는 무수한 가능성과 독특한 가치관을 발견하고 그것을 직업세계의 특징과 요구에 합리적으로 연결해 나가는 복합적인 과정이다.

1. 흥미와 적성

1) 흥미와 적성의 개념

(1) 흥미

당신은 무엇인가에 시간이 가는 줄 모르고 몰두해 본 경험이 있는가? 사람은 흥미를 느끼는 일을 할 때 힘든 줄 모르고 몰입하게 된다. 또 그렇게 흥미 있는 일을 하면 좋은 결과를 얻기 마련이다. 이처럼 흥미는 일에 대한 몰입과 성과에 영향을 미치는 중요한 요인이다.

일반적으로 흥미는 '어떠한 종류의 활동이나 사물에 대하여 특별한 관심이나 주의를 갖게 하는 개인의 일반화된 행동경향'을 의미한다. 즉, 어떤 일에 몰두하거나 하고 싶어서 소망하는 것은 그것에 흥미를 갖고 있다는 뜻이다. 흥미는 한 개인이 종사하는 직업의 만족도, 노력의 투여량, 지속적 종사시간을 결정하는 중요한 요인으로 알려져 있다. 실제로 자신의 직업에 흥미가 클수록 그 분야에서 성공할 확률이 높다고 한다.

흥미는 성장함에 따라 변화한다. 어릴 때는 흥미가 단편적이고 잘 분화되어 있지 않으며 일시적인 형태로 나타나지만, 성장하면서 흥미는 점차 분화되고 구체화되는 경향이 있으며 보다 지속적인 형태로 변화하는 특징이 있다.

(2) 적성

인간은 누구나 나름대로 잘하는 분야가 있다. 특히 진로를 결정할 때 자신의 독특한 능력, 즉 적성을 고려하는 것은 중요하다.

인간의 지적 능력은 크게 일반지능과 특수지능으로 구분된다. 일반지능은 흔히 IQ로 표현되는 전반적인 지적 능력을 뜻하는 반면 특수지능은 특수한 분야에 대한 지적 능력을 말하는데, 적성은 일종의 특수지능으로 특정한 일을 수행하는 데 필요한 특수능력을 지칭한다. 이는 어떤 직업이나 구체적인 과업 또는 일에 대한 성공 가능성을 예언하는 심리적인 특성이 될 수 있다. 다시 말해, 적성에 맞는 일은 보다 쉽게 배우고 활용하여 다른 사람보다 잘할 수 있는 가능성이 높으며 스스로도 재미를 느낄 수 있다. 따라서 학과나 직업을 정할 때 적성을 미리 파악하여 그에 맞는 전공이나 직업을 정한

다면 자신의 성공 가능성과 행복 가능성을 높일 수 있다(송원영, 김지영, 2013).

적성은 타고난 능력이나 소질이라고 할 만큼 유전적인 성향이 강하다. 그러나 학습 경험이나 훈련에 의해 계발될 수 있다는 것이 일반적인 견해이다.

활동 5-1 어린 시절 꿈

개요 및 목표

어린 시절 마음속에 간직하고 있던 꿈을 이야기해 보자. 현실 안에 꿈을 가두었다면 다시 꺼내어 보자. 어린 시절 꿈을 상기하며 잊고 있던 자신의 흥미와 관심을 발견할 수 있다.

- 집단의 크기: 20명 이내
- 소요시간: 20분
- 준비물: 즐거운 음악

진행

① 큰 원과 작은 원의 두 형태를 만든다.

② 바깥 큰 원과 안쪽 작은 원은 서로 마주보며 두 명씩 짝을 이루고 다음 질문에 답한다(한 질문당 3~5분 정도 배정).

③ 시간이 지나면 큰 원을 구성하는 사람들이 오른쪽으로 한 칸 이동하고 새로운 짝과 대화를 시작한다.

④ 이동 칸 수에 변동을 주어 다양한 짝과 대화를 나눌 수 있도록 한다.

1. 어릴 적 나의 꿈은 무엇이었는가?

2. 어릴 적 꿈은 커 가면서 어떻게 변화하였는가?

3. 꿈이 변화하게 된 계기나 이유는 무엇인가?

4. 어릴 적 꿈을 상기하면서 느낀 점은 무엇인가?

활동 5-2 내가 생각하는 성공 그리고 행복

◆ 사람마다 생각하는 성공과 행복의 의미는 다르다. 자신만의 성공과 행복을 정의해 보자.

내가 생각하는 성공은 　　　　　　　　　　　　　　　　　　　　이다.

나에게 행복이란 　　　　　　　　　　　　　　　　　　　　이다.

2) 흥미검사와 적성검사

(1) 홀랜드 흥미적성검사

처음 진로탐색을 시작하게 되면 누구나 진로의 종류가 너무 많다는 사실에 압도되는 경험을 한다. 홀랜드(J. L. Holland)는 진로탐색의 범위와 관점을 좁히는 하나의 방법으로 직업성격(vacational personality) 유형을 6가지 형태—현실형(Realistic type), 탐구형(Investigative type), 예술형(Artistic type), 사회형(Social type), 진취형(Enterprising type), 관습형(Conventional type)—로 제시했다(Holland, 1997). 각각의 유형은 어떤 환경에 직면했을 때 문제에 대한 반응 태도나 기술뿐 아니라 직업과 여가활동에 대한 선호도, 삶의 목표, 가치 등에서 〈표 5-1〉과 같은 특징을 나타낸다.

〈표 5-1〉 홀랜드 유형별 특성

유형	흥미	성격	적성	가치	대표 직업
현실형(R)	물건, 도구, 기계, 동식물과 옥외에서 일하는 것을 더 좋아함	솔직함, 성실함, 검소함, 건강함, 소박함, 지구력 있음, 말이 적고 냉정함, 실리적, 실제적, 비사교적, 거침, 고집 있음, 직선적, 단순함	운동이나 기계를 다루는 능력은 있으나 대인관계능력은 부족, 수공, 농업, 전기, 기술적 능력은 높으나 교육적 능력은 부족	기술 기능 전문성 유능성 생산성	기술자 조종사 정비사 공학자 직업군인 농부 경찰관 운동선수
탐구형(I)	관찰하기, 배우기, 탐구하기, 분석하기, 평가하기, 문제 풀기를 좋아함	탐구심 많음, 논리적, 분석적, 합리적, 비판적, 정확함, 지적임, 신중함, 소극적, 인기 없음, 내성적	학구적인 자부심이 있음, 수학적 · 과학적 능력과 연구 능력이 높음, 지도력이나 설득력은 부족	탐구 지식 학문 지혜 합리성	수학자 과학자 의사 대학교수 연구자
예술형(A)	구조화되지 않은 상황에서 일하기를 좋아함	상상력, 감수성, 자유분방, 직관적, 까다로움, 즉흥적, 독창적임, 개성 강함	예술적 능력은 있으나 사무적 기술 부족, 상징적 · 자유적 능력은 있으나 체계적이고 순서적인 능력 부족	예술 창의성 자유 개성	예술가 작가 배우 디자이너 건축가 기자

사회형(S)	사람들과 함께 일하기 좋아하고, 정보를 교환하며, 다른 사람을 가르치고 도와주기를 좋아함	사람을 좋아함, 친절하고 이해심 있음, 사회성이 있고 우호적임, 외향적, 협동적, 봉사적, 낙관적, 열정적	사회적 · 교육적 지도력과 대인관계능력은 있으나 기계적 · 과학적 능력 부족	사랑 평등 헌신 용서 인간존중 봉사	교육자 사회복지사 간호사 상담가 종교지도자 임상치료가
진취형(E)	조직의 목표와 경제적인 이득을 위해 설득하고 영향력을 행사하고 일을 수행함	지배적, 지도력 있음, 말을 잘하고 설득적, 경쟁적, 모험심, 과시적, 쾌락 추구, 활기 넘침, 자신감 있음, 외향적, 낙관적, 열성적	적극적이고 사회적이며 지도력과 언어능력은 있으나 과학적 능력 부족, 대안에 대한 설득적 능력은 있으나 체계적 능력 부족	권력 평등 명예 모험 자유 보상	기업경영인 정치인 판사 영업사원 연출가 관리자
관습형(C)	자료를 가지고 일하기 좋아함, 지시에 따라 일을 처리하고 세밀한 일처리 잘함	정확함, 조심성, 세밀함, 계획성, 보수성, 절제, 관습적, 순응적, 방어적, 질서정연, 상상력 없음, 완고, 검소, 책임감	사무적이고 계산적이며 회계정리능력은 있지만 예술적 상상력 부족, 체계적이고 정확성은 있으나 탐구적 · 독창적 능력 부족	능률 체계 안전 안정	공인회계사 경제분석가 감사원 법무사 비서 컴퓨터프로그래머

홀랜드(1997)는 자신의 성격에 알맞은 직업을 선택하는 것이 바람직하다고 주장한다. 성격에 적합한 직업에 보다 쉽게 적응할 수 있고, 일하는 데 흥미를 느끼며 결과적으로 성공할 가능성이 높기 때문이다. 홀랜드는 처음에 한 개인이 하나의 유형에 속한다고 생각했으나, 최근에는 대부분의 사람들이 두세 가지가 복합된 유형을 가지고 있다고 이론을 수정하였다.

만약 검사 결과, 어느 1~2개의 점수가 뚜렷하게 높은 경우 자신의 유형에 적합한 직업으로 고려하면 되므로 진로선택이 어렵지 않다. 그러나 뚜렷하게 끌리는 것이 없거나, 검사 결과에서 6개의 점수가 거의 유사한 사람도 있다. 이런 사람들은 여러 영역에 걸쳐 두루 흥미가 있기 때문에 어떤 일을 하더라도 재미있게 할 수 있을 것이다.

검사 결과를 이해하기 위해 우선 [그림 5-1]의 육각형에서 각 유형이 얼마나 흩어져 있는가를 살펴보아야 한다. 서로 인접하게 위치한 유형은 비슷한 적성 영역으로 쉽게 넘나들 수 있다. 그러나 만약 검사 결과의 유형들이 서로 인접해 있지 않다면 진로탐색

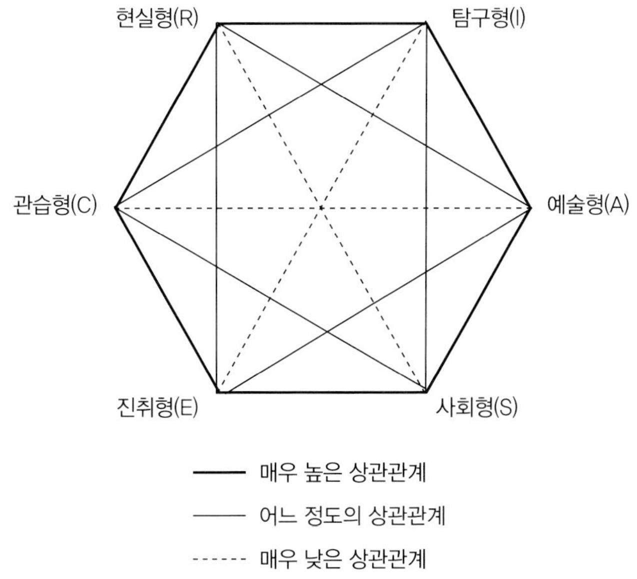

[그림 5-1] 홀랜드 육각형 모형

은 좀 더 힘들 수 있다. 예를 들어, 사회형(S)와 진취형(E)은 모두 다른 사람들과 일하기를 좋아한다. 이 둘은 어떤 방식으로 사람들과 일하는 것을 선호하는가에 따라 구분되는 것이다. 반면, 현실형(R)과 사회형(S) 또는 탐구형(I)과 진취형(E)과 같이 서로 반대편에 있는 유형들은 서로 극단적으로 다른 경우가 많다. 따라서 이렇게 서로 흩어진 영역에서 흥미적성을 나타내는 경우는 인접한 영역에서 보이는 경우보다 흥미적성을 결정하기 어려울 수 있다. 어느 것이 더 중요한지 구분하기 어렵거나 두 유형을 통합하기 어려운 경우에는 가치관에 따라 가장 중요한 한 가지를 선택해야 할지도 모른다. 이런 경우 어떤 사람들은 일 이외에 추구하는 취미를 발전시킴으로써 반대 분야를 만족시키는 방법을 찾기도 한다(황매향 외, 2013). 반대편의 유형이 나왔을 경우 때로는 직업에 따라 통합이 가능한데 이 경우 어떻게 그 특성을 조합할지에 대한 고민이 필요할 것이다. 이 밖에도 흥미와 적성을 알아보기 위해 다른 검사를 실시하여 비교평가하거나 가까운 진로 전문가와 상의하는 등 다양한 탐색 방법이 있다.

활동 5-3 홀랜드 간이 검사

그룹 R 현실형	□ 당신은 주변 사람들과 다르게 보이거나 행동하는 것을 좋아하지 않는다. □ 타인과 매우 꾸밈없고 개방적인 대화를 한다. □ 타인에게 성실하다. □ 성공을 자랑하지 않는다. □ 뭔가 소유하는 것을 좋아한다. □ 태평스러운 성격이다. □ 쉽게 단념하지 않는다. □ 스스로를 현실적이라고 생각한다. □ 부끄러움을 잘 탄다. □ 쉽게 당황하지 않는다. □ 절약을 즐기며, 물건을 사면 비교적 저렴하고 실용적인 물건을 산다.	
	합계	
그룹 I 탐구형	□ 생각이나 사물을 자세히 조사하고, 전체를 부분으로 나누는 것을 좋아한다. □ 모험이나 위험은 회피하고 싶다. □ 실수나 결점을 찾아내 고치는 것을 좋아한다. □ 질문하는 것을 좋아한다. □ 많은 것을 자신의 뜻대로 하기를 원한다. □ 현명하다. □ 주변의 사물과 사건보다는 자신의 생각과 감정에 더 흥미 있어 한다. □ 뭔가를 할 때 매우 주의 깊다. □ 뭐든지 정확한 것이 좋다. □ 당신의 행동과 생각이 당신을 비롯해 타인에게 납득되길 원한다. □ 의견과 판단을 쉽사리 말하지 않는다.	
	합계	
그룹 A 예술형	□ 당신은 복잡하기 때문에 이해하기 어려운 사람이다. □ 뭔가의 순서를 바꾸는 것을 개의치 않는다. □ 당신은 감정에 민감한 것을 좋아한다. □ 당신의 생각을 명확하게 말하는 것을 즐긴다. □ 많은 좋은 아이디어를 가지고 있다. □ 상상적인 것에 대해 재미있는 생각이 많다. □ 뭔가 실용성은 없어도 당신의 흥미를 끌면 그만이다. □ 의사결정이 빠르다. □ 다른 사람과 다르다는 것에 신경 쓰지 않는다. □ 타인과는 다른 방식으로 사물을 본다. □ 당신은 대부분의 사람들과 다르며, 그건 당신에게 별 문제가 되지 않는다. □ 새로운 것을 창조하는 것이 좋다.	
	합계	

그룹 S 사회형	□ 당신은 매우 믿을 수 있다. □ 타인과 함께 일하는 것이 좋다. □ 타인과 어울리는 것이 좋다. □ 타인에게 사려 깊다. □ 타인을 돕는 게 좋다. □ 효과적인 완벽한 생각이 있다고 믿는다. □ 당신은 지혜를 가지고 있다. □ 온화하고 인정 있는 사람이다. □ 옳은 일을 하는 것이 좋다. □ 친해지기 쉬운 사람이다. □ 다른 사람들에게 무례하지 않다. □ 타인을 잘 이해한다.	
	합계	
그룹 E 진취형	□ 위험은 두렵지 않다. □ 지금보다 나아질 수 있다면 도전하는 것이 좋다. □ 타인의 주목을 받는 것이 좋다. □ 타인에게 명령하는 게 좋다. □ 오랫동안 앉아 있는 것보다 활동하는 것이 좋다. □ 앞뒤 가리지 않고 행동한다. □ 항상 좋은 일만 생길 거라 믿는다. □ 유쾌한 상황을 경험하는 것이 좋다. □ 자기 자신에 대한 확신이 있다. □ 타인에게 성심을 다한다. □ 모든 사람들이 당신을 좋아하거나 적어도 당신을 알고 있다.	
	합계	
그룹 C 관습형	□ 당신은 적절하게 행동한다. □ 매우 정직하다. □ 깔끔하고 정확한 게 좋다. □ 모든 변화를 조심스럽게 고려한다. □ 사교적인 편은 아니다. □ 지시사항을 잘 따른다. □ 정해진 것을 따르는 것이 좋다. □ 쉽게 좌절하지 않는다. □ 스스로를 현실적이라고 생각한다. □ 존재하지 않는 것에 대해서 별 관심이 없다. □ 당신이 하는 모든 일에 유능한 것이 좋다.	
	합계	

활동 5-4 능력과 흥미 찾기

◆다음에 나열한 능력과 기술을 자신이 얼마나 가지고 있는지 스스로 평가해 본다. 각 능력이나 기술을 많이 가졌다고 생각하면 '3', 보통 정도라고 생각하면 '2', 거의 없다고 생각하면 '1'에 표시한다. 표시한 후 두 문항씩 점수를 합하여 총점 칸에 적어 보자.

능력 · 기술	1	2	3	총점	홀랜드 코드	홀랜드 결과 순위
1. 기계를 다루는 기술					R	
2. 손으로 하는 기술						
3. 과학적 능력					I	
4. 계산능력						
5. 예술적 재능					A	
6. 음악적 재능						
7. 가르치는 능력					S	
8. 다른 사람 이해하기						
9. 영업능력					E	
10. 경영능력						
11. 서기능력					C	
12. 일반 사무능력						

출처: 황매향 외(2013).

※ 약어인 R, I, A, S, E, C는 홀랜드 흥미(적성) 유형을 말한다. 자신의 능력과 흥미(적성)를 비교해 보자. 일치한다면 능력과 흥미(적성) 영역이 일치하여 진로결정이 순조로울 것이다. 일치하지 않는다면 능력과 흥미(적성)의 차이를 어떻게 진로결정 과정에서 다루어 나갈 것인지 생각해 보아야 한다.

Tip 정확한 홀랜드 흥미적성검사는 학교 내 상담실을 이용하여 전문가와 검사하기를 적극 권한다.

(2) MBTI 검사

대표적인 성격검사인 MBTI는 16가지 유형으로 사람의 독특한 특징을 설명한다. 그리고 그 특징들은 직업과도 관계가 있다. MBTI는 진로를 탐색할 때 참고할 수 있는 하나의 도구이다. MBTI 유형과 직업이 반드시 일치하는 것은 아닐 뿐만 아니라 그 결과와 직업 역시 우열이 없음을 기억할 필요가 있다. 자세한 MBTI 유형은 제3장을 참고하길 바란다.

2. 가치관 탐색

1) 가치관의 개념

모든 사람이 돈, 명예, 권력, 인기를 원할까? 그렇지 않다. 조금만 들여다보면 사람마다 원하는 것과 바라는 삶의 모습이 다양하다는 사실을 알 수 있다. 살면서 얻고자 노력하는 것, 위험이나 손해를 감수하면서도 가치 있다 여기는 것, 평생을 바쳐 이루고 싶은 것은 사람마다 다르다.

가치관은 '개인이 특정 상황에서 어떤 선택이나 결정을 내려야 할 때, 특정한 방향으로 행동하게 하는 원칙, 믿음, 신념'을 의미한다. 즉, 가치란 삶에서 무엇이 중요한가에 대한 개인적인 기준을 말하며 가치관은 우리를 특정한 방향을 향해 특정한 방식으로 행동하게 한다. 가치관은 성장 과정을 통해 우리가 살아온 환경과 주변 사람들의 영향을 내면화함으로써 형성된다. 가치관은 동기의 원천이며 개인적인 성취의 기본이고, 주어진 영역에서 개인의 수행기준이며 성취의 목표가 되기도 한다.

따라서 전공을 선택하거나 직업을 정할 때 반드시 자신의 가치관을 고려해야 한다. 왜냐하면 인간은 자신이 가치 있게 여기는 무엇인가를 할 때 만족함을 느끼기 때문이다. 때로는 가치관 사이에 충돌이 일어나 개인 내적으로 또는 진로결정과 관련한 주변 사람들과의 갈등이 발생할 수 있다. 예를 들어, 자신이 몸과 마음의 여유와 성취를 동시에 중요하게 생각할 수 있고, 자신은 지식 추구의 가치가 높은데 부모님은 성취와 안정성을 중요하게 생각할 수 있다. 이러한 경우 자신 또는 타인과의 관계에서 갈등이 발생할 수 있으므로 충분한 자아탐색과 대화를 통해 가치의 우선순위를 정할 필요가 있다. 인생에서 추구하고자 하는 자신만의 고유한 가치를 찾고, 그에 맞는 직업을 탐색하여 선택할 때 보다 행복한 삶을 살 수 있을 것이다.

가치관은 내면적 신념체계로 평소에는 잘 자각이 되지 않는다. 그렇기 때문에 자신의 가치관을 아는 일은 쉽지 않다. 전공이나 직업을 선택하기 위해 자신의 가치관을 탐색해 보는 방법으로 크게 3가지가 있다. 첫째는 자기 자신에게 여러 가지 질문을 던져 자신의 가치관을 의식화하는 방법이다. 예를 들면, 나는 어떤 인생을 살고자 하는가, 어떤 삶이 가치 있는 삶이라고 생각하는가, 나는 인생에서 무엇을 중시하며 살아갈 것인가 등의 질문을 자기 자신에게 지속적으로 던짐으로써 평소에 의식하지 못하던 자신의 가치관이 좀 더 분명하게 드러날 수 있다. 둘째로는 표준화된 검사를 통해 자신의 가치관을 확인해 보는 방법이다. 셋째는 집단 프로그램인 가치명료화 프로그램을 통해 자신의 가치관을 명확하게 인식하는 방법이다.

2) 가치관 검사

가치관 검사란 개인의 가치점수와 희망직업의 가치점수의 일치도를 확인하는 것이다. 내 가치관 프로파일과 희망직업 프로파일의 차이가 클수록 희망직업의 선택은 쉽지 않을 것이고, 차이가 작을수록 직업을 선택하기 쉬울 것이다. 국내의 대표적인 가치관 검사는 한국고용정보원 산하 고용정보시스템인 워크넷에서 제공하는 직업가치관 검사이다(http://work.go.kr). 이 검사는 직업을 선택할 때 중요하게 생각하는 직업가치 13개의 요인을 기준으로 그 직업가치관에 적합한 직업 분야를 안내해 주고, 희망직업의 가치점수와도 비교해 준다. 하지만 고용정보원에서 개발하여 무료로 제공하고 있는 이 가치관 검사도 해 보면 가치관에 따라 제안하고 있는 직업이 적절하지 못하다고 생각될 때가 종종 있다. 그러므로 가치관 검사는 가치관의 우선순위 등을 고려하여 질적 면담으로 보완하면 좋다(정의석, 2013).

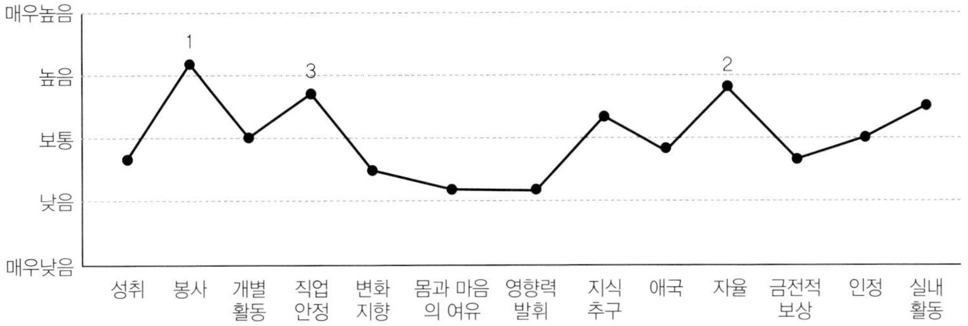

홍길동 님께 추천하는 첫번째 직업은 **약사**입니다.
아래 그래프는 홍길동 님께 추천하는 직업의 가치모양과 본인의 가치모양을 비교한 것입니다.
●: 홍길동님　　□: 추천직업

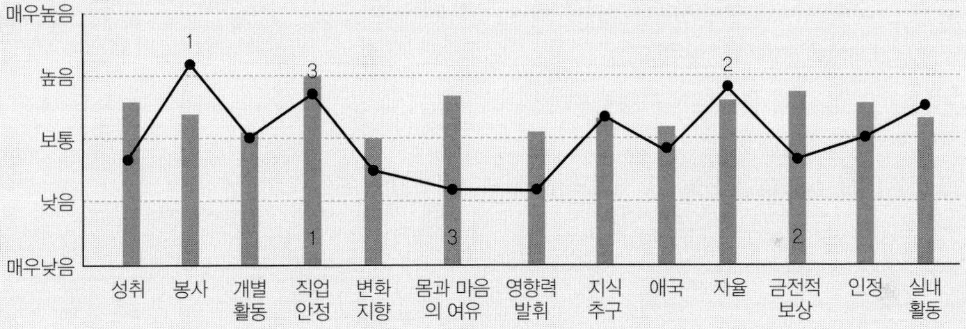

홍길동 님께서 희망하신 첫번째 직업은 **초등학교 교사**입니다.
아래 그래프는 홍길동 님께서 희망하신 직업의 가치모양과 본인의 가치모양을 비교한 것입니다.
●: 홍길동님　　□: 희망직업

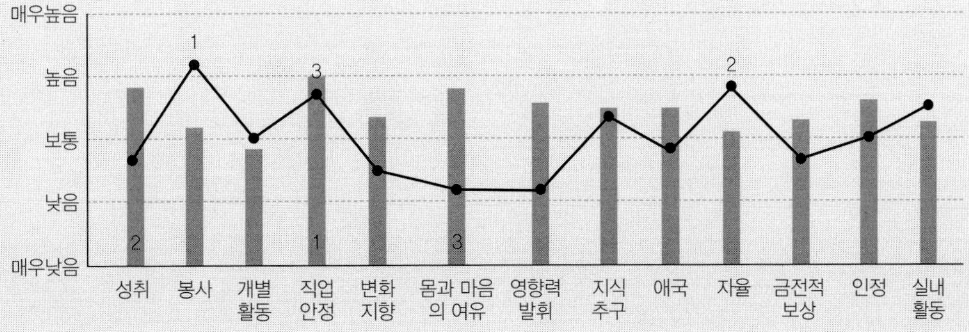

출처: 워크넷(http://work.go.kr).

〈Tip〉 직업 선택 시 인터넷 사이트 활용법

대학생들이 가장 친숙하게 정보를 얻는 곳이 인터넷이다. 다양한 정보가 있는 곳이지만 인터넷에서 어떠한 정보를 얻을 때는 그 정보의 신뢰성을 반드시 평가해야 한다. 예를 들면, 지식 검색 등 불특정 다수가 서로 주고받는 정보보다는 정부에서 나온 데이터를 신뢰하는 것이 좋다. 또한 우선적으로 공식적이고 대규모로 수집된 정보나 데이터가 중요하다. 따라서 정부나 취업 관련 전문기관에서 제공하는 정보를 우선 검색하는 것이 보다 현명하다.

* 직업 선택 시 활용 가능한 대표 사이트

- 노동부 직업 관련 공식 사이트, 워크넷 http://www.work.go.kr
- 일자리 정보 허브, 잡넷 http://www.jobnet.go.kr
- 직업능력개발훈련정보망, HRD-Net http://www.hrd.go.kr
  - 직업훈련의 종류와 일정 등의 정보 제공
- 한국직업정보시스템 http://know.work.go.kr
  - 직업과 관련된 여러 가지 검색어를 통해 직업 검색 가능, 각 직업의 특색 및 요구조건, 연봉 등의 정보를 볼 수 있음
- 한국산업인력공단 월드잡 http://www.worldjob.or.kr
  - 해외 취업에 대한 각종 정보 제공, 일자리뿐 아니라 준비사항 등의 관련 정보도 제공받을 수 있음
- 한국산업인력공단 http://www.hrdkorea.or.kr
  - 취업에 필요한 각종 자격증 및 취업정보를 제공해 줌

소개한 사이트에 접속하면 관련 사이트(또는 추천 사이트)들이 수십여 개 존재한다. 기본 정보를 얻고 난 후 관련 사이트를 이용해서 추가적인 정보를 얻을 수 있다.

비공식적인 경로를 통해 정보를 얻을 때에는 불특정 다수를 대상으로 하는 정보보다 회원제, 특히 실명이 가능한 카페나 동호회를 활용하는 것이 보다 정확한 정보를 얻는 길이다. 최근 활동이 많고, 운영자가 실제 경험이 있으며, 오프라인 모임이 종종 이루어지는 카페가 실제적인 정보와 도움을 얻기에 보다 낫다.

활동 5-5 가치관 경매

개요 및 목표

경매활동을 통해 자신이 중요하게 생각하는 가치를 발견할 수 있다.

- 집단의 크기: 20명 이내
- 소요시간: 20~30분
- 준비물: 가짜 화폐

진행

① 자신이 중요하게 생각하는 순서대로 다음에 열거한 직업가치들의 순위를 매긴다.

② 경매에 참여하기 위해 부여받은 1억을 각 항목에 얼마나 사용할 것인지 예상액으로 분배한다.

③ 실제 경매에 참여하여 가치관을 사고, 내가 산 가치의 입찰액을 쓴다. 사지 못한 가치의 낙찰액은 각각 적는다. 최종 낙찰자 이름도 함께 쓴다.

번호	가치관 항목	우선 순위	예상액	입찰액	낙찰액	최종 낙찰자
1	만족스러운 결혼					
2	원하는 것을 할 수 있는 자유					
3	진정한 사랑					
4	선택한 직업에서의 성공					
5	삶의 의미를 이해할 수 있는 깊은 지혜					
6	원하는 직장에서의 자유					
7	전적으로 즐길 수 있는 한 달간의 휴가					
8	아름답고 평온한 멋진 별장					
9	일생 만족스럽게 살 수 있는 경제적 상태					
10	경건하고 만족스러운 종교적 신앙					
11	나라의 운영을 좌우할 수 있는 권력					
12	친구들과 후배들의 존경					
13	병 없이 오래 살 수 있는 건강					
14	원하는 것은 모두 알 수 있는 지식					

15	부정과 속임이 없는 정의로운 세상					
16	편견과 차별 없는 세상					
17	완벽에 가까운 아름답고 매력적인 외모					
18	친구들과의 변함없는 우정					
19	행복한 가족관계					
20	삶을 긍정적으로 볼 수 있는 자신감					
21	세계적인 명성과 인기					
22						
23						

1. 나의 가치관 경매 결과는

나는 ______________________________을/를 가장 소중하게 생각한다.

나는 ______________________________을/를 그다음으로 소중하게 생각한다.

나는 ______________________________을/를 가급적이면 포기하지 않는다.

2. 사고 싶었지만 사지 못한 가치가 있다면

1) 사지 못한 이유는?

____

2) 앞으로 이 가치를 실현하기 위해 겪게 될 어려움은?

____

3) 그 어려움을 어떻게 극복할 수 있을까?

____

3. 가치관 경매를 마치며

1) 나에게는 별로 중요하지 않지만 다른 사람들에게 중요한 가치관이 있는가?

---

2) 그들과 나는 어떤 점이 다를까?

---

3) 중요하게 여기는 가치관이 새로 생겼다면 어떤 것이고 그 이유는 무엇인가?

활동 5-6 나에게 가장 소중한 가치

개요 및 목표

가치성장카드 중 3가지 가치를 선택하여 자신의 가치를 구체화한다. 자신의 언어로 정의한 나만의 핵심 가치를 보다 깊이 성찰할 수 있다.

- 집단의 크기: 6~8명의 여러 집단 또는 20명 이내 집단
- 소요시간: 20~30분
- 준비물: 집단별 가치성장카드

진행

① 가치성장카드를 천천히 읽은 후, 자신이 중요하게 생각하는 가치가 적힌 카드를 1인당 3개씩 선택한다.

② 각자 자신이 선택한 가치성장카드를 선택한 이유와 함께 발표한다. 이때 다른 사람의 가치를 섣부르게 판단하지 않도록 유의한다.

③ 선택한 3가지의 가치를 카드에 기록된 정의가 아닌, 나의 삶과 연결지어 나만의 언어로 새롭게 정의하여 교재에 작성한다.

④ 짝끼리 또는 집단끼리 새롭게 정의한 나만의 가치에 대해 나눈다. 소규모의 경우 전체 나눔을 해도 좋다.

1. 감사	2. 결의	3. 겸손	4. 경청
감사는 존재를 소중히 여기고 삶을 경건히 대하는 마음가짐입니다.	결의는 뜻을 굳히고 일을 시작하는 내면의 결단입니다.	겸손은 누구든 위대한 존재이되 누구든 부족한 존재임을 받아들이는 태도입니다.	경청은 상대방을 그 순간과 그 자리의 중심에 두고 집중하는 자세입니다.
5. 고귀함	**6. 공감**	**7. 공정함**	**8. 공존**
고귀함은 저마다 세상에 하나밖에 없는, 아주 소중하고 특별한 존재임을 믿는 것입니다.	공감은 나와 나 아닌 다른 것과의 소통입니다.	공정함이란 편견과 차별 없이 정당하게 대우하고 행동하는 것입니다.	공존은 서로 다른 존재들끼리 더불어 사는 것입니다.
9. 관용	**10. 균형**	**11. 긍정성**	**12. 기쁨**
관용은 너그럽고 이해심 많은 마음입니다.	균형은 중요한 삶의 가치들이 치우치거나 모자람 없이 조화로운 상태입니다.	긍정성은 선하고 좋은 것에 초점을 두며 가장 좋은 결과를 기대하고 확신하는 낙관적 태도입니다.	기쁨은 삶이 충만하고 생명력으로 가득하다는 표현입니다.
13. 끈기	**14. 노동**	**15. 능동성**	**16. 명예**
끈기는 좋은 결실은 얻기 위해 한결같고 꾸준하게 노력하는 자세입니다.	노동은 생존하고 행복하기 위해 힘들이고 수고하는 것입니다.	능동성은 자발적이고 적극적으로 임하는 태도입니다.	명예는 신뢰와 성실한 존경이 빚어내는 고결한 향기입니다.
17. 목표의식	**18. 배려**	**19. 배움**	**20. 봉사**
목표의식은 사명이나 신념, 목적 등을 이루고자 성취할 바를 구체적이고 실질적으로 정하는 것입니다.	배려는 사려 깊고 다정한 마음 씀씀이입니다.	배움은 성장하고 성숙하며 변화와 깨달음을 얻으려는 노력입니다.	봉사는 자발적인 나눔이고 즐거운 헌신입니다.
21. 북돋음	**22. 분별력**	**23. 사랑**	**24. 사려 깊음**
북돋음은 용기나 의욕이 솟아나도록 힘을 주는 것입니다.	분별력은 옳고 그름, 진실과 거짓 등을 판단하는 내면의 소리입니다.	사랑은 긍정하고 좋아하고 받아들이는 것입니다.	사려 깊다는 것은 깊이 생각하며 지혜롭게 처신한다는 것입니다.

25. 사명	26. 성실	27. 성찰	28. 소박함
사명은 자신을 넘어 더 큰 의미에 기여하는 고귀한 포부입니다.	성실은 참되고 한결같은 태도로서 가치와 행동, 관계 등이 조화를 이루는 품성입니다.	성찰은 진실하고 따뜻하게 자기 영혼을 돌보는 것입니다.	소박함은 온유하고 작은 것들 속에서 최상의 행복과 기쁨을 누리고자 하는 태도입니다.
29. 신념	**30. 신뢰**	**31. 아름다움**	**32. 열정**
신념은 확고하게 믿는 가장 소중한 원칙이나 가치입니다.	신뢰는 믿음직하여 타산 없이 의탁하는 마음입니다.	아름다움은 삶이 있고 마음을 두는 곳 어디에나 있습니다.	열정은 사랑하고 만족하고 더 성장하게 해 주는 충만한 에너지입니다.
33. 예의	**34. 용기**	**35. 용서**	**36. 우정**
예의는 상호 존중과 신뢰를 깊게 해 주는 관계의 규칙입니다.	용기는 생명력과 희망을 주는 것이라면 무엇이든 꼭 붙잡는 것입니다.	용서는 과거에서 미래로 나아가게 하는 힘입니다.	우정은 오래 지켜보고 동반하며 내어 주는 친구의 사랑입니다.
37. 이해	**38. 인내**	**39. 인정**	**40. 자기사랑**
이해는 상대방의 시선, 상대방의 마음으로 귀담아듣고 알고자 하는 것입니다.	인내는 어려운 상황을 이겨 내어 결국 희망을 이루려는 고귀한 태도입니다.	인정은 좋은 모습이나 성과를 마땅히 긍정하고 특별함을 부여하는 것입니다.	자기사랑은 자신의 고귀함을 드러내고 단련시켜 보다 높은 차원에 이르려는 정신입니다.
41. 자제력	**42. 정의로움**	**43. 정직**	**44. 존중**
자제력은 옳고 좋은 방향으로 스스로 절제하며 선택하는 힘입니다.	정의는 사람들이 누려야 할 정당하고 마땅한 권리입니다.	정직이란 마음에 거짓이나 꾸밈이 없이 바르고 올곧은 태도입니다.	존중은 사람이나 사물을 공손하고 소중하게 여기는 태도입니다.
45. 지도력	**46. 지혜**	**47. 진실함**	**48. 진취성**
지도력은 존재의 고귀함과 잠재력을 일깨우고 지속적으로 꿈과 희망을 북돋는 힘입니다.	지혜는 가장 올바르고 선한 선택을 취하게 하는 영혼의 깨달음입니다.	진실함은 진정성을 생명으로 여기는 태도입니다.	진취성은 현재의 자신에 안주하지 않고 도전하며 변화하려는 정신입니다.

49. 집중	50. 창조성	51. 책임감	52. 친절
집중은 지금 이 순간을 온전히 의식하며 주의를 기울이는 자세입니다.	창조성은 다르게 생각하고 새롭게 시도하는 정신입니다.	책임감은 자신의 몫과 역할을 기꺼이 감당하고 완수하려는 의지입니다.	친절은 상냥하며 따뜻하게 도움을 주는 행위입니다.
53. 평화	**54. 협동**	**55. 희망**	
평화는 낙관과 자긍심이 흐르고 신뢰와 공존이 충만한 상태입니다.	협동은 마음과 힘을 합하여 함께 성취하고자 하는 태도입니다.	희망은 갖고 싶고 누리고 싶은 바람이며 긍정적이고 성취 가능한 미래입니다.	

출처: 마중물가치교육연구소(http://ecovalue.kr).

내가 선택한 가치	선택한 가치에 대한 나만의 정의

활동 5-7 환상의 타임머신

개요 및 목표

미래의 하루를 상상함으로써 오늘을 어떻게 살아야 할지 생각할 수 있다.

- 소요시간: 10~20분
- 준비물: 잔잔한 음악

진행

① 10년 후의 오늘 하루를 상상해 본다.

② 글이나 그림으로 표현한다.

오늘은 ________년 ____월 ____일 ____요일입니다. 아침의 따사로운 햇살에 눈을 떴습니다.

1. 10년 전의 오늘과 비교해 보자. 당신은 어떻게 달라졌는가?

2. 미래의 이 날을 위해 오늘을 어떻게 살아야 할까?

3. ________년 ____월 ____일, 당신의 80세 생일파티의 축사를 미리 작성해 보자. 평생 살아온 인생에서 가장 잘한 세 가지에 대하여 써 보자(※동영상 가능).

활동 5-8 Dream book: 앞으로 쓰일 나의 이야기

개요 및 목표

앞으로 살아갈 자신의 인생을 그리고 꿈의 목록을 작성한다.

- 소요시간: 20~30분
- 준비물: 잔잔한 음악

진행

① 지금부터 죽을 때까지 살아갈 자신의 인생을 3등분하여 각 시기별 나이를 정하고, 시기별로 나만의 독특한 이름(별칭, 키워드, 주제)을 정한다.

② 각 시기별 달성하고 싶은 꿈의 목록(bucket list)을 작성한다.

③ 집단별 또는 전체 앞에서 자신의 드림북을 발표한다.

제3부

대인관계

제6장

가족관계

1. 가족관계의 이해
   1) 가족의 특성
   2) 다양한 가족 형태
   3) 가족관계의 결정요인
   4) 건강한 가족

2. 부모자녀관계
   1) 부모와 자녀의 상호작용
   2) 부모자녀관계의 갈등과 해소
   3) 부모와 성인 자녀의 관계

3. 형제자매관계
   1) 형제자매의 상호작용
   2) 형제관계의 출생순위에 따른 특성

가족은 태어나서 처음으로 접하는 최초의 인간관계 집단이다. 또한 가족은 인간의 성장 발달에 영향을 미치는 일차적 집단인 동시에 사회를 이루는 최소의 집단이다.

한 개인의 성장은 주위의 '의미 있는 타인들'과 밀접한 관계를 통해 일어난다. 갓 태어난 유아에게 있어 최초의 의미 있는 타인은 자기를 돌보아 주는 부모나 대리인이라고 할 수 있다. 의미 있는 타인과의 상호작용을 통하여 한 개인의 자아개념이 형성되며, 일단 한번 형성된 자아개념은 쉽게 변하지 않는다. 따라서 우리는 최초의 의미 있는 타인과의 관계를 통하여 형성된 자아상에 비추어 자신을 확인하고 지지하는 반응과 행동을 하게 된다. 미드(Mead, 1934)는 "우리는 우리에게 '의미 있는 타인'이 우리를 보는 방식으로 우리 자신을 보는 경향이 있다."고 말했다. 이처럼 가족은 인간이 경험하는 최초의 환경으로 인간의 성장과 발달에 지대한 영향을 미치는 존재이다.

1. 가족관계의 이해

1) 가족의 특성

두 연인이 결혼을 통해 부부가 되고 자녀를 낳고 가족을 이룬다. 가족은 부부와 자녀로 구성된 혈연중심의 운명 공동체이다. 또한 다른 인간관계와는 달리 출생과 더불어 주어지는 선택할 수 없는 관계이며, 서로 강렬한 감정으로 연결되어 밀접한 영향을 주고받는 역동적 상호작용 체계이다. 이처럼 가족은 생명을 다하는 순간까지 가장 긴밀한 관계를 맺게 되는 인간관계이다.

가족의 필요성에 관한 견해는 다양하다. 산업화 이후 가족의 기능이 사회로 이관됨에 따라 가족이 더 이상 할 일이 없다며 가족의 해체를 예측하는 입장과 가족의 필요성에 대한 낙관론적 견해가 함께 존재하고 있다. 그러나 현대사회에서 급증하는 이혼율, 저출산 문제, 노인부양의 문제, 가정폭력, 청소년 비행 등의 가족문제들은 오히려 가족의 관계적 기능에 대한 필요성을 높이고 있다(유영주, 2004).

특히 사회가 불안정할수록 가족의 중요성은 더욱 강조된다. 왜냐하면 소속감이나 친밀감 등 인간의 가장 기본적인 욕구는 가족과 같은 깊은 친밀한 관계 안에서 충족되기 때문이다. 엘버와 엘버(Erber & Erber, 2001)는 친밀감의 욕구는 가족들 간의 감정을 공유함으로써 얻을 수 있다고 말했다. 이처럼 가족은 도움을 필요로 하는 가족원에게 도움을 주고, 서로의 중요성을 인정해 주는 다른 가족원을 통해 소속감과 친밀감의 욕구가 충족되는 곳이다(정현숙, 유계숙, 2002).

2) 다양한 가족 형태

가족은 기본적으로 부부와 그들의 자녀로 구성된 집단이다. 가족 구성원의 규모에 따라 크게 부부와 자녀로 구성된 핵가족(nuclear family)과 조부모까지 포함된 3대 이상의 확대가족(extended family)으로 구분한다.

사회의 변화에 따라 가족의 형태도 다양화되고 있다. 예전에는 양친이성 부모로 구성된 가족이나 조부모와 함께하는 가족의 형태가 대표적이었지만, 최근에는 이혼으로 인해 이전의 결혼관계에서 비롯된 자녀들이 새롭게 형성된 가족단위로 동화되는 재혼가족이 생겨났다. 뿐만 아니라 한부모가족, 입양가족, 조부모가족, 다문화가족과 같은 다양한 형태의 가족이 등장했다. 사회의 변화는 다양한 삶의 양상으로 나타났고 그에 따라 가족의 기능과 역할도 다양해지고 있는 추세이다.

3) 가족관계의 결정요인

가족 구성원 사이에 이루어지는 인간관계를 가족관계라고 한다. 가족이 한 개인의 삶에서 중요한 위치를 차지하는 만큼 가족 간의 관계 역시 중요하다. 가족관계를 결정하는 대표적인 요인들을 알아보고자 한다.

(1) 가족의 의사소통

가족이 모인 자리에서 각자 자신의 스마트폰을 하는 모습은 요즘 우리에게 낯설지 않은 광경일 것이다. 당신의 하루 중 가족과 대화하는 시간은 얼마 정도 되는가? 가족 간 대화를 주도하는 사람이 있는가? 가족 구성원 중 대화를 가장 많이 나누는 대상은 누구인가? 주로 어떤 내용을 말하는가?

가족 구성원 간의 의견과 감정을 교환하는 의사소통은 내용에 따라 기능적 의사소통과 정서적 의사소통으로 나눌 수 있다. 기능적 의사소통이란 가족 내 여러 문제를 해결하고자 서로 의논, 요청, 지시, 전달의 내용으로 이루어진다. 반면, 정서적 의사소통이란 가족 구성원에 대한 호감, 애정, 분노, 적개심 같은 감정과 정서를 표현하는 내용으로 구성된다. 이 내용이 어떻게 전달되고 어떤 내용을 전달하느냐에 따라 가족 의사소통의 유형이 결정된다.

가족 의사소통 유형은 사슬형, 원형, Y형, 바퀴형, 완전통로형이 있다. 사슬형(chain network)은 의사소통이 사슬처럼 한 사람에게서 다른 사람에게, 그리고 또 다른 사람에게 병렬로 전달되는 형태로, 중간에 위치한 사람은 가족 안에서 중심이며 양끝 사람은 다른 가족들로부터 다소 격리되어 있다. 원형(circle network)은 가족원이 옆 사람하고 대화를 나누는 사슬형과 유사하지만 양끝에 있는 가족원 간의 의사소통이 이루어지는 유형이다. Y형(Y network)은 주로 한 사람을 통해 의사소통이 전달되는 형태로, 중심이 되는 한 사람이 다른 가족원과 친밀하거나 공유점을 가지고 있는 재혼 가정에서 종종 볼 수 있다. 바퀴형(wheel network)은 한 사람을 중심으로 모든 가족원들이 의사소통하는 유형으로 어머니가 전체 가족원의 중심축이 되는 경우가 많다. 모든 가족이 어머니를 통해 다른 가족 구성원들의 근황과 감정을 전달받고, 나머지 가족원들끼리는 의사소통하지 않으므로 전달 과정에서 중심축이 되는 사람의 신념이나 태도에 따라 왜곡된

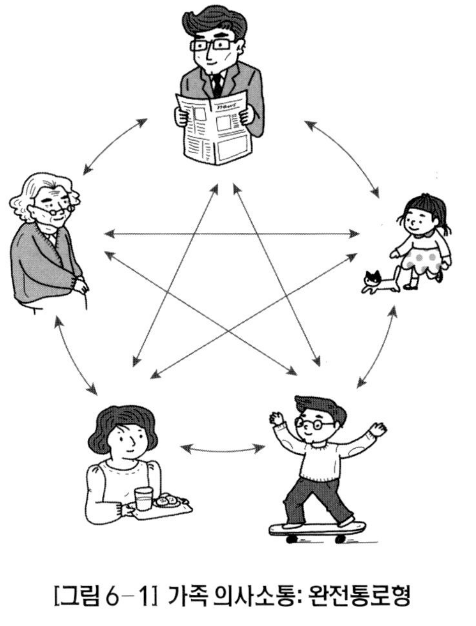

[그림 6-1] 가족 의사소통: 완전통로형

메시지를 받을 수도 있다. 완전통로형(all-channel network)은 모든 가족 구성원들이 양방향으로 원활하게 의사소통이 이루어지는 유형이다. 가족 구성원 모두가 참여하여 의사소통 정보를 나누기 때문에 문제해결방법이 효과적이다(권석만, 2014).

(2) 가족의 응집력

가족마다 가족 구성원 간의 정서적 유대관계가 다르다. 가족 응집력(family cohesion)이란 가족 구성원 간의 정서적 유대감과 가족원 개인이 경험하는 자율성의 정도를 말하는 것으로 가족 공동의 시간, 가족원 개인의 사적 시간 허용 정도, 가족 공동의 공간과 개인의 사적 공간 허용 정도, 친구관계, 가족 공동의 관심사 및 여가 등과 관련이 있다. 가족 구성원 간의 응집력의 정도에 따라 속박가족, 과잉분리가족, 분리가족과 연결가족으로 나눌 수 있다.

가족원 간의 응집력이 지나치게 높은 경우 속박가족(enmeshed family)이라 일컫는다. 이 유형의 가족은 가족원 간의 정서적 유대감은 높지만, 개인의 자율성과 독립성이 결여되거나 가족 이외의 사람들과는 유대감이 부족한 경향이 있다. 특히 부모와 자녀 사이의 정서적 연합이 지나치게 강한 경우, 자녀가 자신의 개인적인 목표를 실현하는 데 어려움을 겪을 수 있다.

이와 대조적으로 과잉분리가족(disengaged family)은 응집력 수준이 매우 낮은 가족으로, 가족끼리 시간을 함께 보내는 경우가 드물고 서로 정서적 유대나 친밀감이 거의 없으며 의사결정 역시 개별적으로 이루어진다. 가족 구성원 간에 서로 무관심한 특징을 보이고 각자 지나친 자율성과 개성을 지닐 가능성이 높다.

이 두 유형 사이에 존재하는 것이 분리가족(separated family)과 연결가족(connected family)이다. 분리가족은 가족원 개인이 각자 자율적으로 활동하지만 서로 기본적인 정서적 유대감이 잘 유지되는 가족을 말하고, 연결가족은 가족의 강한 정서적 유대감과 동시에 개인의 자율성도 비교적 충분히 허용되는 형태의 가족을 의미한다. 이 유형들은 적절한 수준의 응집력을 가지고 있는 가족으로 볼 수 있다(권석만, 2014).

(3) 가족 생활주기

가족관계는 세월의 흐름에 따라 변한다. 결혼을 한 부부가 자녀를 낳고 자녀가 성장함에 따라 대부분의 가족이 일반적으로 겪는 변화과정을 가족 생활주기(family life cycle)라고 한다. 듀발(Duvall, 1971)은 이를 8단계로 나누었는데 각 단계의 발달과제를 요약하면 〈표 6-1〉과 같다.

〈표 6-1〉 가족 생활주기에 따른 발달과제

가족 생활주기	가족의 발달과제
1단계 신혼가족 (부부 확립기, 무자녀)	• 서로 만족하는 결혼생활 • 임신과 부모되기에 적응 • 친족관계 형성
2단계 자녀 출산 가족 (첫 자녀 출산~30개월)	• 자녀를 낳고 그에 적응하며 영아의 발달 독려 • 부모와 영아가 만족하는 가정 형성
3단계 취학 전 유아기 가족 (첫 자녀 30개월~6세)	• 성장을 자극 · 촉진하기 위해 취학 전 유아의 요구와 관심에 적응 • 부모는 에너지의 소모와 사생활 부족에 적응
4단계 학령기 아동기 가족 (첫 자녀 6~13세)	• 학령기 아동을 위한 건설적인 가족 공동체 형성 • 아동의 교육적 성취를 고무
5단계 청소년기 가족 (첫 자녀 13~20세)	• 성숙한 청소년으로서의 책임감과 부모로부터의 해방감 간의 균형을 유지 • 성숙한 부모로서의 자질과 능력을 갖춤
6단계 독립기 가족 (첫 자녀 독립~ 마지막 자녀 독립)	• 적절한 의식이나 사회의 도움으로 취직, 군입대, 대학 입학, 결혼 등에 직면 • 지지기반으로서의 가정의 기능을 유지
7단계 중년기 가족 (부부만 남은 가족~은퇴)	• 부부의 결혼관계에 다시 초점을 맞춤 • 신 · 구세대 간의 친족 결속력 유지
8단계 노년기 가족 (은퇴 후~사망)	• 은퇴에 적응 • 사망하거나 혼자 남음 • 가족의 해체 또는 가족의 종말에 적응

출처: 박명순 외(2015); Duvall(1971).

이처럼 가족 생활주기에 따라 가족관계는 변화해 간다. 이 변화는 가족구성의 구조적 측면을 뜻하지 않는다. 오히려 가족의 각 구성원들이 서로 어떻게 상호 의존하면서 살아가는가를 보는 데 의의가 있다.

영아는 자신의 생존을 위해 타인에게 완전히 의존할 수밖에 없는 무력한 존재로 태어나 부모의 양육에 힘입어 자라난다. 생후 몇 달이 지나면서부터 자녀는 부모에게 애착관계를 형성하게 되고 부모 또한 양육 동기를 만족시키면서 자녀와의 감정적 유대를 통하여 의존하기 시작한다. 이것이 가족 구성원 간 상호 의존관계의 시작이다.

그러나 자녀들은 성장함에 따라 의존에서 벗어나 독립하려는 방향으로 나아가게 되고 장년의 부모는 그 책임을 조금씩 덜게 된다. 성인이 된 부모와 자녀의 관계는 일대일의 대등한 양상을 띤다. 그리하여 부부간 및 부모-자녀 간의 노동과 생산의 분업은 물론 정서적 유대관계에서 보다 깊은 상호 의존관계로 진입하게 된다. 또한 은퇴기에 들어와서는 자녀가 장성한 데 반하여 노부모는 사회적 지위와 경제적 수입이 낮아지고 신체적 · 정신적 건강이 쇠퇴하게 되어 이제까지의 의존방향과는 달리 젊은 자녀가 노부모를 봉양하게 된다(박명순, 2002). 이와 같은 가족 생활주기를 살펴봄으로써 가족 구성원간의 상호작용이라는 관점에서 가족 구성원의 관계를 더욱 명확하게 볼 수 있다.

4) 건강한 가족

가족관계는 매우 다양한 모습으로 나타난다. 그렇다면 과연 어떤 가족이 건강한 가족일까? 한마디로 가족 구성원 모두가 골고루 만족하는 관계를 이루는 가족이 건강한 가족이라고 할 수 있다. 스티넷(Stinnett, 1985)은 가족 구성원 상호 간의 욕구를 서로 잘 충족시켜 주고 있어 부부관계뿐 아니라 부모자녀관계의 만족도가 높은 가족을 건강한 가족의 공통 특징이라고 말한다.

건강한 가족이 되기 위한 최적의 규준은 없다. 하지만 니콜스(Nichols, 1999)에 따르면 건강한 가족은 세 가지의 구조적 특성, 즉 명확한 경계선, 위계체계, 유연성을 지니고 있다고 한다. 건강한 가족은 서로 필요 이상으로 간섭과 관여를 하지도 않고 서로 지나치게 무관심하지도 않은 친밀감과 분리 간의 균형을 이룬다. 이러한 가족은 개인적인 '자신'뿐만 아니라 가족으로서의 '우리'도 이루어 '따로 또 같이'가 유연하게 이루어지는 특징이 있다. 또한 세대 간의 분명한 경계선이 있어서 자녀들은 반드시 부모를 존경하도록 가르쳐야 하고 동시에 부모도 자녀를 존중한다.

건강한 가족은 태어나는 것이 아니라 만들어지는 것이다. 모든 가족에게 나타나는 자연스러운 특성이 아니라 노력을 통해 가족마다 다르게 나타날 수 있다는 의미이다. 스티넷과 드프레인(Stinett & Defrain, 1989)은 건강한 가족의 특성을 다음과 같이 6가지 요소로 제시한다.

〈표 6-2〉 건강한 가족의 특성

요소	의미
1. 헌신하기(commitment)	구체적인 행동으로 가정 활동에 시간과 에너지를 투자함 예: 가족모임, 집안일 등
2. 감사하기(appreciation)	사랑하는 사람이 있다는 사실이 얼마나 감사한지 가족들에게 말하는 것, 감사 받는 사람의 자존감을 세워 줌 예: "당신 덕에 집이 아주 깨끗해.", 매일 칭찬하기 등
3. 의사소통하기 (communication)	부부간 중요한 일 대화, 무엇을 해야 할지, 어떻게 해야 할지에 관한 대화, 가족들 간 이야기를 나누는 시간이 길고 사소한 것부터 중대한 일까지 서로 이야기함 예: "오늘 기분 어때?" "우리 사이에 의견 차이가 있네. 함께 얘기해 보자." 등
4. 함께 시간 보내기 (time together)	가족과 함께 즐기는 활동 예: 식사, 청소, 게임, 캠핑, 자전거, 여행 등
5. 정신건강(spiritual wellness)	영혼과 관련된 정신건강 활동 예: 종교, 정신적 공동체, 부부 동반 모임 등
6. 스트레스와 위기 대처능력 (coping with stress and crisis)	협력하여 문제를 해결함, 전문기관 등에 도움을 구함, 문제에 대한 유연한 자세 갖기, 감정 표현하기 등 예: 우울한 청소년 자녀를 도울 수 있는 방법 상담 등

출처: Stinett & Defrain(1989).

활동 6-1 우리 가족을 소개합니다!

개요 및 목표

우리 가족을 다른 사람에게 소개함으로써 가족이라는 주제에 대해 자연스럽게 마음을 열도록 돕는다.

- 집단의 크기: 6~8명
- 소요시간: 20~30분
- 준비물: 가족사진

1. 가족 구성원의 이름과 독특하고 뛰어난 특징(외모, 신체, 성격, 행동 등)을 쓰시오.

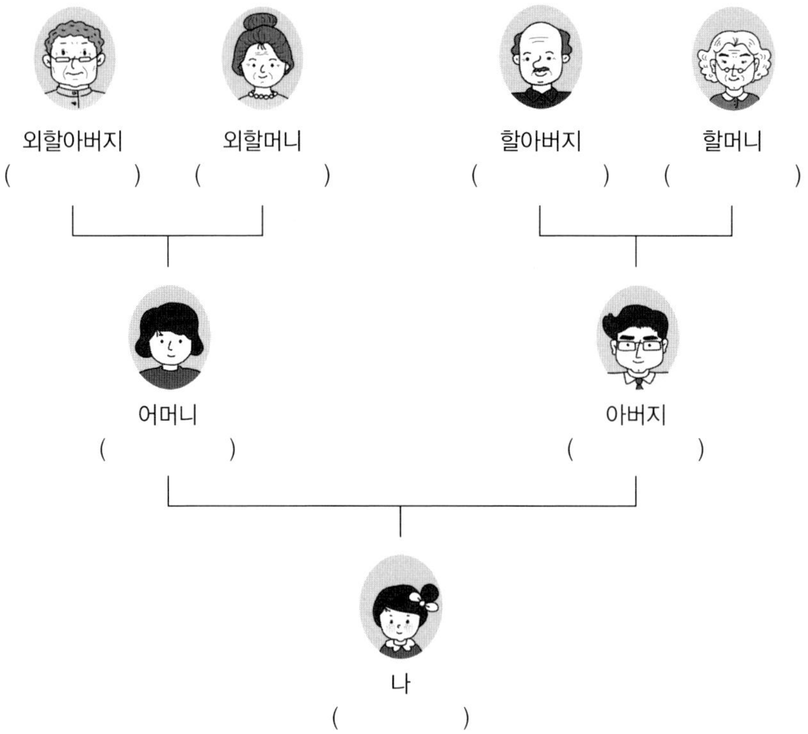

2. 당신은 아버지, 어머니의 어떤 점을 닮았습니까?

3. 가족의 분위기는 어떠합니까?

Tip 우리 가족을 다른 사람에게 소개해 보자. 사진을 보여 주면서 소개하면 더 흥미롭다.

활동 6-2 가족 그림 그리기

개요 및 목표

가족 구성원에 대한 다양한 감정을 그림을 통해 정리해 볼 수 있다.

- 집단의 크기: 6~8명
- 소요시간: 20~30분
- 준비물: 색깔 펜 또는 색종이

진행

① 가족이라는 단어를 머릿속에 떠올리면 여러 가지 복합적인 것이 떠오를 것이다. 좋았던 느낌, 불만스러운 것, 하고 싶은 얘기들 등 말로는 쉽게 정리하기 힘든 것들을 그림으로 그린다.

② 다른 사람의 그림 설명을 들은 뒤 궁금한 점이나 자신의 느낌 등을 솔직하게 이야기한다.

③ 발표자는 자신의 표현 방식과 주로 이야기했던 주제들 중 긍정적인 면과 부정적인 면을 생각해 본다.

Tip 종이 위에 어떤 형태, 어떤 크기, 어떤 색깔로든 자신이 느끼는 가족에 대한 의미와 심리적 거리감 그리고 이들에 대한 느낌을 나타내고 이에 대해 설명하게 한다.

활동 6-3 우리 가족의 건강성 검사

◆다음은 가족의 건강성을 알아보기 위한 척도이다. 자신이 속한 가족의 건강성을 평가해 보기 위해 다음에 제시된 문항에 답을 해 보자.

① 전혀 그렇지 않다 ② 대체로 그렇지 않다 ③ 보통이다 ④ 대체로 그렇다 ⑤ 매우 그렇다

문항 내용					
1. 우리 가족은 서로 신뢰한다.	①	②	③	④	⑤
2. 우리 가족은 가족 구성원으로서 소속감이 있다.	①	②	③	④	⑤
3. 우리 가족은 서로 터놓고 이야기한다.	①	②	③	④	⑤
4. 우리 가족은 삶에 대해 긍정적인 태도를 가지고 있다.	①	②	③	④	⑤
5. 우리 가족은 먹고살 만한 수입이 있다.	①	②	③	④	⑤
6. 우리 가족은 서로를 존중하고 수용한다.	①	②	③	④	⑤
7. 우리 가족은 함께하는 활동(외식, 여가, 취미생활 등)을 즐긴다.	①	②	③	④	⑤
8. 우리 가족은 여러 가지 이슈에 대해 논의하는 것을 중요시한다.	①	②	③	④	⑤
9. 우리 가족은 각자의 역할을 잘 수행한다.	①	②	③	④	⑤
10. 우리 가족만의 전통과 문화가 있다.	①	②	③	④	⑤
11. 우리 가족은 자기 입장을 표현할 기회를 준다.	①	②	③	④	⑤
12. 우리 가족은 어려운 문제를 함께 해결한다.	①	②	③	④	⑤
13. 우리 가족은 미래의 경제적 안정을 위해 준비하고 있다.	①	②	③	④	⑤
14. 우리 가족은 서로 잘 돕는다.	①	②	③	④	⑤
15. 우리 가족은 이웃과 가깝게 지낸다.	①	②	③	④	⑤
16. 우리 가족은 서로에게 감사와 사랑하는 마음을 표현한다.	①	②	③	④	⑤
17. 우리는 서로의 이야기를 주의 깊게 듣는다.	①	②	③	④	⑤
18. 우리 가족은 사회활동(봉사, 모임)에 참여한다.	①	②	③	④	⑤
19. 우리 가족은 함께하는 시간을 많이 갖는다.	①	②	③	④	⑤
20. 우리 가족은 함께 대화하는 것을 즐긴다.	①	②	③	④	⑤
21. 우리 가족은 상황에 따라 유연하게 대처한다.	①	②	③	④	⑤
22. 우리 가족은 여가와 문화생활을 할 만한 경제적 여유가 있다.	①	②	③	④	⑤

출처: 유영주 외(2013).

2. 부모자녀관계

이 세상에서 누구나 할 수 있으면서도 가장 어려운 일이 바로 부모가 되는 것이라고 한다. 예전에는 결혼해서 아이를 낳으면 자연히 부모가 되는 것으로 생각했다. 그러나 양성평등사회가 되면서 여성도 남성과 동일하게 교육을 받고 취업을 하며 가사와 양육이 여성이 전담했던 형태에서 부부의 공동 역할로 변모하고 있다. 또한 정보화사회의 대두로 자녀세대가 부모세대보다 정보에 유능할 뿐만 아니라 컴퓨터와 인터넷 사용 등의 시간이 증가하면서 상대적으로 부모자녀의 대화시간이 줄어들게 되었다. 이러한 사회의 변화에 따라 요즘의 부모는 과거보다 부모 역할을 하는 데 많은 어려움을 겪고 있다. 일과 가정의 조화, 전통적인 부모됨의 의미와 현대적 부모됨의 의미 사이에서 조화로운 표상을 찾기 쉽지 않다. 하지만 태어나면서부터 시작되는 부모와 자녀의 관계는 다른 어떤 관계보다 한 사람에게 미치는 영향이 크기 때문에 중요하다.

1) 부모와 자녀의 상호작용

부모자녀관계는 한 사람의 성격 형성이나 지적 발달에 직접적으로 영향을 미치는 중요한 변인이다. 인간은 대부분 부모를 통해 환경에 적응하는 방법을 배우며 부모와의 관계를 중심으로 자기의 역할을 인식하고 어른들의 생활양식 및 행동양식을 모방하면

서 사회 규범에 맞는 행동을 학습하기 때문이다.

부모의 자녀 양육에 영향을 주는 요인으로 부모의 성장 배경 속 경험, 부모의 성격, 현재 부부관계, 직장과 같은 사회적 환경, 가정의 사회경제적 지위 등이 있다. 부모의 양육태도는 자녀의 인지 및 사회성 발달, 자기개념, 도덕성, 정서적 안정감 및 성격 등 광범위한 영역에 걸쳐 중요한 영향을 미친다. 자녀의 선천적 기질 역시 부모와 자녀의 상호작용에 중요한 영향을 미치는 요소이다.

특히 부모와 자녀의 관계가 긍정적이고 따뜻하며, 부모가 자녀의 자율성을 허용하고 성취감을 갖도록 격려하는 등의 일관성 있는 양육태도를 보일 때 자녀는 전인적으로 발달할 수 있다. 부모의 온정과 수용은 자녀에게 자신감을 갖게 하며 자신의 행동에 대한 부정적 결과의 가능성에 집착하지 않도록 만든다. 반대로 부모의 거부는 청소년 자녀의 낮은 자존감, 비행, 공격심, 대인관계 장애, 부정적 세계관 등과 같은 성격 발달에 심각한 손상을 초래할 수 있다. 따라서 부모가 자녀의 행동을 심하게 통제하지 않으면서 바람직한 방향으로 지도하려고 노력한다면 바람직한 부모자녀관계가 형성될 수 있다(Baumrind, 1975).

2) 부모자녀관계의 갈등과 해소

세상의 어느 부모가 자녀가 잘못되기를 바라겠는가? 그러나 때로는 자녀를 향한 부모의 지나친 애정은 간섭과 통제가 되기도 하고, 자녀가 부모의 애정 어린 의도를 잘못 이해하여 어려움이 되기도 한다. 부모와 자녀의 갈등은 주로 부모자녀 사이의 세대 차이와 부모의 권위로 인해 발생한다.

(1) 세대 차이로 인한 갈등

부모와 자녀 사이의 최소 20년 이상의 간격은 상당한 사회・문화적 차이를 수반한다. 부모들이 경험한 아동기와 청소년기의 사회・문화적 배경과 지금 자녀들이 사회화 과정을 겪고 있는 시대적 환경 사이에는 많은 격차가 있다. 이러한 시대적 차이는 부모자녀 간의 가치관, 사고방식, 행동규범, 생활습관, 감정 표현 방식의 현저한 차이를 낳는다. 인터넷으로 초고속 스피드 시대를 경험하는 자녀들은 부모세대의 '느림의 미학'을 다소 답답하고 고루하게 느낄 수 있으며, SNS 등 휴대폰과 컴퓨터를 이용한 의사소통에 더 익숙한 자녀들에게 부모와 직접 만나 나누는 대화는 때로 부담이 될 수도 있다. 이러한 세대차는 서로에 대한 이해와 공감 영역의 괴리를 의미하고 가족 내 갈등의 소지가 된다.

부모와 대학생 자녀는 각기 다른 발달과업을 가지고 있다. 인생의 황금기를 보내면서 사회인이 될 준비를 하는 20대 자녀들은 연애, 직장, 결혼 등이 주된 관심사이며 이 시기는 안정보다 변화를 추구한다. 그와 달리 40~50대 부모세대는 신체적 · 정신적 에너지가 많이 감소하여 내 · 외적으로 한계를 느끼기 때문에 변화보다는 안정을 바라며, 자신이 인생에서 성취하지 못해 아쉬운 부분을 자녀에게 기대하기도 한다. 더불어 20대가 된 자녀의 독립을 수용해야 하는 과제도 있는 시기이다. 이처럼 자녀의 독립으로 인한 역할 재구성에 두려움과 어려움을 느낀 부모는 성인이 된 자녀에게 집착하고 간섭하는 경우가 있는데 이는 부모와 자녀 간 갈등의 원인이 되기도 한다(곽금주, 2013).

(2) 부모의 권위로 인한 갈등

자녀가 어릴 경우 부모의 보호에 전적으로 의존하므로 부모 자식 간 갈등이 발생하지 않는다. 그러나 청소년기에 접어든 자녀는 자율적인 행동반경이 넓어지면서 점차 부모의 권위에서 벗어나 자신의 행동을 스스로 결정하고 실행하고자 한다. 반면, 부모는 여전히 자녀를 어리다고 생각하여 자녀의 의사결정에 관여하려 한다. 이때 자녀의 자율성 추구 경향과 부모의 권위가 충돌하면서 갈등이 발생한다(김애순, 윤진, 1997).

이러한 갈등은 이후 진로결정이나 배우자 선택과 같은 중요한 문제에서 더욱 첨예하게 대립될 수 있다. 연구에 따르면, 부모와 자녀의 자율성 및 관계성의 균형은 자녀의 합리적 진로선택에 영향을 준다(조성연 외, 2005). 수용적이고 자율적인 부모는 자녀의 진로결정에 긍정적인 영향을 주지만, 부모가 거부적이거나 통제적인 경우 자녀의 진로결정에 부정적인 영향을 준다(이연숙, 2000). 따라서 자녀를 통제하고 강요하는 권위주의적 행동을 애정이라고 주장하는 부모의 양육태도는 자녀의 성숙한 사회화에 걸림돌이 될 수 있다. 또한 성인 자녀의 무책임한 행동 역시 부모와의 신뢰관계를 방해한다. 서로를 이해하고 존중하는 마음으로 진솔하게 생각과 감정을 교환하는 의사소통을 할 때 부모와 자녀 간의 관계가 더욱 견고해질 수 있다.

3) 부모와 성인 자녀의 관계

캥거루족, 부메랑 세대, 니트족(Not in Employment, Education or Training: NEET)이라는 말을 들어 본 적 있는가? 성인이 되었음에도 부모에게 경제적 · 정신적으로 의존하며 사는 젊은 세대를 가리키는 용어이다. 경기 침체에 따른 고용 악화로 인한 취업률 저하, 대학 졸업 후 구직활동 시간의 장기화, 취업 후 생활비 부족 등을 이유로 부모로부터 재정적 도움을 받는 성인들이 증가하고 있기 때문이다.

대학생은 부모로부터 점차 독립을 이루어 나가야 하는 시기이다. 자녀의 자율적 · 자발적인 행동을 격려하고 심리적 독립을 지원하는 것은 이 시기 부모의 중요한 역할이다. 심리적 독립은 부모에 대한 반항이나 결별을 의미하지 않는다. 오히려 독립된 성인으로 성장하기 위한 자연스러운 발달과정이다. 자녀 역시 서서히 부모에 대한 의존에서 벗어나 자율적이고 책임 있는 행동을 통해 성인으로서의 심리적 독립을 점진적으로 이루어 나갈 필요가 있다. 이 과정에서 대부분의 부모와 자녀는 크고 작은 갈등을 경험하게 된다. 중요한 것은 부정적 감정을 누적시키기보다 대화와 타협을 통해 지혜롭게 해결하고자 노력하는 자세이다(권석만, 2014).

활동 6-4 엄마의 일생

1. 어린 시절부터 지금까지 엄마와의 관계를 돌아보자. 엄마에 대한 생각이 어떻게 바뀌었는가?

2. 미래에 어떤 엄마가 되고 싶은가?

활동 6-5 아버지의 꿈

◆ 어느 예술고등학교 학생들을 대상으로 버킷 리스트를 조사하였다. 질문은 '앞으로 살날이 1년밖에 남지 않았다면 당신의 꿈을 이루는 것과 5억 원 중 어떤 것을 선택할 것인가?'였다. 모든 학생들의 답은 자신의 꿈을 이루는 것이었다. 이때 이 학생들의 아버지들에게도 동일한 질문을 했다. 신기하게도 모든 아버지의 꿈은 가족 여행, 아들(딸)의 꿈을 이루도록 돕는 것이었다. 그리고 아버지들은 모두 자신의 꿈이 아닌 5억 원을 선택했다. 이유는 간단했다. "나는 아빠고 가장이니까요."

1. 어린 시절부터 지금까지 아버지와의 관계를 돌아보자. 아버지에 대한 생각이 어떻게 바뀌었는가?

2. 미래에 어떤 아버지가 되고 싶은가?

활동 6-6 우리집 이야기

◆ 가족이 당신의 현재 모습을 형성하는 데 영향을 준 점과 정도에 대해 생각한다. 가족들의 이름을 모두 다음 표의 왼쪽에 적고, 그와 나 자신 사이에 관계되는 일 중 잊히지 않는 내용을 쓴다.

관계	☺	☹
아버지		
어머니		

형/오빠/ 남동생		
누나/언니/ 여동생		
기타		

1. 가족 중에서 당신과 특별히 친밀한 관계를 가지고 있는 사람은 누구인가?

2. 필요할 때 도움을 주는 사람은 누구인가?

3. 당신은 누구에게 자신의 문제를 털어놓는가?

4. 가족 중에 서로 말을 하지 않고 지내는(또는 지냈던) 사람이 있는가?

5. 심각한 갈등 속에 있는(또는 있었던) 가족 구성원이 있는가? 만약 있다면 왜 갈등이 생겼다고 생각하는가?

활동 6-7 심리적 분리 척도

◆부모에 대한 심리적 독립 정도를 테스트하는 검사이다. 부모 중 더 가까운 한 분을 택하여 자신의 상태에 표시하시오.

① 전혀 아니다 ② 거의 아니다 ③ 약간 그렇다 ④ 그렇다 ⑤ 매우 그렇다

문항					
1. 나는 어머니와 오랫동안 떨어져 있으면 그립다.	①	②	③	④	⑤
2. 집안에 있을 때 대부분의 시간을 어머니와 보내고 싶다.	①	②	③	④	⑤
3. 나는 내 또래의 다른 사람보다 어머니와 더 가까운 것 같다.	①	②	③	④	⑤
4. 나는 친구들의 사진을 어머니에게 보여 주고 싶다.	①	②	③	④	⑤
5. 어머니는 나의 가장 좋은 대화 상대이다.	①	②	③	④	⑤
6. 나는 어머니가 인정해 줄 것인지의 여부에 따라서 내가 할 일을 결정한다.	①	②	③	④	⑤
7. 친구를 선택하는 데 있어서 어머니의 바람은 내게 영향을 미친다.	①	②	③	④	⑤
8. 어려움이 있을 때 나는 보통 어머니에게 부탁한다.	①	②	③	④	⑤
9. 나는 어머니의 동의 없이 중요한 물품을 구입하지 않는다.	①	②	③	④	⑤
10. 나는 여행을 하거나 아르바이트를 하고자 할 때 어머니의 조언을 구한다.	①	②	③	④	⑤
11. 어머니가 나의 용돈을 주신다.	①	②	③	④	⑤
12. 내가 어머니 없이도 살아갈 수 있는지 확신이 서지 않는다.	①	②	③	④	⑤
13. 나의 종교적 신념은 어머니의 신념과 비슷하다.	①	②	③	④	⑤
14. 나의 생활신조는 어머니의 것과 비슷하다.	①	②	③	④	⑤
15. 이성교제에 관하여 나는 어머니와 비슷한 태도를 갖고 있다.	①	②	③	④	⑤
16. 성에 대한 나의 태도는 어머니의 태도와 비슷하다.	①	②	③	④	⑤
17. 남성(또는 여성)의 역할에 대한 나의 생각은 어머니의 생각과 비슷하다.	①	②	③	④	⑤
18. 금전(돈)에 대한 나의 생각은 어머니의 생각과 비슷하다.	①	②	③	④	⑤
19. 때때로 어머니는 나에게 짐이 된다.	①	②	③	④	⑤
20. 나는 어머니와 늘 불화 상태에 있는 것 같다.	①	②	③	④	⑤
21. 내게 있는 문제 중 많은 부분은 어머니 때문이라고 생각한다.	①	②	③	④	⑤
22. 어머니가 나에게 너무 많은 것을 기대한다.	①	②	③	④	⑤
23. 어머니가 나에게 어떤 일을 하라고 시키실 때 그 일을 하기가 싫다.	①	②	③	④	⑤
24. 나는 때때로 어머니를 부끄럽게 여긴다.	①	②	③	④	⑤

출처: 이준엽(1994); Hoffman(1984): 권석만(2014)에서 재인용.

해석

- 정서적 독립(1~6번): 어머니에 대한 정서적 애착과 의존, 친밀성, 공유시간 등
- 기능적 독립(7~12번): 어떤 일을 할 때 어머니에게 조언과 도움을 구하는 측면
- 태도적 독립(17~24번): 어머니의 가치관으로부터의 독립성
- 갈등적 독립(13~18번): 어머니에 대한 부정적 감정과 갈등으로부터의 독립성

*각 총점(6~30점)이 작을수록 더 독립적이라고 할 수 있다.

정서적 독립, 기능적 독립, 태도적 독립의 총점에 따른 해석

- 6~10점: 어머니에 대해 매우 독립적인 관계를 지니고 있다. 어머니에 대해 상당히 부정적이거나 거부적인 태도를 지니고 있을 수 있으므로 어머니와의 관계를 깊이 생각하고 개선할 필요가 있다.
- 11~17점: 어머니에 대해 상당히 독립적이며 어머니와 다소 거리를 두며 비교적 원만한 관계를 유지하고 있다.
- 18~24점: 어머니에 대해서 다소 의존적이나 어머니와 긴밀한 관계 속에서 적절한 거리를 두고 있다.
- 25~30점: 어머니에 대해서 매우 의존적이다. 어머니에 대한 애착이 강하고 관계가 매우 친밀할 수 있으나 자신의 자율성과 독립성이 부족할 수 있으므로 어머니와의 관계를 깊이 생각해 볼 필요가 있다.

갈등적 독립의 총점에 따른 해석

- 6~10점: 어머니와 관련된 갈등을 거의 느끼지 않고 있다. 이는 어머니와 매우 원만한 관계에 기인할 수도 있으나 어머니에 대해서 지나치게 무관심하거나 과도한 거리를 두고 있기 때문일 수도 있으므로 어머니와의 관계를 다시 한 번 깊이 생각해 볼 필요가 있다.
- 11~17점: 어머니와 다소 갈등을 느낄 수 있으나 적절한 거리를 유지하며 비교적 원만한 관계를 유지하고 있다.
- 18~24점: 어머니와의 관계에서 상당한 갈등을 느낄 수 있으며 어머니와 겪게 되는 갈등을 해결하기 위한 노력이 필요하다.
- 25~30점: 어머니와의 관계 속에서 심한 갈등과 부정적 감정을 지니고 있는 것 같다. 이런 점에서 어머니로부터 부정적인 영향을 받는 심리적 의존상태에 있다고 할 수 있으므로 어머니와의 관계를 깊이 생각해 보고 개선하는 노력이 필요하다.

활동 6-8 '헬리콥터맘', 자녀 사랑인가?

◆다음은 신문 기사의 일부이다. 헬리콥터맘에 대한 입장을 나누어 토론하시오.

> "대학생이 되어도 엄마가 도와줄게" - 입시에서 취업까지 헬리콥터맘 전성시대
>
> 어느 대학의 유아교육학과 사무실에 나이 지긋한 중년 여성이 찾아왔다. 한참을 머뭇거리는 그분에게 조교는 용건을 물었다. 중년 여성은 기다렸다는 듯이 서류뭉치를 꺼내 들고 말문을 열었다. "우리 딸아이가 유아교육과 졸업반인데 어젯밤 내내 과제물을 열심히 준비하다 그만 몸살이 났고 중요한 것 같은데 제출 마감일이 오늘이라 이렇게 들고 왔어요. 여기다 내면 되나요?"였다. 대학 졸업반 자녀의 과제물을 제출하기 위해 직접 찾아온 것이다.
>
> 헬리콥터맘의 천태만상은 이뿐만 아니다. 수강 신청 및 정정 등 시간표를 짜 주는 것은 기본이고, 자녀의 학점이 잘 나오지 않을 때는 교수에게 항의 전화도 불사한다. 뿐만 아니라 취업 설명회에 부모가 동석하는 것은 당연하고, 심지어 학생 본인은 도서관에서 공부하고 부모가 대신 나서서 취업 자료를 수집하는 경우도 많다는 것이다……
>
> - 〈오늘의 한국〉 중 일부 발췌(2014. 10. 13.) -

활동 6-9 등골 브레이커

> '등골 브레이커'란 몇 년 전 청소년들 사이에서 유행한 값비싼 점퍼를 가리키는 말로, 아이들 옷값을 대느라 부모님의 등골이 휜다는 뜻의 신조어이다. 그런데 요즘 대학생들이 스스로를 '등골 브레이커'라고 부른다고 한다. 다음은 한 취업 준비생이 대학생활 동안 쓴 돈이다. 등록금과 용돈, 자취비용 등으로 1억 원 넘게 썼고, 영어 학원비와 치아교정비 등 취업 준비에 들어간 돈이 약 1천만 원 이상. 즉, 대학 입학부터 졸업까지 1억 2천만 원이 넘는 돈을 부모에게서 타 쓴다는 것이다. 최근 조사에 따르면 대학생의 80%가 부모에게 학비를 지원받는 것으로 나타났다. 비싼 등록금과 취업이라는 무거운 현실 속에 졸지에 '등골 브레이커'가 된 대학생들. 당신은 어떻게 생각하십니까?

1. 이와 같은 신조어가 생성된 원인은 무엇일까?

2. 대학생의 재정 독립은 어느 정도 선에서 이루어져야 한다고 생각하는가?

3. 형제자매관계

형제자매는 생애 최초로 경험하는 또래관계로 인생 전반에 걸쳐 의미 있는 영향을 준다. 같은 부모의 유전자를 물려받았고 선택의 여지없이 부여된 관계이며 인생에서 가장 오랜 기간 지속되는 인간관계로 그 안에서 경험한 사회적 경쟁과 원조는 이후 사회기술 발달의 기초가 된다.

1) 형제자매의 상호작용

형제자매관계란 형제와 자매 간에 접촉하며 서로 영향을 주고받는 관계이다. 비록 부모와 더 긍정적으로 많은 상호작용을 나타내지만 형제간의 상호작용을 통한 여러 경험의 결과는 부모가 제공할 수 없는 다른 측면에서 인간의 전인적 성장에 중요한 역할을 한다(박명순, 2002).

형제간의 상호작용은 경쟁, 질투, 공격성과 같은 부정적이고 적대적인 행동 양상으로 나타나기도 하고 애정, 친밀감, 온정과 같이 긍정적 · 친사회적 행동 양상으로 나타나기도 한다(이경희, 1991). 그래서 많은 형제자매들이 서로에 대해 양가감정을 가지고 있는지도 모른다. 또한 아이리시(Irish, 1964)는 부모가 이해하지 못하거나 무관심한 것을 대신해서 형제가 처한 상황을 더 잘 이해해 주고 동료로 함께 놀아 줌으로써 정서적 안정감을 갖게 된다고 했다. 결국 형제자매는 서로에게 놀이친구, 공부친구가 되고 보호하고 의존하는 관계이면서 적이 되거나 경쟁자가 됨으로써 정서적 · 인지적 · 사회적 발달의 기반을 형성하게 되는 것이다.

특히 어린 시절부터 경험하는 형제관계는 이후 학교생활이나 또래관계 같은 사회적 적응에 긍정적인 영향을 준다. 형제자매 간의 도움, 협동, 정서적 지지를 통해 건강한 사회적 기술을 획득할 수 있기 때문이다(Furman & Buhrmester, 1985). 뿐만 아니라 경쟁심과 같은 부정적인 상호작용은 갈등의 원인이 되기도 하지만 갈등 상황에 대한 폭넓은 대리경험을 통하여 대인관계에 필요한 사회적 능력을 발달시킬 수 있다. 이처럼 형제관계의 긍정적 상호작용과 부정적 상호작용의 행동 모두 형제자매관계의 본질이라 할 수 있다(Shantz & Hobart, 1989).

2) 형제관계의 출생순위에 따른 특성

출생순위는 형제관계에서 능력과 권위, 그리고 부모의 기대에서 형제간 역할 차이를 유발하는 대표적인 요인이다(Newman, 1994).

아들러(Adler, 1964)에 따르면 개인의 출생순위가 생활양식 형성에 영향을 준다. 같은 부모에 같은 가정환경에서 성장해도 같은 사회적 환경을 갖지 않는다는 뜻이다. 한 가족 안에서도 첫째, 중간, 막내, 외동의 성격이 아주 다르다는 것을 관찰하고, 출생 순위에 따른 지각은 분명히 주관적이지만, 특정 출생순위에 태어난 아이들은 어떤 특정한 특징들을 갖고 있다고 주장하였다.

첫째 아이는 동생을 얻을 때 '폐위된 왕'과 같은 심리적 어려움을 겪는다고 하였다. 태어나서 '독자'인 시기에는 부모의 끊임없는 사랑과 관심을 받는다. 그러나 동생이 태어나면 이 상황은 아이의 처지와 세계관을 극적으로 바꾸어 놓는다. 과거의 위치를 다시 얻기 위해 저항하지만 본래의 위치를 다시 찾을 수는 없다. 게다가 부모는 아이들보다 훨씬 더 많은 힘을 행사하고 큰아이가 주의를 끌기 위해 나타내는 문제 행동을 벌로 다스린다. 그 결과, 첫째 아이는 스스로 독립해서 적응해 나가면서 다른 사람의 애정이나 인정을 받고자 하는 욕구에 초연하여 혼자 생존해 나가는 전략을 습득한다.

둘째 아이는 처음 태어날 때부터 손위 형제가 있으므로 그들을 능가하기 위한 자극과 도전을 받는다. 이런 사실이 둘째 아이로 하여금 훨씬 빠른 비율로 발전하게 한다. 그 결과, 둘째 아이는 경쟁심이 강하고 대단한 야망을 가진 성격이 된다.

막내 아이는 여러 면에서 독특하다. 동생에게 자리를 빼앗기는 충격을 경험하지 않고 가족의 귀염둥이로 자라게 되고, 만약 부모가 경제적으로 넉넉하지 못한 경우 자신의 것은 아무것도 없고 다른 가족으로부터 물려받아야 된다는 점이 늘 귀찮게 붙어 다니는 아이이며, 모두가 자기보다 힘이 세기에 독립성이 부족하거나 강한 열등감을 가진 아이가 될 수 있다. 그럼에도 막내는 한 가지 이점이 있는데 그것은 위의 형들을 능가하려는 강한 동기유발이다.

외동이는 경쟁할 형제가 없는 독특한 위치에 있으므로 응석받이로 자라기 쉬운 약점이 있다. 다른 사람들로부터 보호 받기를 원하며 의존심과 자기중심성이 현저하게 나타난다. 외동이는 어린 시절 계속해서 가족의 관심의 초점이 된다. 이러한 배경에서의 성장은 자기 본위적이고 의존적이며 사회성이 결핍된 모습을 만들 수 있지만, 다른 측면에서는 자신감 넘치고 성공에 대한 확신과 집착을 키워 성공할 가능성을 높일 수 있다(곽금주, 2013).

각 출생순위에 속한 모든 아이들이 앞의 내용과 반드시 일치하는 것은 아니지만, 아들러가 강조하려는 것은 가족 내에서 아이의 위치에 따라 독특한 문제가 나타나기 쉽다는 점이다. 그래서 자신이 그 문제를 어떻게 대처하고 해결해 나갈 것인가를 말하고자 한다.

지금까지 경험해 온 가정생활이나 가족 간의 정서적 분위기를 지금 자신의 감정 형성과 어떠한 의미로 관계 지을 수 있는지를 성찰한다는 것은 자신의 현재 발달의 준거를 탐색하는 것이며 자신을 보다 정확하게 이해하는 방법이다. 어릴 때나 지금의 가족관계에서, 특히 부모와의 관계에서 의존과 독립 상태가 어떠했는지, 나아가 나 자신에 대한 수용과 거부, 형제들과의 협동과 경쟁을 통하여 이룬 정서적 성장 과정을 살펴보는 것은 매우 의미 있다. 특정한 경험이 나에게 어떠한 영향을 끼쳤는지, 그래서 어떠한 노력을 하게 됐는지, 그 느낌은 어떠했는지에 대해 총체적인 통찰을 함으로써 자신을 더 깊게 이해하게 되며 궁극적으로 자기 긍정과 성숙의 길을 걸을 수 있기 때문이다(박명순, 2002).

활동 6-10 출생순위에 따른 공통점

1. 출생순위별로 모여서 공통점을 찾아보자(첫째, 둘째, 중간, 막내, 외동).

2. 다른 출생순위들에게 바라는 점을 정리해 보자(예: 맏이가 막내에게 등).

제7장

친구 및 이성관계

1. 친구관계
   1) 친구의 의미
   2) 친구의 기능
   3) 친구관계의 선택
   4) 청년기 친구관계

2. 이성관계
   1) 사랑의 이해
   2) 사랑의 삼각형 이론
   3) 남녀 차이
   4) 이성교제
   5) 성(性) 바로 알기

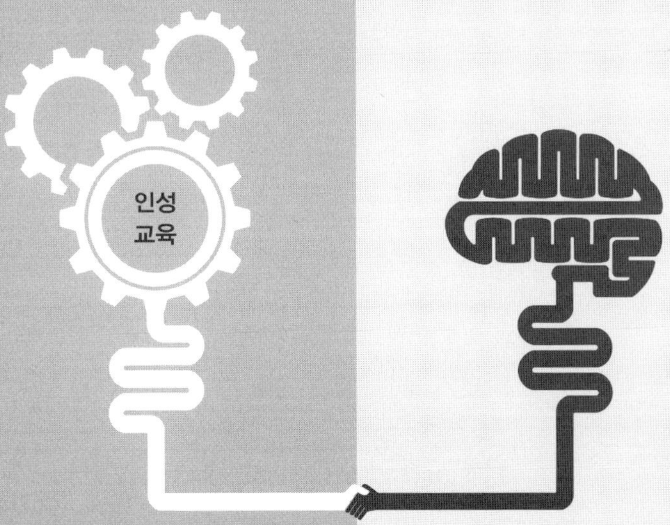

대학생은 학교생활을 통해 자유롭고 허용적인 분위기 속에서 이성과의 만남이 빈번해지고, 성인으로서 진지하고 깊이 있는 낭만적 사랑(romantic love)을 경험하기도 한다. 친구와 이성은 청년기 시기의 가장 의미 있는 타인이다.

삶은 우정에 의해 더욱 풍성해진다. 인생에서 좋은 친구를 두는 것은 행복이다. 때로는 연인이나 가족에게 하지 못한 이야기를 친구에게는 진솔하게 터놓기도 한다. 친구는 마치 비를 피하고 그늘 아래 쉴 수 있는 나무와 같다.

1. 친구관계

인간은 만 2세경부터 같은 또래 친구에게 관심을 보인다. 또래에게 장난감을 주거나 웃고 소리를 지르기도 한다. 어려서부터 친구를 찾고 우정을 느끼려는 친애 동기가 내면에 존재한다는 의미이다. 우리가 한평생을 살면서 의미 있는 관계를 맺는 사람의 수는 그리 많지 않다. 개인차는 있지만 대체로 한 사람은 일생 동안 100명 이내의 사람들과 친밀한 인간관계를 맺는다고 한다. 대부분의 사람들과는 그저 스쳐 지나가며, 소수의 사람들과 친밀한 관계를 맺고 마음과 뜻이 통하는 소중한 관계를 유지해 나간다. 이처럼 인간의 실존적인 외로움과 부족함을 메워 주고 더 나아가 삶을 풍요롭게 해 주는 것이 바로 친구관계이다.

1) 친구의 의미

친구(親舊)의 사전적 의미는 '가깝게 오래 두고 사귄 사람'이다. 친구의 우리말인 '벗' 역시 '마음이 서로 통하여 친하게 사귄 사람'이나 '뜻을 같이하는 사람'을 말한다. 또한 친구 사이의 애틋한 정을 우리는 우정이라고 칭한다.

연구에 따르면 사람들은 친구 사이를 '함께 있으면 즐겁다' '서로 도와주고 믿을 수 있다' '서로 비밀이 없다' '서로 이해할 수 있다' '있는 그대로 내보일 수 있다'라고 말했다(김중술, 1994). 이 결과를 토대로 친구의 의미를 정의한다면 수용, 신뢰, 존중을 기반으로 인생의 기쁨을 공유하고 상호 지원하는 동반자라고 할 수 있다.

2) 친구의 기능

번트(Berndt, 1996, 2004)는 친구관계의 네 가지 기능으로 정보적 지지, 도구적 지지, 동료적 지지, 존중적 지지를 제안했다. 정보적 지지란 친구는 대체로 나이가 비슷하고 유사한 경험을 하고 있기 때문에 문제해결을 위해 서로 조언하고 지도한다는 의미이다. 자신을 이해하고 수용하리라 믿는 친구와 사적인 생각과 감정을 교류하면서 당면한 문제를 해결하는 데 도움을 받을 수 있다. 도구적 지지는 친구가 숙제나 집안일과 같은 사소한 도움부터 경제적으로 어려울 때 돈을 빌려주는 등 다양한 종류의 물리적 도움을 주는 것을 의미한다. 동료적 지지란 사회 활동의 동료로서 서로 의지하는 친구관계를 말한다. 식사를 하거나 영화를 보는 등 일상을 공유하고 여가 시간을 함께 보내는 것 등이 대표적인 예이다. 마지막으로 존중적 지지란 친구에게 좋은 일이 있을 때 축하하고, 힘들 때는 위로와 격려를 통해 친구의 자존감 형성과 유지에 도움을 주는 것을 말한다. 이처럼 건강한 우정은 인간 심리에 긍정적인 영향을 미치고 삶을 풍요롭게 한다.

3) 친구관계의 선택

당신은 어떤 사람과 친구가 되는가? 왜 어떤 사람과는 그저 아는 사람으로 지내고, 어떤 사람과는 가장 친한 친구가 되었는가? 사회심리학자들의 연구에 따르면, 친구를 선택하는 데 다음의 4가지 요인이 중요한 역할을 한다(권석만, 2014).

(1) 근접성

사람은 물리적으로 가깝게 사는 이웃과 친해지는 경향이 있다. 실제로 서로 모르는 대학생들을 기숙사 방에 배정하여 몇 개월 후 친한 사람을 조사한 결과, 공간적으로 가까운 사람끼리 친한 사이가 되었음을 알 수 있었다. 가까이 생활하면 만날 기회가 많아 친해질 가능성이 높고, 사회경제적 수준 및 교육, 취미 등이 유사한 경우가 많아 공감 영역이 넓어져 서로 좋아하는 감정을 가질 수 있기 때문이다.

(2) 친숙성

미시간대학교 학생들을 대상으로 전혀 모르는 한자, 생소한 얼굴을 반복적으로 제시한 후, 얼굴이나 한자에 대한 호감도를 평가한 결과, 제시 횟수가 많은 자극에 더 호감을 나타냈다(Zajonc, 1968). 이러한 단순노출효과처럼 인간관계에서도 자주 접하는 사람에게 호감을 느껴 친해지는 경향이 있다. 자신이 어떤 사람을 왜 좋아하는지 모르는 경우가 있었다면, 단순노출효과처럼 잦은 만남을 통해 그에게 긍정적인 감정이 생겼을지도 모른다.

(3) 유사성

유유상종(類類相從)이라는 말처럼 사람들은 자신과 비슷한 사람을 좋아하고 그와 친구가 된다. 학창시절 좋아하는 가수, 스포츠, 취미활동, 여가생활, 학문적 목표 등이 비슷한 친구들과 친밀한 관계를 형성했던 경험이 있을 것이다. 사람들은 자신의 정서와 심리상태를 이해할 수 있는 사람을 친구로 선호하고 친구에게서 그것을 추구하기 때문이다(Larson & Richard, 1994). 이처럼 내가 느끼는 것을 같이 느끼고, 나와 같은 방식으로 세상을 이해하는 사람을 우리는 친구로 사귈 가능성이 높다.

(4) 보상성

사람은 자신을 좋아하고 즐거운 경험을 제공하며 도움을 주는 보상적인 친구를 좋아한다. 또 자신이 갖지 못한 속성을 지니고 있는 상대방을 더 높이 평가하고 호감을 갖는 경향이 있다. 특히 연인이나 부부 중에는 상호 보완적인 관계인 사람들이 많다. 성격, 재력, 학력 등에서 내가 갖지 못한 것을 지닌 상대방으로부터 많은 보상을 받을 수 있기 때문이다.

이 외에도 성격, 능력, 신체적 매력 등의 개인적인 특성이 친구관계 형성에 영향을 미친다.

4) 청년기 친구관계

청년기 인간관계에서 가장 중요한 대상은 친구들이다. 따라서 친구관계의 문제는 대학생들이 가장 자주 호소하는 문제 중 하나로 언급된다. 전국 대학의 SNS 익명 커뮤니티에 올라온 게시글을 조사한 결과, 대학생들의 주된 불안요소는 친구와의 관계문제였다(한국일보, 2017).

(1) 대학생의 친구관계 부적응 문제

대학생에게 또래는 가장 만족스러운 관계인 동시에 가장 스트레스를 받는 관계라고 한다. 다음은 대학생들이 상담실에 찾아와 호소하는 친구관계 어려움의 내용을 분류한 것이다(권석만, 2014).

1. 대학 입학 후 겪는 어려움

"외롭다. 고독하다." "대학 내 어디에도 소속감을 느낄 수 없다." "강의만 듣고 집으로 가곤 한다." "점심식사를 늘 혼자 먹어야 한다." "공강시간에 같이 이야기할 사람이 없다." 등

2. 피상적인 친구관계로 인한 어려움

"같이 놀 친구는 많아도 내 고민을 상의할 친구는 없다." "막상 어려움에 처했을 때 도와주는 친구가 없다. 또 도움을 선뜻 요청할 친구가 하나도 없다." 등

3. 친구관계에서 다툼과 갈등으로 인한 어려움

"학과 선배(친구)가 나를 미워한다. 내가 하는 일에 사사건건 시비를 건다." "과거 친했던 선배(친구)로부터 이용당했다는 생각이 들고 배신감을 느낀다." "주변 친구들이 공격적이다. 친구들과의 관계에서 자주 상처를 받게 되어 괴롭다." "나에 대한 나쁜 소문을 퍼뜨린다." 등

4. 친구집단 내에서 주도적이고 주목받는 위치를 확보하려는 노력의 좌절

"잘난 아이들 사이에서 열등감을 느낀다." "과대표를 맡고 있는데 과 애들이 잘 따라오지 않고 비협조적이다." "나는 있어도 그만, 없어도 그만인 사람이다. 모임에 빠져도 묻는 사람이 없다." 등

5. 과다한 친구관계로 인한 학업 등 생활 관리의 어려움

"대인관계를 넓히고 싶어 동아리와 학회 8개에 가입했다. 다 열심히 참여하고 싶은데 너무 시간이 없고 생활이 엉망이다. 어느 모임에도 충실하게 참여하지 못하고 시간 약속을 지키지 못하는 등 무책임하다는 소리를 듣는다." "학회나 동아리 일에 학과 공부 등 개인적인 일을 희생하며 헌신적으로 몰두했다. 졸업을 앞두고 남는 게 없어서 허망하다." 등

(2) 친구관계 맺기

친구관계를 어떻게 맺고 잘 유지할 수 있을까? 아리스토텔레스는 "친구들에게 기대하는 것을 친구들에게 베풀어야 한다."라고 말했다. 친구가 의리 있길 바란다면 내가 친구에게 신의를 지키는 것이 우선이라는 의미일 것이다. 그러나 친구관계를 지속시키기란 말처럼 쉬운 일이 아니다. 친구관계를 맺기 위한 구체적인 전략은 다음의 〈표 7-1〉과 같다(정옥분, 1997).

〈표 7-1〉 친구 맺기 전략의 구체적인 예

적절한 태도	상호작용 시작하기	• 친구에 대해 알고 자신을 소개하고 대화를 시작한다. • 어떤 일을 함께 하자고 제안한다.
	친절한 행동	• 친절하고 상냥하고 사려 깊게 행동한다. • 친구에게 먼저 양보하고 친구의 입장을 배려한다.
	친사회적 행동	• 친구를 존중하고 예의 바른 태도를 보이며 친구의 말을 경청한다. • 긍정적인 태도와 성격으로 솔직하고 자연스럽게 행동한다. • 좋은 평판을 얻도록 노력하고 단정한 차림을 한다.
	사회적 지지 제공	• 친구에게 도움을 준다. • 친구에게 관심을 보이고 조언을 하며 공부나 놀이 등 활동을 함께한다. • 옆자리에 앉고, 같은 집단에 소속되며, 친구들을 칭찬한다.
부적절한 태도	심리적 공격	• 나쁜 매너, 편견, 사려 깊지 못하고 다른 사람을 이용하며, 욕을 하거나 무례하게 행동한다. • 비협력적이고, 친구를 무시하며, 따돌리고, 배타적으로 행동한다. • 친구를 나쁘게 말하고 감정을 상하게 한다. • 험담하고 나쁜 소문을 퍼뜨리며 난처하게 만들고 비난한다.
	부정적인 자기표현	• 거드름 피우고, 샘내고, 자기자랑을 일삼고, 자기중심적이고, 심술궂고, 잔인하고, 적의를 보이고, 토라지고, 까다롭고, 항상 화를 내고, 어리석게 행동하고, 성질을 부리고, 문제를 만들고, 자기평판을 나쁘게 만든다.
	반사회적 행동	• 싸우고, 침 뱉고, 몸에 상처를 입히는 등 신체적 공격을 한다. • 고함을 지르고 괴롭히며 싸움을 걸고 조롱하며 욕하는 등 언어적 공격을 한다. • 거짓말하고 훔치고 속이며, 약속을 지키지 않고 비밀을 이야기하는 등 배신행위를 한다.

출처: Wentzel & Erdley(1993).

'비 온 뒤에 땅이 굳어진다'는 속담처럼, 친구관계에서도 이미 일어난 갈등이나 다툼을 원만하게 해결할 수 있다면 더욱 돈독한 우정으로 성장할 수 있다. 효과적인 친구관계 유지를 위해 필요한 12가지는 다음과 같다(강문희, 이광자, 박경, 1999).

- 필요할 때 자발적으로 돕는다. 영국의 철학자 콜린스는 '풍요로울 때는 친구가 나를 알아보고 어려울 때는 내가 친구를 알아본다.'라고 했다. 친구가 나의 도움을 꼭 필요로 할 때 친구를 도와주는 일은 나 자신에게 기쁨이 되고 친구에게는 더 없이 고마운 경험으로 기억될 것이다.
- 친구의 사생활을 존중한다. 아무리 가까운 친구 사이일지라도 친구의 사생활을 지나치게 간섭하고 개입하려 드는 것은 무례하다. 그러면 서로 불편해지고 관계가 멀어질 수 있다.
- 신뢰를 지킨다. 친구가 때로는 나의 생각과 다르게 행동하거나 혹은 남들이 나와는 다르게 친구를 보더라도 그 친구에 대한 신뢰를 지키는 모습은 친구에게 매우 감동을 준다. 신뢰를 받은 친구는 그에 상응하는 반응을 보일 것이다.
- 허심탄회하게 흉금을 터놓고 마음을 나눈다. 가장 쉽게 마음을 털어놓을 수 있는 친구 사이에서 답답한 문제를 서로 나누고 불편한 감정을 정화할 수 있다.
- 서로의 장점을 칭찬하고 본받는다. 칭찬을 통해 친구를 격려하고 좋은 점을 본받는 것은 공자가 말한 유익한 벗을 사귀는 것이 된다.
- 감정적인 지지를 보여 준다. 만나면 기분 좋고 자주 보고 싶은 친구는 상대방의 말

을 잘 경청해 주고 따뜻한 마음으로 배려하는 사람이다. 상대방의 기분을 잘 알아차리거나 감정에 적절하게 공감하는 능력은 상대 친구에게 힘과 용기를 얻게 해 준다.

- 개인적인 조언을 구한다. 친구에게 개인적인 조언을 구하는 일은 자신의 모습을 친구를 통해 객관적으로 바라볼 수 있게 하고 고민 해결의 실마리를 푸는 데 도움이 될 뿐 아니라 친구관계에서 더욱 깊은 신뢰감을 형성하는 계기가 될 수 있다.
- 나에게 베푼 친절이나 고마움에 꼭 보답한다. 가까운 사이일수록 작은 고마움이나 사소한 감사라도 꼭 전할 필요가 있다. 흔히 "친구 사이에 뭘 그런 것까지 말해야 하나?"라고 말하지만, 그렇지 않다. 서로 표현할 때 상대방의 마음에 감동하게 되고 우정도 더욱 돈독해진다.
- 친구에게 개인적인 감정이나 문제를 개방한다. 친구관계에서 일어나는 갈등 중 하나는 서로 자신을 솔직하게 개방하지 않는 데서 비롯한 오해인 경우가 적지 않다. 그러므로 상대방이 어떤 생각을 가지고 있으며, 어떤 기분인지 알 수 있어야 내가 어떻게 행동을 취할지 결정할 수 있게 된다.
- 나와 친구의 차이점을 인정한다. 오래된 친구들을 살펴보면 생활습관이나 태도는 다르지만 서로 맞추고 존중하는 모습을 볼 수 있다. 친구관계는 서로의 개성을 인정하는 데서 비롯된다.
- 갈등을 인정하고 서로 솔직한 태도를 취한다. 속으로는 친구 때문에 기분이 상했음에도 겉으로는 아무렇지 않게 대하는 경우가 있다. 잠시 동안은 겉으로 평온해 보일 수 있지만 시간이 지나 더 큰 갈등을 유발할 수 있다.
- 필요하다면 다른 사람의 도움을 받는다. 친구와의 갈등관계를 혼자서 고민하고 괴로워하기보다는 두 사람 사이에 중재 역할을 해 줄 수 있는 사람이 있다면 도움을 받는 방법도 좋다.

활동 7-1 텔레파시 게임 1

개요 및 목표

텔레파시를 통하여 지도자와 같은 생각을 가장 많이 한 팀(짝)이 승리하는 활동으로 지도자와 구성원들, 그리고 짝을 이룬 구성원들 간의 교류를 형성할 수 있다.

- 집단의 크기: 2명(또는 4명)으로 구성된 여러 집단
- 소요시간: 10분
- 준비물: 종이, 펜

진행

① 구성원은 친구와 2명씩 짝을 이룬다.

② 지도자는 현재 떠오르는 가수, 직업, 과자, 커피, 놀이기구, 운동 이름을 작성한다.

③ 지도자의 텔레파시를 받고, 방금 지도자가 생각한 각 이름을 짝과 상의하여 결정하여 쓴다.

④ 지도자와 가장 많은 개수가 일치한 팀이 승리한다.

친구 이름: ____________________

1		5	
2		6	
3		7	
4		8	

일치한 개수: ____________________ 개

활동 7-2 텔레파시 게임 2

개요 및 목표

텔레파시를 통하여 구성원들 간의 가장 일치한 행동을 한 팀이 승리하는 활동으로 팀이 하나가 되는 시간을 통해 즐거운 팀워크 분위기를 형성할 수 있다.

- 집단의 크기: 4~6명으로 구성된 여러 집단
- 소요시간: 10분
- 물리적 환경: 진행자는 모든 구성원들을 한번에 볼 수 있는 위치에서 진행한다.

진행

① 지도자는 한 가지 주제를 정한다(예: 운동 종목).

② 구성원은 4~6명씩 한 팀을 이룬다.

③ 지도자가 운동 종목을 외칠 때(예: 야구) 팀원이 모두 동시에 같은 포즈를 취하면 그 팀이 점수를 얻는다.

④ 최종적으로 가장 많은 점수를 얻은 팀이 승리한다.

활동 7-3 친구관계 안에서 나를 들여다보기

개요 및 목표

그동안 경험했던 관계 안에서 자신의 모습을 성찰하고, 보다 나은 관계의 성장을 모색한다.

- 집단의 크기: 4~6명 정도로 구성된 집단
- 소요시간: 20분

진행

① 잠시 눈을 감고 내가 태어나서 지금까지 만났던 수많은 관계를 떠올린다. 그중에서 특히 내가 좋아하고 편안한 관계를 맺을 수 있었던 사람들을 떠올린다. 그리고 공연히 부담스럽고 못마땅해 불편했던 사람 혹은 관계를 맺으려는 시도조차 하지 않았던 사람들을 떠올린다.

② 잠시 생각을 한 후, 다음의 질문에 답한다.

③ 작성한 후, 집단의 구성원들과 함께 발표하며 나눈다.

1. 처음 보는 사람들은 나의 첫인상이 어떠하다고 말하는가?

2. 나를 가장 잘 아는 사람들은 나를 어떤 사람이라고 말하겠는가?

3. 나는 다음 유형 중에서 어느 유형에 가깝다고 생각하는가?

ⓐ 말이 많은 사람 ⓑ 고집이 센 사람 ⓒ 앞에 잘 나서는 사람 ⓓ 계획성이 없는 사람

ⓔ 자기중심적인 사람 ⓕ 교만한 사람 ⓖ 수줍음이 많은 사람 ⓗ 직설적으로 표현하는 사람

ⓖ 기타(   )

4. 이러한 유형이기 때문에 어떠한 득과 실이 있는가?

5. 내가 싫어하는 사람은 어떤 유형인가? 그 이유는 무엇인가?

6. 다른 사람에게 호감을 얻는 나만의 비법이 있다면 무엇인지 서로 말해 보자.

활동 7-4 "당신의 인간관계, 안녕하세요?!"

개요 및 목표

익명으로 공개된 친구들의 고민을 해결하는 활동으로, 친구들과 함께 이야기함으로써 자신의 문제를 보다 객관적으로 볼 수 있고, 공감과 위로를 받으며 문제해결의 실제적인 팁을 얻을 수 있다.

• 집단의 크기: 6~8명으로 구성된 집단
• 소요시간: 30분
• 준비물: 같은 색깔의 펜, 종이

진행

① 현재 대학생활을 하면서 겪는 인간관계의 고민을 익명으로 적는다. 이때 오른손잡이는 왼손으로, 왼손잡이는 오른손으로 쓰고, 같은 집단은 동일한 색의 펜을 사용하도록 한다.

② 고민을 적은 종이를 두 번씩 접어서 집단의 중앙에 모은다.

③ 돌아가면서 한 명씩, 종이를 하나 뽑아서 읽는다. 이때 자신의 고민이라고 해도 당황하지 않고 자연스

럽게 읽도록 한다.

④ 나머지 집단원들은 고민을 귀 기울여 듣고, 친한 친구의 마음으로 진심 어린 공감과 조언을 나눈다. 절대 훈계, 비난, 판단을 하지 않도록 주의하며 진솔하게 이야기한다.

⑤ 고민 해결이 되었으면 다음 사람이 또 다른 종이를 열어서 읽는 식으로 모든 종이에 적힌 고민을 끝까지 해결한다.

활동 7-5 "만약 당신이라면?"

◆다음은 어느 대학생들의 고민 사례이다. 당신이라면 어떻게 할 것인가?

1. 무임승차 이야기

이번 팀 프로젝트는 성적에 50%가 반영되는 중요한 과제이다. 팀원들 모두 이번 수업에서 처음 알게 된 사이라 아직 어색하지만 우리는 틈틈이 시간을 맞추어 만나고 각자 역할을 나누어 열심히 준비했다. 그런데 유독 한 친구만이 발표 준비에 관심이 없는 것 같다. 조 모임시간에 아르바이트, 약속 등의 이유로 거의 참석하지 않았고, 맡은 자료도 아직까지 결과물이 없다. 나머지 팀원들 역시 이 친구의 이러한 행동에 대해 계속 불만을 가져왔다. 이제 발표는 하루밖에 남지 않았다.

2. 뒷담화 사건

대학에 입학하면서부터 친하게 지내는 같은 학과 친구가 있었다. 나는 그 친구에게 좋은 감정을 갖고 있었고, 함께하는 시간도 많았다. 다른 친구들이 보기에도 우리 둘은 좋은 관계를 유지하고 있는 것처럼 보였다. 그러나 어느 날 학과 선배에게서 그 친구가 나를 험담한다는 것을 듣게 되었다. 그러나 나는 설마 하며 그 친구와 잘 지내는 척을 하였으나 우연히 교양수업을 함께 듣는 다른 친구들로부터 그 친구가 나를 험담하고 돌아다닌다는 이야기를 또다시 듣게 되었다. 그때 나는 화가 치밀어 오르고 그 친구에 대한 배신감에 사로잡혔다. 그리고 그 친구와 마주치게 되었다.

2. 이성관계

1) 사랑의 이해

전문가들이 4~8세의 아이들에게 “사랑이 뭐라고 생각하니?”라고 물었다. 아이들의 대답은 상상 이상으로 놀라웠다. “사랑이란 내가 피곤할 때 나를 미소 짓게 하는 거예요.” “사랑이란 어떤 남자 아이에게 셔츠가 예쁘다고 말했을 때, 그 아이가 매일 그 셔츠를 입고 오는 거예요.” “사랑이란 엄마가 아빠에게 닭고기를 주실 때 그중 제일 맛있는 걸 골라 주시는 거예요.” “사랑이란 누가 나에게 상처 주는 말을 하거나 날 아프게 해서 내가 너무나 화가 나도 그 사람에게 소리를 지르지 않는 거예요. 왜냐하면 내가 그러면 그 사람이 기분 나빠질 테니까요.” 지금 누군가가 사랑이 무엇이냐고 묻는다면, 당신은 어떤 답을 하겠는가?

사랑을 한마디로 정의 내리기란 쉽지 않다. 어떤 사람은 사랑에 빠지면 행복감에 충만하기도 하고, 누군가는 사랑을 하면서 더욱 고독해지고 때로는 극심한 고통에 시달리기도 한다. 또 사랑에 빠진 어떤 사람은 즐거움에 비명을 지를 정도로 기뻐하다가도 금세 우울해하기도 한다. 이 세상에서 똑같은 사랑은 어디에도 없거니와 한 사람이 경험하는 사랑도 매번 다를 수 있다. 사랑이란 무엇인가에 대해 명료하게 대답하기는 어렵지만, 아름답고 성숙한 사랑을 하기 위해서 사랑에 대해 알 필요가 있다.

사랑은 인류 문명이 시작된 이래 인간에게 가장 강력한 영향을 미치는 요소임에도 불구하고 사랑을 지적으로 이해하려는 노력은 너무도 미비했다. 사랑을 여전히 신비화하고 그로 인해 사랑에 대한 잘못된 신념들이 형성되곤 한다. 살펴보면 성장 과정에서 소설, 영화, 드라마 등을 통해 사랑에 대한 극히 제한적이고 왜곡된 시각으로 환상과 편견을 키워 가는 경우가 많다. 하지만 이러한 사랑에 대한 무지는 사람들을 미숙하고 파괴적인 사랑으로 이끌어 불행과 고통 속에 빠지게 한다. 따라서 건강한 이성관계를 형성하기 위하여 우리는 사랑을 깊이 이해해야 할 것이다.

활동 7-6 **사랑이란 무엇인가?**

◆ 주변에 사랑에 빠진 사람들을 생각해 보거나, 자신이 사랑에 빠져 있다면 자신의 모습을 살펴보자. 사랑을 하게 되면 어떤 감정이 생겨나고 어떤 특별한 행동을 하게 되는가?

감정 변화	행동 변화

2) 사랑의 삼각형 이론

(1) 사랑의 구성요소

로버트 스턴버그(Robert Sternberg, 1986)는 적어도 한 번 이상 사랑을 해 본 경험이 있는 여러 연령층을 대상으로 사랑을 연구한 결과, 사랑이란 친밀감, 열정, 결정/헌신의 3가지 요소로 구성되어 있다고 주장하고, 이 세 요소들의 조화를 건강한 사랑이라고 말한다.

첫째, 친밀감(intimacy)은 서로 가깝게 맺어져 있다는 느낌으로 사랑하는 사람의 행복을 증진하려는 욕망, 사랑하는 이와 함께 있으면서 느끼는 행복감, 사랑하는 이를 존중하는 마음, 상호 간의 이해, 상대와 정서적 지지를 주고받고 싶은 마음 등의 특성으로 대표된다. 친밀감은 높은 수준의 자기개방을 수반하고 서로의 개인적 정보를 공유한다. 즉, 친밀감은 만남의 횟수와 교제 기간에 비례하여 서서히 증가하는 사랑의 '따뜻한' 측면이다.

둘째, 열정(passion)은 사랑하는 사람을 보면 흥분되며 들뜨는 감정, 끌리는 성적인 매력, 서로 떨어지지 않고 계속 함께 있고 싶은 욕구 등을 의미한다. 열정은 친밀감과 달리 상대방을 처음 만나는 순간부터 강렬히 느끼기도 하는 사랑의 '뜨거운' 측면이다. 하지만 약물중독이나 놀이에 빠져드는 것처럼 최고 순간에 잠깐 머무르다가 감소되거나 다른 형태로 변화된다.

셋째, 결정/헌신(decision & commitment)은 상대를 사랑하겠다는 결정과 사랑을 지속하겠다는 책임 또는 약속을 말한다. 결정/헌신은 사랑의 '인지적' 또는 '의지적' 측면이다. 대표적인 헌신과 관련한 행위는 사랑의 약속과 맹세, 사랑의 징표나 선물 교환, 주변 사람에게 연인을 소개하는 일, 연인과 함께 고통스러운 일을 돕고 견디는 일, 약혼, 결혼 등이다. 결정/헌신은 이렇게 말하는 것이다. "나는 당신이 무엇을 하는 사람이거나 나의 어떤 감정 때문이 아니라 당신이기 때문에 사랑합니다."

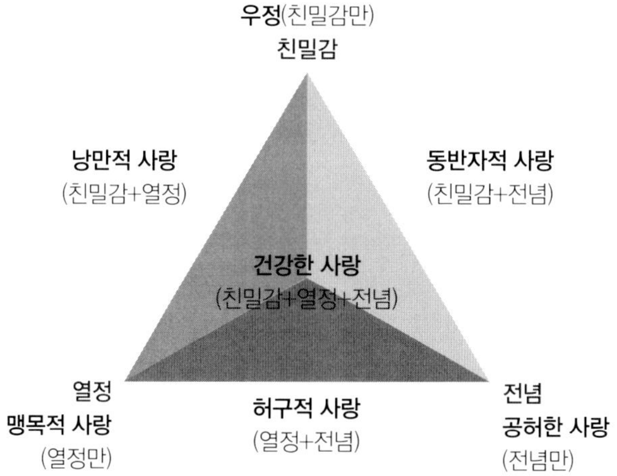

[그림 7-1] 사랑의 삼각형

스턴버그(1986)에 따르면 사랑의 3가지 요소는 두 사람의 관계에서 시간이 지남에 따라 변화한다고 한다. [그림 7-2]는 사랑의 3가지 요소의 변화를 나타낸다.

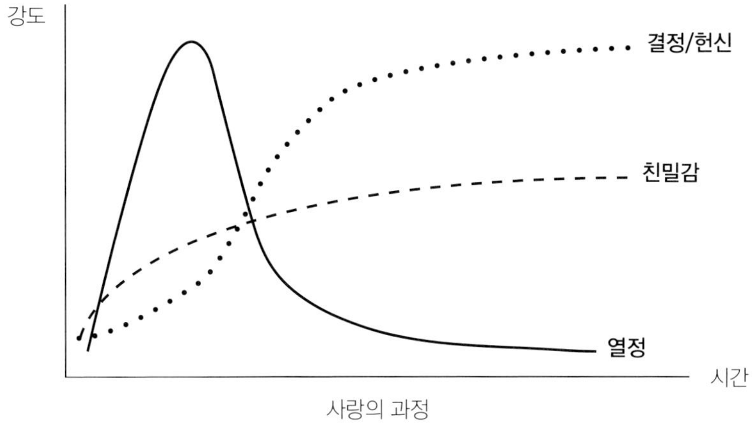

[그림 7-2] 사랑의 과정(Sternberg, 1986)

열정은 반드시 사라지게 될까? 답은 '그렇다'이다. 사랑에 대한 많은 연구들은 열정은 관계의 초기에 정점에 도달하고 그 이후부터는 쇠퇴하지만, 친밀감과 결정/헌신은 정도의 차이가 있지만 시간이 지날수록 증가한다고 말한다. 사람들은 보통 처음에는 사랑에 눈이 멀어 자신의 욕구를 투사하여 자신의 사랑에 대해 높은 이상을 부여하지만 시간이 지나면서 이러한 이상화를 현실적으로 이해하게 된다.

그렇다면 열정이 시들면 사랑의 관계도 깨질까? 답은 '반드시 그렇지는 않다'이다. 어떤 관계에서는 열정이 사라지면 관계도 깨지지만, 많은 사람들은 다른 방식으로 자신의 사랑을 발전시켜 나간다.

(2) 사랑의 유형

사랑의 삼각형 이론은 친밀감, 열정, 결정/헌신이라는 세 요소의 배합에 따라 사랑의 유형을 흥미롭게 제시한다. 〈표 7-2〉는 사랑의 유형을 8가지로 분류하고 있다.

우정(liking)은 친밀감만 있는 경우로 친구관계에서 느끼는 우정과 같은 것이다. 강한 열정이나 장기적인 헌신이 없지만 상대방에게 가까움과 따뜻함을 느낀다.

사랑 없음(nonlove)은 세 요소 중 아무것도 갖추지 않은 관계로 일상적으로 만나 지나치게 되는 수많은 사람들과의 무의미한 대인관계가 이에 속한다.

맹목적 사랑(infatuation)은 열정만 있는 상태이다. 첫눈에 반한 사랑 또는 상대방을 평범한 사람 자체로 보기보다는 자신이 생각하는 하나의 이상화된 대상으로 여기고 사

〈표 7-2〉 사랑의 유형

사랑의 유형	사랑의 요소		
	친밀감	열정	헌신
우정	○	×	×
사랑 없음	×	×	×
맹목적 사랑	×	○	×
공허한 사랑	×	×	○
낭만적 사랑	○	○	×
허구적 사랑	×	○	○
동반자적 사랑	○	×	○
건강한 사랑	○	○	○

랑에 빠지는 것이다. 마른 나무에 불이 붙는 것처럼 뜨거운 사랑을 나누지만, 이러한 절정경험은 오래가지 못하고 순식간에 사라지기도 한다.

공허한 사랑(empty love)은 의무적 사랑이라고도 볼 수 있다. 중매결혼을 하는 경우처럼, 사랑 없이 결혼생활을 할 때 또는 사랑으로 결혼했지만 오랜 결혼생활로 인해 열정과 친밀감은 없는 상태에서 자녀를 위해 결혼관계를 유지하는 부부들이 이에 해당된다.

낭만적 사랑(romantic love)은 서로 친밀하고 열정을 느끼지만 결혼과 같은 미래에 대한 약속이나 확신 없이 서로를 사랑하는 경우이다. 이들은 관계가 영원히 지속되리라 생각하지 않거나 미래에 대해 서로 책임지는 일을 현재 고려해야 할 문제로 여기지 않는 경향이 있다. 휴가나 여행에서 만나 며칠 동안 나누는 뜨거운 사랑이 그 예이다.

허구적 사랑(fatuous love)은 헐리우드식 사랑이라고도 한다. 즉, 만난 지 며칠 만에 열정을 느껴 약혼하고 바로 결혼하는 식의 사랑을 말한다. 서로에 대해 잘 알기도 전에 서로의 매력에 끌려 강한 열정을 느끼면서 상대방을 책임지기로 결정한 상태로 쉽게 깨질 수 있다.

동반자적 사랑(companionate love)은 친밀감과 헌신은 있으나 열정이 식어 버린 사랑이다. 오랜 결혼생활을 한 부부관계에서 이런 사랑이 흔하다.

건강한 사랑(consummate love)은 세 가지 요소가 모두 존재하는 완벽하고 이상적인 사랑이다. 건강한 사랑은 마치 다이어트에서 목표 몸무게를 달성하는 것과 같이 성취하기 어렵지만 불가능하지 않은 것이다. 하지만 그 몸무게를 유지하는 것이 더 어렵듯이 건강한 사랑을 지속시키기가 더욱 어렵다.

사랑의 형태가 시간이 흐르고 관계가 지속됨에 따라 한 형태에서 다른 형태로 변해가는 것은 자연스러운 일이다. 건강한 사랑으로 결혼한 부부의 경우, 결혼생활이 지속되면서 열정은 식고 친밀감과 헌신만 남아 동반자적 사랑으로 변할 수 있다. 또 건강한 사랑으로 결혼했으나 부부간의 갈등으로 열정과 친밀감은 상실한 채 자식들을 위해 살아가는 공허한 사랑이 되기도 한다.

그렇다면 우리는 어떻게 건강한 사랑을 지속시킬 수 있을까? 스턴버그는 이 물음에 "중요한 것은 사랑의 표현 없이는 아무리 크고 완전한 사랑도 시들고 말라 죽고 말 것이다. 사랑의 표현 방법을 연구해 볼 필요가 있다."라고 말한다.

활동 7-7 나의 사랑은 어떤 모양일까?

◆다음 문장들은 당신이 현재 사귀고 있는 이성친구에 대한 당신의 심리상태를 기술한 것이다. ○○는 이성친구의 이름을 뜻한다. 각 문장을 잘 읽고 당신의 상태를 잘 나타내는 정도라고 생각하는 적절한 숫자를 쓰시오.

전혀 아니다		약간 그렇다		웬만큼 그렇다		상당히 그렇다		매우 그렇다
1	2	3	4	5	6	7	8	9

내용	점수
1. 나는 ○○의 행복을 위해 적극적으로 지원한다.	
2. 나는 ○○와(과) 따뜻한 관계를 맺고 있다.	
3. 나는 힘들 때 ○○에게 의지할 수 있다.	
4. ○○은(는) 힘들 때 나에게 의지할 수 있다.	
5. 나는 ○○와(과) 나의 모든 것을 공유할 의향이 있다.	
6. 나는 ○○로부터 상당한 정서적 지지를 받고 있다.	
7. 나는 ○○에게 상당한 정서적 지지를 주고 있다.	
8. 나는 ○○와(과) 말이 잘 통한다.	
9. 나는 내 인생에서 ○○을(를) 매우 중요시한다.	

10. 나는 ○○와(과) 친밀감을 느낀다.	
11. 나는 ○○와(과) 편안한 관계를 느끼고 있다.	
12. 나는 ○○을(를) 정말 이해하고 있다고 느낀다.	
13. 나는 ○○이(가) 나를 정말 이해하고 있다고 느낀다.	
14. 나는 내가 ○○을(를) 정말 신뢰하고 있다고 느낀다.	
15. 나에 관한 매우 개인적인 정보를 ○○와(과) 공유하고 있다.	
16. ○○을(를) 보기만 해도 나는 흥분된다.	
17. 나는 낮에도 ○○에 대해서 생각하는 나 자신을 자주 발견한다.	
18. ○○와(과) 나의 관계는 정말 낭만적이다.	
19. 나는 ○○이(가) 매우 매력적이라고 느낀다.	
20. 나는 ○○을(를) 이상화하고 있다.	
21. 나는 ○○처럼 나를 행복하게 만들 수 있는 사람을 상상할 수 없다.	
22. 나는 다른 어떤 사람보다도 ○○와(과) 함께하고 싶다.	
23. ○○와(과)의 관계보다 더 중요한 것은 이 세상에 없다.	
24. 나는 ○○와(과) 신체적으로 접촉하는 것을 특히 좋아한다.	
25. ○○와(과)의 관계에는 마술적인 점이 있다.	
26. 나는 ○○을(를) 찬미한다.	
27. 나는 ○○ 없는 인생을 생각할 수 없다.	
28. ○○와(과) 나의 관계는 열정적이다.	
29. 낭만적인 영화나 책을 볼 때면 ○○을(를) 생각하게 된다.	
30. 나는 ○○에 대해서 공상을 하곤 한다.	
31. 내가 ○○에 대해서 염려하고 있다는 것을 알고 있다.	
32. 나는 ○○와(과)의 관계를 지속시키기 위해 최선을 다하고 있다.	
33. 다른 사람이 우리 사이에 끼어들지 않도록 나는 ○○에게 헌신할 것이다.	
34. 나는 ○○와(과)의 관계가 흔들리지 않을 것이라는 점에 대해 자신감을 가지고 있다.	
35. 나는 어떤 난관에도 불구하고 ○○에게 헌신할 것이다.	
36. ○○에 대한 나의 사랑은 남은 인생 동안 계속되리라고 예상한다.	
37. 나는 ○○을(를) 위해서 항상 강한 책임감을 느낄 것이다.	
38. ○○에 대한 나의 사랑은 확고한 것이다.	
39. 나는 ○○와(과)의 관계가 끝나는 것을 상상할 수 없다.	
40. 나는 ○○에 대한 나의 사랑을 확신한다.	
41. 나는 ○○와(과)의 관계가 영원히 지속될 것이라고 생각한다.	

42. 나는 ○○와(과) 사귀는 것을 잘한 결정이라고 생각한다.	
43. 나는 ○○에 대한 책임의식을 느낀다.	
44. 나는 ○○와(과)의 관계를 계속 유지할 작정이다.	
45. 설혹 ○○와(과) 갈등이 생긴다 해도, 나는 여전히 우리 관계를 유지할 것이다.	

채점 및 해석

사랑의 요소	문항 번호	합산 점수
친밀감	1, 2, 3, 4, 5, 6, 7, 8, 9, 10, 11, 12, 13, 14, 15	
열정	16, 17, 18, 19, 20, 21, 22, 23, 24, 25, 26, 27, 28, 29, 30	
결정/헌신	31, 32, 33, 34, 35, 36, 37, 38, 39, 40, 41, 42, 43, 44, 45	

1. 세 요소의 점수를 각각 세 변의 길이로 하여 삼각형을 그리시오.

2. 당신의 사랑의 삼각형은 어떤 모양을 하고 있는가? 이것은 당신의 사랑에 대해 무엇을 의미하는가?

이성친구와 이야기 나누기

1. 두 사람의 사랑은 어떤 부분에서 차이가 나는가?

2. 건강한 사랑을 위해 우리는 서로 어떠한 노력이 필요한가?

3) 남녀 차이

실제로 이성과 사랑을 시작하게 되면서부터 대부분의 사람들은 유사한 의문점을 갖게 된다. '도대체 남자들은 이해할 수 없어.' '여자들은 무슨 생각을 하는지 알 수가 없단 말이야.'와 같은 말을 동성친구들과 한 번쯤 나누어 본 적이 있을 것이다. 같은 사건에 대해 동성끼리는 충분히 이해할 수 있는데, 왜 이성은 이해하지 못하는 것일까?

남녀의 차이는 실제로 존재한다. 여러 연구 결과를 보면 남자와 여자는 생물학적, 심리적, 그리고 일할 때의 모습 등에서 차이를 나타낸다고 한다. 이러한 차이는 남녀가 교제를 할 때 더욱 실감하게 된다. 다음 〈표 7-3〉은 사랑에 관한 남녀의 차이를 나타낸다(박명순, 김나미, 2003).

〈표 7-3〉 사랑에 관한 남녀의 차이

	남성	여성
기본 차이	성취 지향적	관계 지향적
필요(요구)	인정, 칭찬, 자율성, 함께 활동	공감, 이해, 존중, 소중히 여김
문제 상황	해결책 제시	조언과 보살핌 제공
스트레스	혼자만의 공간에서 조용히 생각함	누군가에게 자신의 문제에 대해 얘기하고 싶어 함
대화 방법	정보를 나누기 위한 대화	친밀감을 쌓기 위한 대화
동기부여	자신을 필요로 하는 곳에 마음을 쏟음	사랑받고 있다는 것에 의욕이 생김
사랑 방식	보란 듯이 그럴듯한 사건(물건)으로 표현함	하나의 큰 선물보다 작은 사랑 표현에 더 감동함

남녀 차이는 갈등의 씨앗이 될 수도 있고, 둘 사이의 친밀감을 높이는 계기가 될 수도 있다. 서로의 차이를 인정하고, 이해하며 배려할 때 보다 지속적이고 친밀한 교제를 할 수 있을 것이다.

4) 이성교제

(1) 사랑의 발전단계

처음에는 낯설어하던 두 남녀는 만남의 횟수가 증가하면서 점차 깊은 애정과 친밀감

을 느끼다가 서로를 향한 신뢰를 바탕으로 헌신의 단계에까지 이르게 된다. 알트만과 테일러(Altman & Taylor, 1973)는 이성관계의 발전과정을 단계를 나누어 설명한다.

첫째, 첫인상단계(first impression stage)이다. 주로 상대의 외모나 행동의 관찰을 통해 인상을 형성한다. 이 단계에서 호감을 갖게 되면 상대를 더 알고 싶은 마음이 생기며 그의 개인적인 정보를 알기 위해 여러 가지 노력을 하게 된다.

둘째, 지향단계(orientation stage)이다. 이 단계에서는 서로 자신에 대한 피상적인 정보를 교환하고 상대를 탐색한다. 또 상대에게 좋은 인상을 주려고 노력하며 동시에 상대도 자신에게 호감을 갖고 있는지 타진한다.

셋째, 탐색적 애정교환단계(exploratory affective exchange stage)이다. 상대를 좋아하는 감정을 알리려고 노력하고 상대가 자신을 사랑하는지 확인하려 한다. 이 단계에서 애정표현이 상대방이 허용한 범위를 넘어가면 상대가 부담을 갖고 관계로부터 이탈할 가능성이 있다. 살얼음판 걷듯 가장 예민하고 불안정한 시기이며 상대의 말과 행동에 매우 예민해져 있다. 이미 감정이 개입되어 있는 단계이기에 관계 종결 시 상당한 아픔이 있다.

넷째, 애정교환단계(affective exchange stage)이다. 이 단계에서는 마음 편하게 상대를 칭찬하고 비판한다. 서로 연인 사이라는 것을 암묵적으로 인정하고, 빈번한 데이트와 전화, 선물, 편지가 교환되며 농담과 장난을 주고받는다. 그러나 사랑에 대한 약속을 하지 않았기에 아직 사랑에 대한 확신이 없고, 상대의 사랑을 확인하고 신뢰를 형성해 가는 단계이다.

다섯째, 안정적 교환단계(stable exchange stage)이다. 속마음을 터놓고 대화하며 서로의 소유물에도 마음 놓고 접근한다. 자신의 약점이나 단점도 두려움 없이 내보이게 된다. 또한 상대에 대한 확신을 갖고 결혼을 약속하게 된다. 결혼에 이르는 행복한 경우도 있지만, 부모의 반대, 유학, 질병, 죽음 등의 이유로 결혼에 이르지 못하고 헤어지는 경우 두 사람 모두 평생 잊지 못할 마음의 상처를 입게 된다.

(2) 이별

영원히 변치 않겠다고 약속했던 연인들도 헤어진다. 사랑의 관계는 앞의 다섯 단계

중 어떤 단계에서도 종결될 수 있다. 이루지 못한 사랑은 아픈 상처를 남긴다. 특히 젊은 사람에게 실연은 극복하기 힘든 후유증을 남기기도 한다. 사랑이 종결되는 주요한 이유들과 실연 후 극복 방법에 대해 알아보자.

사랑이 종결되는 이유는 첫째, 호감과 매력의 상실 때문이다. 교제 초기의 상대에 대해 느꼈던 매력이 시간이 흐르면서 감소하고, 오히려 부정적인 모습을 접하게 된다. 또한 그 사이에 크고 작은 갈등을 겪으면서 상대에게 실망할 때 열정이 많이 식게 된다. 연인에 대한 호감과 매력을 느끼지 못하면 이성관계가 해체될 수 있다. 둘째, 갈등해결의 실패로 인한 경우이다. 낭만적 사랑에서는 연인의 반응에 예민해지고 열등감과 질투가 증가한다. 또한 남자와 여자의 근본적인 심리적 차이 때문에 서로에 대한 오해와 불만이 생겨난다. 이러한 갈등이 반복적으로 일어나고, 이를 효과적으로 해결하지 못할 경우 연인관계는 붕괴된다. 셋째, 다른 연인의 출현이다. 현재 연인에 대한 매력이 감퇴되거나 불만이 누적된 상태에서 새로운 사람에게로 사랑의 감정이 옮겨가게 되어 관계가 붕괴된다. 이때 상대는 배신감과 분노를 느끼며 고통스러운 마음의 상처를 경험하게 된다. 넷째, 부모의 반대나 물리적 이별 때문이다. 부모의 반대가 강력하고 자녀에 대한 부모의 지배력이 강할 경우, 또는 지리적 이동이나 죽음과 같은 외부 요인들이 두 사람을 갈라놓을 경우 이루지 못한 사랑에 대한 안타까움, 그리움, 아쉬움, 보고 싶음 등의 감정을 경험하게 된다.

실연 반응은 다양한 강도로 나타난다. 심각한 우울상태에 빠지기도 하고 과음, 무절제한 행동, 자해나 자살 등으로 나타나기도 한다. 실연의 아픔을 제거하는 묘약은 없지만 전문가들이 제시하는 방법은 다음과 같다.

- 자신이 실연으로 아파하고 슬퍼하고 있다는 사실을 받아들여라. 지극히 자연스럽고 정상적인 반응임을 인지하라. 지금의 고통은 매우 크지만 언젠가 이 고통으로부터 벗어날 수 있다.
- 충분히 아파하고 슬퍼하라. 사랑이 깊으면 실연의 상처도 깊다. 상처는 아픔의 과정을 통해 아문다.
- 가능하다면 1~2주 정도 일상생활로부터 벗어나라. 여행, 취미, 새로운 일 등 환경의 변화를 통해 기분을 전환하면 침체된 감정을 회복하는 데 도움이 될 것이다.
- 실연의 원인과 과정을 반추해 보라. 자기반성을 통해 실연의 경험에서 교훈을 얻

는다면 성숙해지는 계기가 될 것이다. 충분히 아파하고 기분 전환의 시간을 가진 후에 담담하게 이러한 시간을 갖기를 권한다.

- 실연의 아픔에서 벗어나 일상으로 돌아온다. 잠시 소홀했던 인간관계를 복원하고 학업이나 직장에서의 공백을 회복하도록 노력한다. 한결 성숙한 모습으로 자신의 삶에 임하게 된다.

실연의 고통을 극복하는 과정은 가까운 가족의 죽음을 극복하는 과정과 유사하다. 두 가지 모두 사랑하는 사람을 떠나보내는 상실의 경험을 극복하는 과정이기 때문이다. 사랑했던 사람을 잃은 슬픔을 표현하고, 장례식을 치르고, 무덤을 만들면서 그 사람의 죽음을 현실로 받아들이게 된다. 이 과정을 통해 상실의 고통은 견딜 수 있는 수준으로 완화된다.

〈Tip〉 사랑을 유지하기 위한 전략

1. 상대방을 이해하려고 노력하라. 남녀 차이를 알면 이해의 폭은 더 넓어진다.
2. 나의 마음을 솔직하게 표현하라. 생활 속에서 자신을 개방하고 솔직하게 표현하는 연습을 하면 좋다.
3. '경청하는 사람은 싸우지 않고, 싸우는 사람은 경청하지 않는다'(Perls).
4. 자신이 먼저 변화하고 그 변화를 위해 용기를 내라. 상대에 대한 불만, 좌절, 상실감, 실망이 있을 수 있다. 받아들이고 극복하기 위해 노력하라.
5. 사춘기 소녀가 백마 탄 왕자님을 꿈꾸듯이 낭만적 사랑을 너무 기대하지 마라. 사랑은 낭만적인 동시에 현실적인 것이다.
6. 갈등 자체가 문제가 아니라 갈등을 해결하려는 노력의 실패가 관계를 저해한다. 지레짐작하기보다는 그 문제를 어떻게 합리적으로 해결할 것인가에 초점을 두어라.
7. 끝은 새로운 시작일 수도 있다는 사실을 받아들여라. 이별 후가 두려워 불행한 관계를 지속하기보다는 적어도 보다 긍정적인 결과가 잠재되어 있는 불확실한 미래를 택하는 것은 어떨까?

(이주희, 최은정, 최명선, 박희현, 진혜경, 2008; 정진선, 문미란, 2008)

활동 7-8 사랑에 대한 신념

◆다음 질문에 대해 자신의 생각과 같다면 ○, 다르면 ×에 표시하시오.

	사랑의 신념	○	×
1	사랑은 뜨겁고 열정적이어야 한다.		
2	낭만적 사랑은 다른 종류의 사랑보다 우월하다.		
3	강렬한 낭만적 사랑을 경험하지 못한다면 나의 삶은 무의미해질 것이다.		
4	내가 열정적으로 사랑할 수 있는 사람은 오직 한 사람뿐이다.		
5	진정한 사랑은 평생에 한 번밖에 할 수 없다.		
6	강렬한 낭만적 사랑은 영원히 지속될 것이다.		
7	낭만적 사랑은 행복한 결혼을 보장한다.		
8	결혼을 하면 낭만적 사랑은 더욱 강렬해질 것이다.		
9	누군가가 나를 사랑한다면, 내가 사랑받고 있다고 항상 느낄 수 있어야 한다.		
10	내가 항상 사랑받고 있다고 느낄 수 없는 사랑은 사랑이 아니다.		
11	사랑하는 사람을 잃는다면 다시는 사랑에 빠질 수 없을 것이다.		
12	사랑에 실패하면 나는 극심한 고통을 겪을 것이고, 오랜 기간 동안 고통으로부터 헤어 나오지 못할 것이다.		
13	낭만적 사랑을 느끼지 않고 결혼하거나 성행위를 하는 것은 옳지 않다.		
14	낭만적 사랑과 성행위는 항상 함께 따라다니는 것이다.		
15	첫눈에 반한 사랑이 진짜 사랑이다.		
16	영원히 지속되지 않는 사랑은 사랑이 아니다.		
17	진정한 사랑을 위해서는 모든 것을 희생해야 한다.		
18	사랑하는 사람과 나는 모든 의견에 일치해야 한다.		
19	진정으로 사랑한다면 성관계가 문제가 되지 않는다.		
20	주변에서 파트너와 나와의 만남을 말린다고 해도, 내가 가장 잘 이해하는 사람이므로 절대 흔들리지 말아야 한다.		

진단 결과

앞에서 나열한 신념들은 모두 비현실적으로 비합리적인 사랑에 대한 신념들이다. 흔히 사랑의 문제로 극심한 심리적 고통을 겪고 있는 사람들은 사랑에 대해 비현실적 신념을 지니고 있는 경우가 많다. 이러한 비합리적인 신념은 친밀한 이성관계를 해치고, 오히려 불행한 결과를 초래하는 미숙한 사랑의 주요 원인이다. 따라서 비합리적인 신념을 가지고 있다는 것은 현실에서 사랑의 갈등을 겪을 가능성을 의미한다. 왜냐하면 과도한 기대가 자신과 상대방에게 무리한 것을 요구하게 만들고, 결과적으로 서로에게 좌절과 고통을 자초하게 하기 때문이다.

자신이 그렇다(O)라고 표기한 내용에 대해 합리적인 자신의 신념을 재정리하는 것이 필요하다. '사랑은 ~해야 한다'는 당위적 기대보다는 사랑에 대한 유연한 자세를 가지고 사랑에 임하는 것이 바람직하다. 인간의 다양성, 인간 삶의 다양성, 사랑의 다양성을 인식하고 나름대로 만족스러운 사랑을 창조해 나가는 것이 중요하다.

활동 7-9 내가 꿈꾸는 사랑은

개요 및 목표

사랑에 빠진 자신과 상대방의 모습을 그려 봄으로써, 자신의 사랑관을 알고, 아름다운 사랑의 여정을 꿈꿀 수 있다.

- 집단의 크기: 4~6명
- 소요시간: 20분
- 준비물: 색깔 펜

진행

① 잠시 눈을 감고 사랑에 빠진 자신의 모습을 상상해 본다.

② 사랑에 빠진 자신과 상대방의 모습을 장면(scene)으로 그려 본다.

③ 내가 생각하는 사랑을 정의한 후 다음의 질문에 답한다.

④ 각자의 그림과 답을 서로 발표한다.

※유의점: 지나치게 가벼운 장난이 아닌 진솔한 시간이길 권한다.

나에게 사랑이란 ____이다.

1. 어떤 유형의 사람과 교제하고 싶은가? (우선순위 3가지)

2. 이 사랑을 시작하기 위해 준비해야 할 것은 무엇인가?

3. 이 사랑을 지속하기 위해 노력해야 하는 점은 무엇일까?

활동 7-10 말, 말, 말!

개요 및 목표

사랑하는 관계에서 절대 해서는 안 되는 말을 찾는 활동으로, 친밀한 관계를 파괴하는 말의 힘을 인식하고, 바람직한 언행을 통해 관계를 돈독히 유지한다.

- 집단의 크기: 4~8명
- 소요시간: 10~15분
- 준비물: 포스트잇, 펜, 승리의 선물

진행

① 두 팀으로 나누고 각 팀 안에서 번호를 정하여 포스트잇에 쓴다.
② 사랑하는 사람끼리 절대 해서는 안 되는 말이라고 생각하는 것을 포스트잇에 적는다.
③ 상대방 팀원 중 같은 번호 친구의 머리(이마) 위에 작성한 포스트잇을 서로 붙인다.
④ 팀별로 설명하고 해당하는 사람은 답을 맞힌다. 설명은 같은 팀원 모두가 할 수 있지만, 답은 해당 번호를 붙인 사람만 말할 수 있다.
⑤ 주어진 시간 동안 더 많이 맞히게 한 팀(설명팀)이 승리한다.
⑥ 같은 번호끼리 짝을 지어 각자 작성한 말의 영향력을 말하고, 사랑하는 사이에서 어떤 언행을 하면 좋은지 이야기한다.

활동 7-11 **이슈 토론**

◆ 대학생의 '동거'에 대한 당신의 생각은 무엇인가?

5) 성(性) 바로 알기

사랑하는 연인관계가 발전하게 되면 흔히 신체적 접촉을 통해 애정을 교환하게 된다. 열정은 성적인 욕망과 밀접하게 연결되어 있기 때문에, 강한 사랑의 열정을 느끼는 연인들은 좀 더 강렬한 신체적 접촉을 원하게 되고 성적인 관계를 맺고 싶은 열망을 갖게 된다.

최근 대학교 주변에서 동거하는 커플을 보기란 어렵지 않다. 한 연구에서는 이성교제를 시작하고 1년 이내에 성관계를 한다는 대학생들이 70%를 넘었다. 보건복지부(2012)에서 실행한 대학생의 성 태도 실태조사에서도 우리나라 남학생의 50.8%, 여학생의 19%가 성경험이 있는 것으로 나타났다. 이러한 시대를 살아가고 있는 대학생으로서 우리는 성에 대한 올바른 이해와 준비가 필요하다.

(1) 성적 자기의사결정권

① 성관계, 해도 좋을까? 말아야 할까?

성관계에 대한 개개인의 신념과 경험의 정도는 다르다. 어느 누구도 절대 잣대를 가지고 성관계를 해도 된다 혹은 안 된다고 판단할 수 없으며, 잘했다 혹은 못했다는 식의 평가를 내릴 수는 없는 일이다. 사랑하는 사람과 육체적 사랑을 나누는 것은 자연스러운 일이지만 성관계만큼은 무척 복잡하고 혼란스러운 심리를 가지는 경우가 많다. 육체적 사랑에 대한 심리적 준비를 미리 해 봄으로써 복잡함과 혼란스러움에 현명하게 대처할 수 있다.

성관계뿐 아니라 유사한 친밀한 신체적 표현을 하기로 결정할 때 자신의 '성적 자기 결정'에 대해 편하게 느끼는 것이 매우 중요하다. 첫 경험이 아니라도 매번 새로운 결정이므로 자신의 행동에 대해 늘 충분한 생각과 주의를 기울여야 한다. 사랑하는 파트너와 대화하기 이전에 자신이 원하는 것이 무엇인지, 무엇이 옳고 안전하며 자신에게 적절한 것인지, 자신의 생각을 먼저 알아야 한다.

② 불확실성

당신에게 '이제는 성관계를 할 때가 되었다'고 말해 줄 사람은 없다. 성관계에 따르는 책임을 감당할 수 있는지 판단할 사람은 오직 자신밖에 없다. 자신이 성관계를 해야 할지 아닐지 불확실하다면, 남을 먼저 배려할 일이 절대 아니므로 확실히 성관계를 원하는 것이 아니라면 하지 않는 것이 좋고, 확실히 원할 때 안전하게 하도록 해야 한다.

③ 파트너의 강요

파트너가 성관계를 강요하는 느낌이 들거나 경험이 많아 보이면 불편하고 불쾌할 수 있다. 때에 따라서는 파트너의 물리적 강압도 있을 수 있다. 누군가 자신이 원하지 않는 것을 강요한다고 느낀다면, 자신의 느낌을 분명하게 밝히고 확실히 그만두도록 해야 한다. 그로 인해 어색해지고 당황할 수도 있겠지만, 확실히 말하지 않는다면 오히려 더 기분이 나빠질 수도 있기 때문이다. '대화와 신뢰'는 두 사람 사이의 성관계에 있어 필수이다. 파트너를 신뢰할 수 없는 느낌이 들 때는 왜 그런 느낌이 드는지 정말 신중히 생각해 보아야 한다. 성관계는 대등한 두 사람 사이의 합의를 통한 의사결정에 의해 이루어져야 한다. 성관계를 가지고 사랑을 확인하려 시험에 들게 하는 파트너라면 일찌감치 헤어짐을 고려해 보는 것이 현명한 일이다. 성적 행동은 의무가 아니라 선택이다.

④ 첫 경험

첫 경험에 대한 기대와 중요도는 매우 높다. 그러나 성관계에 공식은 없다. 두 사람이 맞추어 가는 것이다. 하룻밤 사이에 또는 여러 날에 걸쳐, 하다 말기를 반복하며 시행착오를 겪어야 하는 경우도 있다. 가장 성공적인 첫 경험을 위해 중요한 것은 성관계를 하기로 한 자신의 결정과 파트너에 대해 진심으로 편안함을 느껴야 한다는 것이다. 그리고 반드시 '안전한 성관계'여야 한다.

과거에는 여성의 순결을 중요시했지만, 사회의 변화에 따라 인식이 바뀌면서 성을 개인의 선택으로 여기는 측면이 강해지고 있다. 손애리, 천정수(2005)에 따르면 한국 대학생들은 전통적 순결의식에서 사랑을 전제로 한 성관계를 인정하는 현대적인 성의식으로 이동 중인 것으로 나타났다.

(2) 안전한 성교

① 안전한 성관계와 피임

안전한 성관계란 성병 예방과 임신 예방을 고려한 결정을 말한다. 성생활을 하기로 결정했다는 것은 자신의 성적인 건강에 대해 책임을 갖게 된다는 의미이기 때문이다. 만약 이 두 가지에 대해 준비가 되어 있지 않다면 성관계를 할 준비가 되지 않았다는 것과 같고, 결과적으로 두 사람 모두 어려움에 빠질 수 있다. 따라서 성관계로 인해 생길 수 있는 여러 가능한 결과와 대응책을 알고 있어야 한다.

현재 성병 예방과 피임에 모두 효과적인 것은 콘돔이다. 경구피임약 또한 효과가 높다고 하지만 어떤 피임 방법도 100% 피임을 보장하는 것은 없으므로 자신이 정말 임신의 위험을 감수할 것인지, 임신을 하게 되면 어떻게 할지 등을 미리 심사숙고하는 것이 중요하다. 성병 예방은 물리적인 방어벽만이 아니라 파트너와의 상호적 대화, 파트너의 성과 관련된 과거력을 아는 것, 여러 종류의 성생활과 관련된 위험요소를 이해하는 것 등을 포함한다.

② 임신

임신 사실이 확실해지면 임신을 유지할 것인지 아닌지에 대해 빠르게 판단해야 한다. 자신의 몸은 자신의 것이고 결정 또한 자신이 내리는 것이다. 누구도 유산 또는 아기를 낳으라고 강요할 수는 없다. 따라서 개인적인 상황과 환경을 잘 고려해서 스스로 결정을 내려야 한다.

활동 7-12 사례 토론

◆다음은 실제 사례이다. 당신이 사례의 주인공이라면 어떻게 할 것인지 생각해 보자.

3년간 사귄 남자친구가 있다. 그동안 많은 일들이 있었다. 말뿐인 헤어짐도 여러 번! 그동안 남자친구는 군대에 갔다 왔고 제대한 지 10개월 정도가 되었다.

군대에 있을 때 서로 다투다 연락을 안 하다가도 휴가 나오면 다시 만나고 또 만나고…… 일병 휴가 때 그와 소위 첫 경험이란 걸 하게 되었다. 어떻게 그렇게 되었는지 그냥 분위기에 휩싸여 거절해서는 안 될 것 같은 압력을 느끼며 뭐가 뭔지 모른 채로 하게 된 것 같다. 남자친구도 처음, 나도 처음……. 그 뒤론 휴가 나와서 몇 번 함께 자자고 했다. 내가 싫었던 건 다투고 연락도 없다가 휴가 나와 다시 만나면 여관으로 향하는 것이었다. 그리고 다투었던 것은 어디론가 사라지고 다시 자연스런 만남이 잠시 이루어졌다. 지금 생각하니 헤어진 것도 사귀는 것도 애매했던 그때, 난 많은 상처를 받았던 것 같다. 그렇게 많이 다투고 싫은 행동을 봤어도 그에 대한 내 맘은 점점 더 커져만 갔다.

그렇게 시간은 흘렀고, 제대 후 한동안 우린 잘 지냈다. 물론 여전히 잦은 다툼 속에서 복학 후 학교생활에 바쁜 남자친구는 내게 점점 무관심해졌다. 만나는 날도 적어지고, 약속을 잡았다 해도 다른 사람들과 술자리가 생기면 뒤로 미뤘다. 화이트데이 때는 피곤하다며 학교에서 바로 집으로 가 버렸다. 무심한 사람! 이런저런 남자친구의 무심한 행동으로 인해 난 아팠고 또 상처를 받았다. 내가 소심해서 이해를 못해 준 건지…… 그래서 섭섭했던 건지…… 순간순간 내가 이해해야 한다 했지만 그럴수록 마음만 아파 왔다.

그래서 난 여러 번 남자친구에게 헤어지자고 했다. 남자친구는 매번 미안하다며 내게 용서를 구했다. 물론 남자친구의 무관심뿐 아니라 사소한 문제로 우린 자주 다툰다. 남자친구가 날 좋아하는 마음은 안다. 한때는 남자친구의 마음을 의심하기도 했지만 지금은 믿는다. 그렇게 여름방학이 되면서 남자친구는 여유가 생겼는지 나한테 관심을 가져 주었지만, 좋은 관계에서도 우린 자주 다투었다.

그런 와중에도 주기적으로 성관계를 해 왔고, 정말 원치 않는 일이지만 어쩌면 벌어질지도 몰라 늘 불안했던 일이 벌어졌다. 3개월 전 임신이 된 것이다. 잠도 못 자고 매일 울고 아파하고……. 그때 남자친구가 곁에 있어 주었다. 미안하다며 관심을 많이 가져 주었고, 그렇게 고민하다 결국 낙태를 결심하고 수술을 하였다. 확실히 몸이 예전 같지 않았다. 그 뒤 한참 동안 악몽을 꾸며 괴로워했다. 괜찮다, 괜찮다며 날 위로는 하지만 왠지 태연해 보이는 그 남자. 너무도 미웠다. 그래도 무서움을 모르던 그 사람이지만 지운 아이 때문에 자기도 많이 놀라고 마음이 아프기는 했나 보더라. 그렇지도 않았다면 정말 사람이라 할 수 없지. 난 그때 죽으려고도 했었다. 아파하다 다시 이전 생활로 돌아왔고 한 달 정도 또다시 작은 다툼 속에서 사랑을 나누며 지내고 있다.

그런데 며칠 전 크게 싸우게 되었고, 헤어짐을 결심한 우리였지만 도대체 왜인지 모르게 내가 붙잡았다. 헤어지자는 말을 많이 해 온 나였고, 붙잡아 온 그 사람이었다. 지금 편입을 준비하는 중요한 시기인 만큼 남자친구는 더 이상 힘들기 싫다며 놓으려 했고, 나는 눈물로 사정까지 해 가며 그 사람을 붙잡았다. 오늘도 그가 역시 우린 안 된다고, 너무 힘들다고, 중요한 시기에 이렇게 힘들면 안 된다며 힘들다고 말했다. 내가 힘들지 않게 잘한다고 다짐했지만, 왠지 점점 기운이 빠진다.

내 마음이 왜 이런지 잘 모르겠지만 내가 순결하지 못하다는 것, 임신과 낙태, 첫사랑, 첫 경험…… 이러한 문제들이 마음을 못 접게 하는 데 걸림돌이 되고 있지 않을까 하는 생각이 들었다. 누가 날 좀 도와줬으면 좋겠다. 너무 복잡하고 심란하다. 내가 어떡해야 좋을지…….

1. 당신은 앞 사례의 두 사람 관계에서 문제가 되고 있는 것은 무엇이라고 생각하는가?

2. 성관계를 갖기로 결정할 때 무엇을 생각해 보아야 할까?

3. 주인공은 원치 않은 임신을 했다. 만약 당신이었다면 어떻게 할지 생각해 보자.

제8장

직장 내 대인관계

1. 직장 내 대인관계의 속성 및 유형
   1) 직장 내 대인관계의 속성
   2) 직장인의 대인관계 유형
   3) 상사의 유형
   4) 부하의 유형

2. 직장 내 대인관계 스트레스 및 적응
   1) 직장 내 대인관계 스트레스
   2) 직장 내 성공적 적응 요소

3. 직장 내 성희롱
   1) 직장 내 성희롱의 정의
   2) 직장 내 성희롱 구성요건
   3) 대가 보복형 성희롱
   4) 환경 악화형 성희롱
   5) 직장 내 성희롱의 유형
   6) 직장 내 성희롱의 예방과 대처

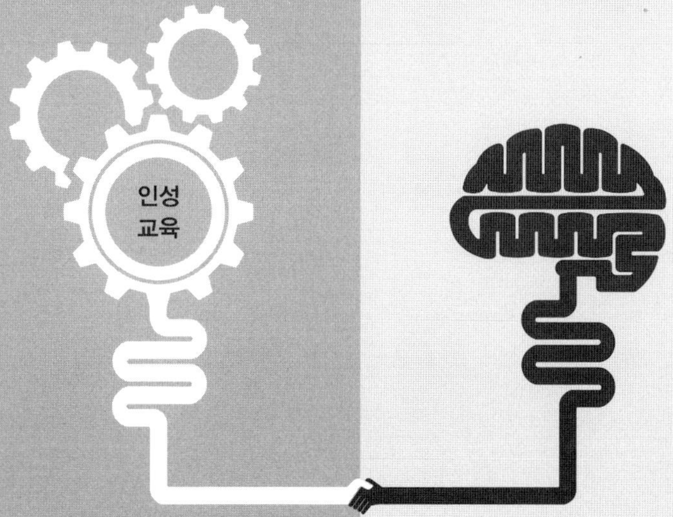

모든 인간은 원하든 원하지 않든 다른 사람들과의 관계 속에서 살아가게 된다. 특히 직장은 정해진 인간관계 속에서 지속적으로 생활하는 곳이다. 지속되는 인간관계가 좋은 인연일 경우에는 함께 근무하는 것이 즐겁지만, 직장 내 상사 또는 동료와의 관계가 힘들 경우 직장생활을 지속하기 어려워질 수 있다. 함께 일하는 사람들과의 관계가 원만해야 직장생활도 만족스러울 수 있다.

1. 직장 내 대인관계의 속성 및 유형

1) 직장 내 대인관계의 속성

(1) 공식적 대인관계

직장은 일을 하는 장소이기 때문에 일 전체가 유기적으로 진행되기 위해서 일을 하는 사람들의 역할이나 행동 방법에 관해 정해진 관계가 있다. 즉, 이 일은 누가 맡아서 하고, 결과는 누구에게 보고해야 하는가에 관한 직무 분담과 책임이 정해져 있다는 의미이다. 같은 직장 안에서 수많은 사람들과 함께 업무를 진행하더라도 직무에 따라 특별한 관계가 형성될 수 있다. 이러한 대인관계는 직장조직 내에서 형성되며, 조직상의 시스템에 의해 형성되는 직무 관계로 이 모든 관계는 공식적 대인관계이다.

(2) 비공식적 대인관계

비공식적 대인관계는 회사의 시스템에 의해 조직된 관계와는 달리 구성원 상호 간의 일상적인 접촉을 통해서 확립되는 인격적인 관계로 서로의 인성에 대한 특정한 감정이나 가치판단 때문에 형성되고 지속되는 관계이다. 직장에서는 이와 같은 원만한 사적 인간관계가 동료의식을 형성하고 직장에 대한 애착을 갖게 하는 데 큰 역할을 한다.

2) 직장인의 대인관계 유형

직장인의 대인관계는 직장에 대한 소속감과 직장 구성원 간의 호감도 및 응집력에 따라 구분할 수 있다(권석만, 2014).

(1) 소속감에 따른 분류

직장중심적 대인관계란 직장동료들과의 관계를 중시하며 이를 삶의 중요한 인간관계 영역으로 생각하는 태도를 의미한다. 직장중심적 대인관계를 맺는 사람은 자신이 속한 조직 및 업무에 대한 소속감과 만족도가 높은 편이다. 직장 내에서 수행하는 업무에 중요한 의미를 부여할 뿐만 아니라 개인의 관심사나 취향과 일치하여 전반적으로 업무에 대한 흥미가 높다. 또한 직장동료들과의 친밀도와 관계 만족도가 높아서 직장동료와 업무뿐 아니라 개인적인 고민이나 취미 등을 함께 공유하는 사이가 된다. 이 유형은 직장 내 대인관계에 너무 몰입하거나 제한되어 가족관계나 교우관계와 같은 다른 인간관계에 소홀해질 우려가 있다.

반면, 직장탈피적 대인관계를 맺는 사람은 직장에 대한 소속감과 만족도, 직장동료와의 친밀도나 관계 만족도가 낮은 경우가 많다. 직장 분위기에 적응하지 못하고 직장동료에게 업무 이외에 개인적인 문제를 상의하지 않으며 직장동료보다 직장 밖의 대인관계를 중시하는 특징이 있다. 뿐만 아니라 자신의 적성이나 취미, 관심사와 업무가 맞지 않아 일에 대한 흥미를 보이지 않으며 직장을 생활 유지에 필요한 소득을 얻기 위한 곳으로 인식하는 경향이 있다. 이 유형은 직장 내 대인관계를 소홀히 하여 직장 적응 및 업무 수행에 어려움을 겪을 수 있다.

(2) 호감도 및 응집력에 따른 분류

첫째는 화합응집형으로 직장 구성원들이 서로 긍정적인 감정과 친밀감을 느낄 뿐 아니라 직장에 대한 소속감과 단결력이 높은 경우를 의미한다. 이 유형의 경우 대부분 구성원들의 정서적 유대관계를 중시하는 지도력 있는 직장 상사가 있을 가능성이 높다.

둘째는 대립분리형으로 직장 구성원들이 서로 적대시하는 두 개 이상의 하위집단으로 분리된 형태를 나타낸다. 하위집단 간은 서로 반목하지만 하위집단 내에서는 서로 친밀하며 응집력도 높다. 이때 하위집단은 부서별로 형성되기도 하고 같은 부서 내에서도 친교관계에 따라 분리되기도 한다. 직장 전체의 통합적인 운영 측면에서 매우 취약한 대인관계 구조라고 할 수 있다.

셋째는 화합분산형으로 직장 구성원 간에는 호의적인 관계를 나타내지만 직장에 대한 응집력은 상대적으로 미약한 경우이다. 지도력 있는 상사가 없거나 개인주의적 성향이 강한 구성원으로 구성되어 있을 때 나타날 수 있다.

마지막 대립분산형은 구성원 간의 감정적 갈등의 골이 깊고 직장의 대인관계에서 구심점이 없는 경우 나타난다. 이 유형의 직장인들은 직장에 대한 애착이나 소속감을 전혀 느낄 수 없다. 직장에서 찾을 수 있는 의미는 안정적인 경제수입뿐이며 직장에서 자신에게 부여된 업무만 하고 구성원 간에 협조하거나 협동하지는 않는다.

3) 상사의 유형

대학을 졸업하고 직장생활을 경험할 때 가장 큰 관계의 어려움은 상사와의 관계에서 생긴다. 자율적인 대학생활에서 수평적인 대인관계에 익숙해 있었기 때문에 상사를 예우하고 업무 지시를 받으며 때로는 업무상 미숙한 부분에 대해 질책을 받는 일은 갓 졸업한 학생에게 어려움이 될 수 있다. 상사의 유형을 살펴보면서 어떻게 상사와 관계를 맺을지 생각해 보자(박명순, 2002).

(1) 행동양식에 따른 분류

직장 상사는 행동양식에 따라 크게 과업중심적 상사와 인간중심적 상사로 나눌 수 있다.

과업중심적 상사는 업무지향적인 지도자로 주로 업무를 분담하고 지시하며 지휘하는 역할을 한다. 이러한 유형의 상사는 부하직원의 개인적인 생활이나 정서적 교류에는 별 관심이 없고, 업무 수행능력과 성과에 주된 관심이 있으며 조직의 능률과 업적을 중시한다. 반면, 인간중심적 상사는 상사와 부하의 관계에서 업무 수행뿐만 아니라 인격적 교류에 큰 가치를 부여한다. 이러한 유형의 상사는 부하직원 개개인의 성격과 사생활에 관심이 많으며 그들과 개인적으로 정서적 교류를 나눈다. 또한 부하직원 개개인의 성격과 업무 스타일을 존중하며 그에 따라 업무를 배정하기도 한다.

(2) 지휘방식에 따른 분류

권위형 상사는 부하직원에 대해서 지배적이고 통제적인 역할을 한다. 이 유형은 상사와 부하직원의 관계를 지배와 종속 관계로 파악하며 부하직원의 의견을 수렴하기보다는 자신의 판단에 따라 일방적으로 지시하고 명령하는 행동패턴을 보인다. 아울러 부하직원들이 자신에게 충성심을 보이고 절대적으로 복종해 주기를 기대하며 그런 직원을 총애한다. 권위형 상사는 구성원의 응집력을 높이고 일사불란한 업무 지휘를 통해 효과적인 업무 수행을 달성할 수도 있다. 그러나 자신의 명령에 이의를 제기하는 직원에 대해서는 묵살하거나 처벌하는 등 경직된 분위기를 조성하여 자유롭고 창조적인 활동이 억제될 수 있다.

방임형 상사는 부하직원의 업무활동에 비교적 무관심하거나 자신감이 없는 상사이다. 이러한 상사는 부하직원에게 자율적 권한을 지나치게 많이 부여하며 자신의 역할과 책임을 축소시키는 경향이 있다.

민주형 상사는 업무를 추진함에 있어 부하직원의 의견을 수렴하고 그들의 재량권을 존중한다. 이러한 상사는 부하직원과의 관계를 인격적 평등관계로 인식하며 부하직원과의 자유롭고 개방적인 분위기가 조성되어 창조적인 활동이 이루어질 수 있다.

기업 내 상사 체계에도 최근 변화의 바람이 일고 있다. 우리나라 주요 기업들은 수직적 계급 문화를 없애고 수평적 · 창의적 조직문화를 형성하여 글로벌 경쟁력 제고에 힘쓰고 있다. 삼성전자의 경우 기존의 승진연한에 따른 7단계의 직급체계를 직무 · 역할 중심의 4단계로 단순화시키고 '○○님'으로 전사 공통호칭을 사용하기 시작했다. 이 외에도 반드시 필요한 사람만 참석해 자유롭게 의견을 제시하는 회의문화도 새롭게 시도하고 있다(이투데이, 2016. 8. 29.).

4) 부하의 유형

상사를 대하는 태도에 따라 여러 가지 유형으로 나눌 수 있다(김진숙, 김지은, 연미희, 이인수, 2014).

첫째는 추종형이다. 이 유형은 상사의 의견을 존중하고 순종한다. 소극적 추종형은 상사의 지시나 결정을 불만 없이 따르지만, 상사에 대해 적극적으로 추종행동을 하지는 않는다. 반면, 적극적 추종형은 상사를 찬양하고 비위를 잘 맞추는 등 상사와의 친교관계를 위해 적극적으로 행동하는 유형이다.

둘째는 저항형이다. 이 유형은 특히 지배적이고 권위적인 상사에 대해 불만을 표출하고 이의를 제기하는 행동을 한다. 적극적 저항형은 상사의 부당한 지시에 대해 노골적으로 이의를 제기하고 반발하는 반면, 소극적 저항형은 부당함을 느낄 때 외현적으로는 반항하지 않지만 간접적인 방법으로 상사에게 피해를 입힌다.

셋째는 합리형이다. 이들은 일방적 추종이나 저항보다는 상사의 지시내용에 따라 합리적 판단에 의해 대처한다. 상사의 업적에 대해서 인정할 줄 알고, 비합리적인 지시에 반발할 줄 아는 자기 주장성을 지니고 있다. 상사를 존중하되 부당한 지시에 정중하게 이의를 제기하는 유형이다.

활동 8-1 리더십 유형 검사

◆나의 리더십 유형은 무엇인지 알아보자. 자연스러운 모습에 표시하시오.

문항	그렇지 않다 그렇다 매우 그렇다
1. 나는 후배나 친구에게 업무 수행의 절차를 명확히 제시한다.	①②③④ ⑤⑥⑦ ⑧⑨⑩
2. 나는 동료들 간에 따뜻하고 협조적이다.	①②③④ ⑤⑥⑦ ⑧⑨⑩
3. 나는 일이 착오 없이 수행되었는지 아닌지 정확히 알 수 있다.	①②③④ ⑤⑥⑦ ⑧⑨⑩
4. 우리 학과(동아리) 사람들은 나를 신뢰한다.	①②③④ ⑤⑥⑦ ⑧⑨⑩
5. 나는 어떤 문제가 발생했을 때, 문제에 대한 해결방법이 있다.	①②③④ ⑤⑥⑦ ⑧⑨⑩
6. 나는 후배나 친구들에게 개인적인 호의를 베푼다.	①②③④ ⑤⑥⑦ ⑧⑨⑩
7. 나는 총학활동이나 학과활동에 대하여 이의를 제기할 수 있다.	①②③④ ⑤⑥⑦ ⑧⑨⑩
8. 나는 조별활동에서 팀의 사기를 중요하게 생각한다.	①②③④ ⑤⑥⑦ ⑧⑨⑩
9. 나는 어떤 일을 처리할 때 다양한 방법을 사용한다.	①②③④ ⑤⑥⑦ ⑧⑨⑩
10. 나는 조별활동을 할 때, 적극적으로 참여하며 돕는다.	①②③④ ⑤⑥⑦ ⑧⑨⑩
11. 나는 일을 배당하고 지시하는 데 필요한 충분한 지식을 갖추고 있다.	①②③④ ⑤⑥⑦ ⑧⑨⑩
12. 나는 대화할 때 상대를 편안하게 해 준다.	①②③④ ⑤⑥⑦ ⑧⑨⑩
13. 나는 조별활동을 할 때, 역할분담과 일의 진행에 대해 잘 설명한다.	①②③④ ⑤⑥⑦ ⑧⑨⑩
14. 나는 조별활동을 할 때, 팀의 입장을 지지하고 대변한다.	①②③④ ⑤⑥⑦ ⑧⑨⑩
15. 나는 문제가 발생했을 때, 문제를 잘 해결한다.	①②③④ ⑤⑥⑦ ⑧⑨⑩

16. 나는 다른 사람으로부터 인정과 지지를 받고 있다.	①②③④ ⑤⑥⑦ ⑧⑨⑩
17. 나는 조별활동에 빠진 친구가 있으면 감점을 받아야 한다고 생각한다.	①②③④ ⑤⑥⑦ ⑧⑨⑩
18. 나는 조별활동에 빠진 친구가 있어도 그 친구를 위해 넘어갈 수 있다.	①②③④ ⑤⑥⑦ ⑧⑨⑩

결과

나의 평균 점수를 기록하시오. 나의 리더십 좌표: (　　　　,　　　　)

번호	1	3	5	7	9	11	13	15	17	총점	총점/9
점수											
번호	2	4	6	8	10	12	14	16	18	총점	총점/9
점수											

리더십 관리망 모형(Blake & Mouton, 1964)

인간에 대한 관심 (세로축) / 일에 대한 관심 (가로축)

9	인기형 (1, 9)								이상형 (9, 9)
8									
7									
6									
5					타협형 (5, 5)				
4									
3									
2									
1	무심형 (1, 1)								과업형 (9, 1)
0	1	2	3	4	5	6	7	8	9

일에 대한 관심

해석

홀수 문항은 일에 대한 관심이고 짝수 문항은 인간에 대한 관심이다. 일에 대한 관심을 가로축에, 인간에 대한 관심을 세로축에 표시하여 만나는 곳이 리더십 좌표가 된다.

리더십 좌표는 인기형(1, 9), 무심형(1, 1), 타협형(5, 5), 과업형(9, 1), 이상형(9, 9)의 다섯 가지 유형이 있는데 자신의 리더십 좌표와 가장 가까운 리더십 유형이 자신의 유형이 된다. 다만, 둘 혹은 세 가지 유형의 가운데 지점에 놓여 있다면 자신이 더 가깝다고 생각하는 유형을 선택하면 된다.

블레이크와 무톤(Blake & Mouton, 1964)의 리더십 관리망 모형은 일에 대한 관심의 정도와 인간에 대한 관심의 정도에 따라 직장 상사를 다섯 유형으로 구분하고, 이상형(9, 9)을 가장 이상적인 직장 상사로 보고 있다.

- 무심형: 부하직원뿐 아니라 업무에 대한 관심도가 낮고 오직 자신의 자리를 보존하는 데 필요한 최소한의 노력만 하는 무사안일형 직장 상사
- 과업형: 업무 성과에 대한 관심은 높으나 인간에 대한 배려는 거의 없는 상사. 목표 달성을 위해서 능력 중심으로 직원을 평가하고 개인의 감정이나 조직의 분위기를 고려하지 않음
- 인기형: 조직의 목표나 업무 성과에는 관심이 별로 없고 부서 직원에 대한 관심이 높은 상사. 직원의 요구사항을 잘 들어주고 배려하여 조직의 분위기를 잘 유지하지만 목표 달성에는 적절하지 않음
- 타협형: 업무 성과와 인간에 대한 적절한 관심을 가지고 균형을 유지하려고 하는 상사
- 이상형: 팀으로 구성된 조직에서 가장 바람직한 유형으로, 업무뿐 아니라 인간에 대한 관심도 높아서 구성원의 사기와 협동을 중시함

활동 8-2 신입사원 일기

◆ 신입사원 나문재 씨의 일기이다. 나문재 씨의 언행 중 문제가 될 만한 것을 찾고, 어떻게 하는 것이 보다 바람직할지 서로 의견을 공유하시오.

1. 회사에 들어가니 모르는 사람들뿐이다. 누가 누구인지 모르니 인사를 하기도 애매하고, 저 사람이 나를 알까 싶기도 하고…… 그래서 내가 아는 사람에게는 인사를 하고, 잘 모르는 사람은 눈이 마주쳐도 모른 척하고 지나갔다.

2. 입사 2주차. 아침에 일어나니 고열과 두통으로 도저히 몸을 움직일 수 없었다. 그래서 출근도 하지 못한 채 이불 속에서 끙끙 앓고 있었다. 시간은 어느덧 오전 10시를 향해 가고…… 내 모습을 보기 안타까웠던 엄마는 회사에 전화하셔서 내가 오늘 아파서 결근한다고 말씀하셨다.

2. 직장 내 대인관계 스트레스 및 적응

1) 직장 내 대인관계 스트레스

직장은 인생의 성취를 맛보게 하는 곳이지만 동시에 경우에 따라서는 스트레스의 원천이 되기도 한다. 주어진 업무를 충실하게 수행해야 하며 다른 직원들과도 원활한 관계를 맺어야 하는 부담을 안고 있기 때문이다. 직장생활의 스트레스는 크게 업무 스트레스와 대인관계 스트레스로 나누어 생각해 볼 수 있다(박명순, 2002).

업무 스트레스는 직책과 관련된 업무를 수행하는 과정에서 경험하는 다양한 스트레스를 의미한다. 예를 들면, 과중한 업무, 업무 완수기일에 대한 시간 압박, 업무 성과에 대한 책임, 업무 성과에 대한 부당한 평가나 부정적 평가, 업적보상의 부족과 불공정, 업무환경의 불량 등이 여기에 속한다.

대인관계 스트레스는 업무보다는 직장 구성원 간의 인간관계 속에서 경험하게 되는 다양한 스트레스를 의미한다. 대부분의 직장은 상사, 동료, 부하, 타부서 직원 등으로 구성된 복잡한 대인관계 구조를 가지고 있다. 이들과 사무적 또는 개인적 관계를 맺는 과정에서 여러 가지 갈등을 경험하게 되는데 이를 직장 내 대인관계 스트레스라고 한다. 직장에서 느끼는 대인관계 스트레스는 직장문화, 직장 내 구성원의 특성과 인간관계, 직장에서의 직위 등에 따라 매우 다양하다.

실제로 조사에 따르면 대학 졸업 후 여러 준비과정과 복잡한 선발을 통해 직장에 들어갔음에도 직장생활에 적응하지 못하고 나오는 비율이 4명 중 1명꼴이라고 한다. 가장 큰 이유는 직장에서의 대인관계, 특히 직장 상사나 동료와의 관계에서 겪는 부적응 때문으로 분석되었다(조선일보, 2016. 6. 6.). 직장생활을 새롭게 시작하는 신입사원들이 겪는 대표적인 대인관계 스트레스의 유형을 살펴보자(권석만, 2014; 박명순, 2002).

(1) 새로운 대인관계 스트레스

입사 후 직장에서 새로운 대인관계를 형성하는 과정에서 여러 가지 스트레스를 경험한다. 변화된 상황에서 낯선 사람들과 새로운 인간관계를 맺는 것은 누구에게나 부담스러운 일이다. 특히 대학과 같이 자유로운 분위기에서 생활하다가 직장의 위계적인 구조에 적응하기란 쉽지 않다. 이때 직장의 상사나 대인관계 구조의 특성을 잘 파악하여 신입사원으로서 상사에 대한 존중의 태도와 직장에 적응하고자 하는 열정적 태도를 보이는 것이 중요하다. 모든 고용주나 직장 상사는 부하직원에 대해 여러 가지 암묵적 기대를 지니고 있다. 이러한 기대를 잘 파악하여 그에 어긋나지 않도록 행동하는 노력이 필요하다. 예를 들어, 부적절한 옷차림새, 근무시간 어김, 예의 없는 말투, 지나치게 개인주의적인 행동 등의 미숙한 처신은 직장에 적응하는 데 어려움을 초래할 수 있다.

(2) 상사와의 갈등

대부분의 직장에서 상사와 부하직원 간에 갈등이 발생한다. 직장은 업무 수행을 위한 위계적 조직사회이기 때문에 업무를 지시하는 상사와 이를 수행하는 부하 간에 갈등이 생기기 쉽다. 서로에 대한 주요 불만사항은 다음과 같다.

〈표 8-1〉 상사와 부하의 주요 불만사항

상사의 불만사항	부하직원의 불만사항
• 일을 제대로 수행하지 못할 때 • 사사건건 이의를 제기하고 저항할 때 • 상사에 대한 예의나 존중하는 태도가 없을 때 • 조직의 규율을 지키지 않고 제멋대로 행동할 때 • 조직에 대한 소속감 없이 개별적으로 행동할 때	• 부당하고 무리한 업무를 강요할 때 • 업무 지시나 언행에서 부하를 비인격적으로 대할 때 • 능력을 무시할 때 • 업무 수행에 대해 정당한 평가나 보상을 해주지 않을 때 • 특정한 부하직원을 편애하거나 홀대할 때

(3) 동료와의 갈등

동료직원은 흔히 나이나 직위가 비슷하기 때문에 매우 친밀한 관계를 맺을 수 있지만 동시에 경쟁관계에 놓이기 때문에 갈등의 소지 또한 높다. 동료직원은 흔히 상사의 업무 지시를 공동으로 수행하는 경우가 많으므로 업무를 배분하고 수행하는 과정에서 여러 가지 갈등이 생길 수 있다. 동료직원은 협력자인 동시에 경쟁자이기 때문이다. 동료와의 상대적인 평가에 의해 자신의 업무 성적이 평가되고 승진 여부가 결정되므로 동료직원과의 신경전이나 갈등이 발생하기도 한다.

(4) 분위기 적응의 어려움

직장에는 구성원 간의 관계에 영향을 미치는 나름대로의 독특한 문화나 분위기가 있는데 이러한 직장문화나 직장 분위기에 적응하지 못해 어려움을 겪을 수 있다. 예를 들면, 어떤 직장은 직원 간 위계질서가 매우 강하여 상사의 지시에 무조건적으로 순종해야 하며, 상사의 업무 지시가 매우 권위적이고 공격적인 경우가 있다. 또 어떤 직장은 직원 간 정서적인 유대를 형성하기 위하여 자주 회식, 술자리, 오락, 유흥을 하며 모든 직원이 참여하기를 강요하는 경우도 있다. 이러한 직장 내 분위기가 개인의 성격이나 가치관과 맞지 않으면 적응하기 어려워서 스트레스 요인이 될 수 있다.

2) 직장 내 성공적 적응 요소

모든 신입사원은 처음 직장생활을 시작하며 업무 파악과 적응으로 힘든 시간을 보낸다. 하지만 일정한 시간이 지나면 각자의 자세에 따라 적응의 차이가 나타난다. 이러한 차이는 무엇 때문인가? 직장생활에 성공적으로 적응하기 위해 필요한 요소들을 알아보고자 한다(이태연, 이인수, 정인수, 최명구, 2006; 임갑빈, 2003).

(1) 능력과 기술

자신의 업무에 필요한 능력과 기술이 잘 갖추어져 있는지가 중요하다. 대표적으로 말과 글로 자신의 의사를 표현하는 능력, 컴퓨터를 사용하여 정보를 얻고 제시하는 능력, 외국어 능력과 국제 정세에 관한 지식 등이 있다. 이러한 실력을 쌓기 위해서는 대학 시절 각종 보고서나 논문을 성의 있게 작성하는 습관을 형성하고, 외국인과 접할 수 있는 각종 모임에 적극적으로 참여하며 평소에 신문을 꾸준히 읽고 독서의 폭을 넓힐 필요가 있다.

(2) 긍정적 · 주도적 태도

누구나 처음에는 업무를 처리하는 데 익숙하지 않기 때문에 나름대로 좌절감을 느끼고 상사로부터 질책을 받기 마련이다. 이러한 상황을 더 노력하기 위한 기회로 받아들이는 긍정적인 태도를 갖는 것이 필요하다. 또한 자신에게 맡겨진 일에 대해 스스로 강한 동기를 가지고 창의적이고 적극적으로 수행하는 태도 역시 장기적으로 승진의 가능성을 높여 준다.

(3) 조화의 자세

직장에서 동료들과 조화를 이루어 나가려는 자세가 필요하다. 우리나라에서 교육을 받다 보면 상대를 이겨야 한다는 경쟁적인 자세를 갖기 쉽다. 이런 자세는 처음에는 출세에 도움이 될 수 있지만 원만한 대인관계가 중시되는 직장문화에서는 적절하지 않다. 동료를 배려하고 협력을 중시하는 태도가 있어야 직장생활이 즐겁고 성공에도 도움이 된다.

(4) 원만한 대인관계능력

원만한 대인관계를 유지하기 위한 능력을 말한다. 인간관계가 서툴면 업무 파악이나 수행도 힘들고 직장생활에 적응하기도 어렵다. 원만한 대인관계를 위해서는 다른 사람에게 호감을 주고 자기의 의사를 분명하게 전달하며 상대방의 의도를 빨리 파악하는 능력이 중요하다. 이는 대학에서 대인관계 관련 강좌를 수강하거나 관련 서적을 읽고 다양한 부류의 사람들을 사귀는 경험을 통해 길러질 수 있다.

(5) 건강 관리

건강을 잘 유지한다. 대부분의 직장인들이 술자리를 통해 스트레스도 풀고 서로의 속마음도 주고받는 상황에서 지나친 음주와 늦은 귀가는 건강을 해치기 쉽다. 건강은 직장에서 돌봐 주는 것이 아니라 스스로 관리해야 하는 가장 중요한 요소이다. 그러므로 규칙적인 운동을 통해 자신의 건강을 돌볼 필요가 있다.

활동 8-3 갈등해결 훈련

개요 및 목표

모든 사람은 살아가는 동안 타인과 갈등을 경험한다. 대부분 사소한 이유로 서로 아옹다옹하고 또 언제, 어떻게 해서 그렇게 된지도 모르게 화해하기도 한다. 그러나 어떤 일들은 계속 마음속에 남아 있기도 한다. 직장에서 겪을 수 있는 갈등에 대해 생각해 보고 갈등을 해결하는 방법을 익혀 보자.

진행

① 5~6명이 한 조가 되어 원형으로 앉는다.

② 최근 몇 주 동안 겪었던 다른 사람과의 갈등을 회상한다.

③ 가장 심각하였던 갈등 3가지를 순서대로 적는다.

④ 갈등을 대처한 결과에 대하여 지금 어떻게 생각하고 느끼는지를 기록한다.

⑤ 한 사람씩 발표한다. 발표자의 이야기를 경청하고 좋은 점을 기록한다.

갈등 내용	대처 결과	느낀 점

1. 민주적인 갈등해결방법 6단계

- 1단계: 상대방과 나의 욕구 확인
- 2단계: 해결방법 찾기
- 3단계: 해결방법의 평가
- 4단계: 해결책 결정
- 5단계: 실행
- 6단계: 평가

2. 직장 상사와 부하직원과의 갈등 상황이다. 민주적인 갈등해결방법의 6단계를 적용하여 해결해 보자.

직장 상사는 자주 주말에 전화를 해서 근무하기를 원한다.
나는 주말에 가족들과 여행을 가고 싶다.

- 직장 상사의 욕구
- 나의 욕구
- 여러 가지 해결방법(모색과 평가)
- 가장 좋은 해결책

원장은 연구수업과 관련한 자료를 수요일까지 제출하기를 원한다. 교사는 어머니가 병원에 입원해서 병간호를 해야 하므로 토요일까지 제출할 수밖에 없다.

- 직장 상사의 욕구
- 나의 욕구
- 여러 가지 해결방법(모색과 평가)
- 가장 좋은 해결책

3. 이 활동에서 느낀 점, 새롭게 깨달은 점 등을 이야기 나눈다.

3. 직장 내 성희롱

다음은 직장생활에서 종종 일어날 수 있는 상황이다. 당신의 생각은 어떠한가? ○, × 로 표시해 보자(여성가족부, 2018).

- 친숙함의 표현으로 가벼운 스킨십을 할 수 있다. (　　　)
- 성희롱 사건에 피해자도 문제가 있다고 생각한다. (　　　)
- 직장에서 가벼운 성적 농담은 웃고 넘길 수 있어야 한다고 생각한다. (　　　)
- 불합리하다고 느끼는 상황이 발생해도 회사 분위기를 위해 참는 편이 좋다. (　　　)

1) 직장 내 성희롱의 정의

다음은 한 여성 신입사원의 이야기이다.

"Don't touch me."

입사한 지 얼마 안 된 나는 업무 파악을 위해 종종 최 대리의 도움이 필요했다. 지난 분기 자료가 잘 이해되지 않아 도움을 요청하니, 도움을 준다고 온 최 대리는 내 손이 올려진 마우스 위로 자신의 손을 올리곤 했다. 그리고 나의 등 뒤로 바짝 다가섰다. 당황한 나머지 마우스에서 손을 뺐고 내 얼굴은 불에 덴 듯 달아올랐다. 딱히 꼬집을 수 없는 이 찜찜한 기분은 뭘까? 결국 친한 동료에게 이 문제를 상의하였다. 피해자는 나 한 사람만이 아니었다. 친절을 가장한 성희롱인가? 이것도 성희롱이 될까? 정말 묻고 싶다.

앞의 상황은 성희롱일까? 아니면 성희롱이라고 보기에는 가벼운가? 무엇이 성희롱인지에 대한 정확한 기준이 모호한 상황에서 많은 논쟁이 발생할 수 있다. 그러므로 성희롱의 개념을 명확히 알 필요가 있다.

많은 사람은 직장 내에서 아주 심한 육체적 접촉이 수반된 극단적인 사례만을 성희롱이라 생각하는 경향이 있다. 이는 성희롱에 대한 일종의 편견이다. 성희롱이란 사업주, 상급자 또는 근로자가 지위를 이용하거나 업무와 관련하여 다른 근로자에게 성적 언동 등으로 성적 굴욕감 또는 혐오감을 느끼게 하거나 성적 언동 또는 그 밖의 요구를 따르지 않았다는 이유로 고용상의 불이익을 주는 것을 말한다(고용노동부, 2016).

〈표 8-2〉 성희롱 정의

수단	매개	결과
• 성적 언어 • 행동	• 지위 이용 • 업무 관련	• 성적 굴욕감 • 혐오감 • 고용환경 악화 • 고용상 불이익

출처: 여성가족부(2018).

2) 직장 내 성희롱 구성요건

직장 내 성희롱 구성요건은 다음과 같다.

- 직장 내 성희롱은 가해자와 피해자의 요건이 갖추어져야 한다. 가해자는 사업주, 직장 상사, 직장 동료, 부하직원 등이며, 채용과정에서의 성희롱도 직장 내 성희롱에 포함된다.
- 지위를 이용하거나 업무와 연관성이 있어야 한다. '직장 내 성희롱'이라고 해서 '직장 내'에서 일어나는 성희롱만을 의미하는 것은 아니다. 상급자의 지위를 이용하거나 업무와의 인과관계가 성립하는 행위라면 사업장 밖이든 안이든 장소에 상관없이 해당된다. 엘리베이터, 화장실, 식당, 휴게실, 복도, 계단, 출장 중인 차 안이나 업무와 관련 있는 회식 장소 등에서 발생하는 성희롱도 당연히 '직장 내' 성희롱이라 할 수 있다. 단, 남녀 직원들의 사교, 애정에 의한 성적 언동의 경우 '서로의 동의에 의한 것'이었다면 직장 내 성희롱이라고 주장할 수 없다.
- 성적인 언어나 행동에 의하거나 또는 이를 조건으로 하는 행위여야 한다. '성적인 언어나 행동'은 육체적 유형, 언어적 유형, 시각적 유형, 기타 사회통념상 성적 굴욕감을 유발하는 것으로 인정되는 언어, 행동, 성역할에 기반한 성희롱이 있다.
- 고용상의 불이익을 초래하거나 성적 굴욕감을 유발하여 고용환경을 악화시키는 경우이다. 성적 요구를 받아들이지 않는 것을 이유로 채용 탈락, 감봉, 승진 탈락,

전직, 정직, 휴직, 해고 등과 같은 채용 또는 근로조건을 불리하게 하는 것을 말한다. 직장 내 성희롱은 대개 고용환경을 악화시키는데, 여기서 고용환경 악화란 '성적인 언어나 행동 등으로 인한 굴욕감 또는 혐오감'으로 근로의욕이 떨어지는 것을 의미한다.

3) 대가 보복형 성희롱

직장 내 성희롱은 행위의 결과에 따라 대가 보복형과 환경 악화형으로 구분되는데, 직장 내 성희롱의 대표적인 것이 대가 보복형 성희롱이다. 대가를 주거나 보복을 하려면 지위가 있어야 하므로 가해자가 상사 혹은 고용주인 경우가 많다. 피해자는 힘 없는 일반 직원, 특히 여성인 경우가 대부분이다.

(1) 대가형 성희롱

대가형 성희롱은 고용상의 이익을 조건으로 성적 요구를 하는 유형이다. 주로 승진이나 승급과 관련된다.

> [사례]
> ○○호텔 업장 지배인 A씨는 인턴사원(대학졸업예정자) B씨에게 '열심히 일만 하면 정규직 채용도 가능하다'면서 '주말에 바다에 동행하자'고 이야기했다. 그리고 밤에 전화를 걸어 "키스하고 싶다." "너의 사진을 보면서 술을 마시고 싶다."고 말했다.

이 사례에서 지배인의 행위는 인턴사원에 대한 호의나 관심으로 보기에는 지나치다. 따라서 지배인의 행위는 명백한 대가형 성희롱이다. 지배인이 인턴사원에게 성적인 요구를 하면서 정규직으로 채용해 주겠다고 했으므로 대가형 성희롱에 해당한다.

(2) 보복형 성희롱

보복형 성희롱은 성적 요구에 대해 불응한 것을 빌미로 고용상의 불이익을 주는 유형이다. 주로 해고, 징계 등이 해당된다.

[사례]
P씨는 2011년에 대학을 졸업하고 외국기업의 한국지사에 입사하였다. 그런데 60세인 지사장이 '너를 좋아한다' 등의 말로 수차례 치근덕거리기 시작하였다. 그러나 지사장이라 어쩔 수 없이 참으며 지내던 어느 날, 지사장은 P씨를 불러 '고참 비서가 나가면 너를 비서로 써 주겠다'고 말하며 강제로 키스를 하려고 했다. P씨는 사장의 성희롱을 뿌리치고 방을 나와 버렸다. 그날 오후, P씨는 지사장으로부터 회사를 그만두라는 통지를 받았다. 이유는 '능력이 부족하다'는 것이었다.

앞의 상황에서 지사장의 행위는 명백한 보복형 성희롱이다. 자신의 성적인 요구를 거부했다는 이유로 P씨를 해고했기 때문이다. 더욱이 '능력이 부족하다'는 이유를 들었는데, 이는 보복형 성희롱 가해자들이 흔히 사용하는 방법이다.

4) 환경 악화형 성희롱

환경 악화형 성희롱이란 성적 굴욕감이나 수치심을 느끼게 하는 성적 언급이나 행동으로 고용환경, 업무환경을 악화시키는 행위이다. 성희롱을 당한 사람은 우선 굴욕적으로 느껴 창피해서 얼굴이 화끈 달아오를 것이며, 이런 상황이 자주 일어나면 뭔가에 쫓기는 듯한 불안감을 느낄 수도 있고, 불안감, 수치심으로 인해 심한 스트레스를 받을 것이다. 이런 근무환경에서 자신의 능력을 제대로 발휘하지 못하게 되는 것은 너무나 당연하다.

5) 직장 내 성희롱의 유형

① 육체적 유형
- 입맞춤이나 포옹, 뒤에서 껴안기 등의 신체적 접촉 행위
- 가슴, 엉덩이 등 특정 신체부위를 만지는 행위
- 안마나 애무를 강요하는 행위
- 추행, 강제추행, 강간 미수

② 언어적 유형

- 음란한 농담, 음탕하고 상스러운 이야기를 하는 행위(전화통화 포함)
- 외모에 대한 성적인 비유나 평가를 하는 행위
- 성적인 관계를 강요하거나 회유하는 행위(예: 데이트 강요, 잠자리 요구 등)
- 회식 자리에서 무리하게 옆자리에 앉혀 술을 따르도록 강요하는 행위
- 성적인 사실 관계를 묻거나 성적인 내용의 정보를 의도적으로 유포하는 행위[예: "오늘이 그날이야?"(생리일을 암시하는 말), "나이가 들어서 그런지 요즘은 밤일이 잘 안 돼." "어젯밤 그 아가씨 끝내주던데."]

③ 시각적 유형

- 음란한 사진, 그림, 낙서, 출판물 등을 게시하거나 보여 주는 행위(컴퓨터 등 이용)
- 성과 관련된 자신의 특정 신체부위를 고의적으로 노출하거나 만지는 행위
- 그 외 작업장에 음란한 그림이나 출판물을 진열 또는 붙이는 행위, 성관계를 연상시키는 손짓이나 몸짓을 하는 행위, 음란한 인터넷 사이트를 보여 주는 행위 등

④ 기타 성희롱이나 행동

- 회식 자리에서 본인의 의사에 반해 술을 따르도록 강요하는 행위
- 원하지 않는 데이트나 교제를 강압적으로 요구하는 행위
- 성역할에 기반한 성희롱
  - 여성을 '할머니' '아줌마' '○○야'라고 부르는 행위
  - 여성에게 가사나 내조, 양육을, 남성에게 가장의 역할, 힘을 강조하는 말을 하는 행위(예: "여자가 집에서 살림이나 하지." "여자가 무슨 직장생활이야, 남편 자식 뒷바라지가 중요하지.")
  - 남자직원에 비해 여자직원의 능력을 평가 절하하는 행위(예: "여자가 뭘 안다고." "이래서 여자들은 안 돼.")
  - 커피 타기, 청소, 잔심부름, 짐 나르기 등을 한 성에게만 강요하는 행위

6) 직장 내 성희롱의 예방과 대처

(1) 직장 내 성희롱 예방법

성역할 고정의식에서 벗어나 직장 내에서 고정된 성역할을 강조하는 말은 하지 않는 것이 좋다. 또한 사내에서 성적인 농담이나 음담패설을 삼가고 평소에도 존칭을 사용하는 등 서로 존중하는 언행을 해야 한다. 가능한 신체에 대한 언급은 피하고 동료의 사생활을 존중하고자 노력해야 한다. 특히 성적 언행에 관해 상대방이 불쾌감이나 거부의사를 표시할 때 이를 진지하게 받아들이고 즉시 중단하고 사과하는 것이 중요하다.

(2) 직장 내 성희롱 대처 방안

① 명확한 거부 의사 표시하기

성희롱에 대처하는 첫 번째 방법은 "NO."라고 말하는 것이다. 성희롱 피해를 입게 되면 그 행위자에게 이에 대한 명확한 거부 의사를 표현한다. 이 경우 행위자는 성희롱 중지 요청을 진지하게 받아들여 즉시 중단해야 한다.

② 중단을 요청하는 편지 쓰기

행위자에게 거부 의사를 표시하기 어려운 경우 편지로 성희롱 행위를 중단할 것을 요청한다.

③ 증거자료 남기기

성희롱에 대한 거부 의사가 받아들여지지 않은 경우에는 날짜, 시간, 장소, 구체적인 내용, 목격자나 증인, 성적인 언어나 행동에 대한 느낌 등을 구체적으로 기록하여 증거자료로 남긴다.

④ 도움 요청하기

성희롱 행위자에 대하여 항의를 하여도 시정되지 않으면 상급자 또는 회사의 상담요원에게 상담을 요청하여 이를 중지시키도록 요구한다.

⑤ 사업주에게 직접 문제 제기하기

성희롱 행위 중단 요청이 받아들여지지 않으면 사내의 성희롱 관련 고충 처리 기구와 절차를 이용하여 사업주에게 성희롱 문제를 제기하여 해결한다.

⑥ 법적 도움 받기

회사에 상담하고 고충을 신고해도 해결이 되지 않는다면 민간단체에 설치되어 있는 고용평등 상담실 등과 같은 전문 상담기관에 상담하거나 지방 노동관서에 진정서 등을 제출하여 법적 도움을 받는다.

[성희롱 피해자의 권리구제 절차]

당사자 간의 화해 → 사내 권리구제기구에 이의 신청 → 노동부에 진정, 고소 → 민사상 손해배상 청구

[성희롱 처벌 규정]

- 사업주가 직장 내에서 성희롱을 했을 경우 1천만 원 이하의 과태료 부과
- 피해 근로자가 상담 고충 제기 또는 관계 기관에 진정, 고소 등을 한 이유로 피해 근로자에게 고용상의 불이익을 조치했을 경우 3년 이하의 징역 또는 2천만 원 이하의 벌금 부과
- 직장 내 성희롱 예방교육을 매년 1회 이상 하지 않은 경우 3백만 원 이하의 과태료 부과
- 사업주는 직장 내 성희롱 발생이 확인된 경우 지체 없이 행위자에 대하여 징계나 이에 준하는 조치를 취해야 하며 이를 위반할 경우 5백만 원 이하의 과태료 부과
- 이 외에도 사업주는 성희롱과 관련하여 근로자의 고충을 상담할 수 있는 고충처리기구와 그 절차를 마련해야 할 의무가 있음

활동 8-4 직장 내 성희롱 문제풀이

1. 다음 질문을 읽고 맞으면 ○, 틀리면 X 하시오.

1) 직장 내 성희롱 문제는 지극히 사적이어서 개인적 차원에서 해결해야 한다. (   )

2) 동성 간의 성희롱이나 여성이 남성에게 성희롱을 하는 경우는 직장 내 성희롱의 피해자, 가해자 범위에 포함되지 않는다. (   )

3) 성적 굴욕감, 수치심은 피해자의 관점에서 판단된다. 가해자의 의도가 비록 친밀감 표시였다고

하더라도 피해자가 수치심이나 굴욕감을 느꼈다면 성희롱으로 간주될 수 있다. (   )

4) '직장 내 성희롱'은 직장 안에서 발생하는 행위를 말한다. 업무의 연장으로서 야유회나 회식, 출장 중에 일어나는 성희롱은 '직장 내 성희롱'이라고 할 수 없다. (   )

5) 법적으로 문제가 되는 것은 '대가 보복형'의 성희롱이다. 하지만 '환경 악화형'의 성희롱은 법적으로 문제가 되지 않는다. (   )

2. 다음 중 알맞은 답을 고르시오.

1) 사원 K씨는 사원 P씨와 입사 동기이다. 같은 부서에서 2년 동안 근무하면서 업무관계에서 도움을 주고 받는 사이이다. P씨는 평소 K씨의 옷 입는 것과 얼굴 화장에 대해 관심을 기울여 예쁘다, 멋있다, 혹은 코디가 맞지 않는다 등의 평을 하곤 했다. K씨는 동료직원의 관심으로 이해했다. 그래서 그다지 싫지 않았다.

a. 성적 비유나 언급이라고 할 수 없다. 그러나 주의해야 한다.

b. 예쁘다, 멋있다는 말은 일종의 성적 언동으로 성희롱에 해당한다.

2) 그런데 얼마 전 K씨의 옷차림을 본 P씨가 "K씨는 가슴이 작으니까 가슴이 커 보이는 브라 제품을 쓰는 게 좋겠다."고 말했다. 순간 K씨는 당황해서 얼굴이 빨개졌다. 그 뒤로도 P씨는 허리, 가슴 등 신체부위를 들먹거리며 K씨의 옷차림에 대한 평가를 계속했다. K씨는 아침마다 화장을 하고 옷을 챙겨 입을 때마다 P씨의 말이 생각나서 신경이 쓰인다.

a. 신체부위를 들어 성적 언급을 한 것으로 적절치 못한 행위이다.

b. 친밀한 사이에 해 줄 수 있는 충고로 성희롱으로 보기는 어렵다.

3) 컴퓨터 그래픽 디자이너인 B씨(여, 29세)는 1년에 걸쳐 여러 차례 자신을 성희롱해 온 P부장(남, 38세)을 대상으로 회사에 권리구제 신청을 할 계획이다. 그러기 위해 증거를 수집하고 있다. 다음의 설명 중 적절하지 못한 내용을 고르시오.

① 성희롱 행위를 한 날짜, 시간, 장소, 행위 내용을 자세히 기록해 두었다.

② 성희롱 중단을 요구하는 편지를 써서 내용증명을 우편으로 보냈다.

③ 성적 요구를 하는 전화통화 내용을 녹음해 두었다.

④ 가해자의 문란한 사생활을 적은 내용을 여러 장 복사해서 사내 우편함에 몰래 집어넣었다.

활동 8-5 "만약 당신이라면……?"

1. 한 달 후에 승진 발표가 있을 예정이다. 부서의 회식 자리에서 남자 상사가 당신에게 술을 따르기를 강요한다. 당신이라면 어떻게 할 것인가?

2. 당신은 여성이 월등히 많은 직장에 다니고 있다. 여성 상급자는 남성인 당신을 등 뒤에서 껴안는 등 신체 접촉을 장난스럽게 하고 "너는 내 거야."와 같은 말을 자주 한다. 당신이라면 어떻게 할 것인가?

제4부

의사소통 훈련

제9장

듣기: 경청과 공감

1. 경청하기
   1) 경청의 수준
   2) 경청을 방해하는 5가지 태도
   3) 효과적인 경청 방법

2. 공감하기
   1) 공감의 수준
   2) 공감 표현을 방해하는 5가지 편견
   3) 효과적인 공감 연습

1. 경청하기

나와 상대방이 어떠한 주제, 생각, 감정이나 일에 대해 서로 공유하며 나누는 것을 의사소통이라고 한다. 그런데 이러한 교류를 위해서 중요한 것은 반드시 상대방의 말을 잘 듣는 것이다. 왜냐하면 상대방의 말을 주의를 기울여 듣지 않으면 상대방의 의견, 감정을 제대로 알 수 없고, 그로 인해 내가 하고자 하는 말도 제대로 전달할 수 없기 때문이다. 따라서 상대방의 말을 주의 깊게 들어야 잘 말할 수 있다는 명제는 의사소통에서 필수적이다.

경청(傾聽)이란 상대의 말을 단순히 듣기만 하는 것이 아니라, 상대방이 전달하고자 하는 내용과 그 이면에 있는 동기나 정서, 몸짓(gesture)에 관심을 기울여 듣고, 자신이 이해한 바를 상대방에게 피드백(feedback)해 주는 것을 말한다. [그림 9-1]에서 경청의 '들을 청'(聽)의 한자 풀이로 가늠해 볼 수 있듯이 경청은 상대방의 말에 귀[耳]를 기울여 요지를 잘 파악하고, 눈[目]으로 상대를 집중해 바라보며, 마음[心]으로 공감하는 것을 의미한다.

[그림 9-1] '聽'(들을 청)의 한자 풀이

활동 9-1 경청의 위력

◆경청의 위력을 체험해 보자.

1. 2~3명이 조를 이루어 1명은 자신이 설명하고 싶은 그림, 사진 등을 찾은 후(그림, 사진이 없으면 자신이 설명하고 싶은 것을 그려도 됨) 그 그림에 대하여 정확하게 두 번씩 설명한다. 설명할 때는 손짓이나 몸짓을 사용하면 안 되고, 질문을 받으면 안 된다. 다른 사람들은 설명하는 것을 듣고 그림을 그린다.

2. 설명을 듣고 그린 그림과 원래 설명한 그림과 비교해 보자. 결과에 대해 어떤 생각과 느낌이 드는가?

3. 이번에는 다른 그림을 정확하게 두 번씩 설명한다. 손짓이나 몸짓을 사용하지 않고 상대방이 그림에 대해 질문해 오면 답하고, 필요하면 반복해서 답해 줘도 된다. 다른 사람들은 설명하는 것을 듣고 그림을 그린다.

4. 설명을 듣고 그린 그림을 원래 설명한 그림과 비교해 보자. 질문과 대답을 허용할 때와 허용하지 않을 때 어떤 차이가 있었는가? 결과에 대해 어떤 생각과 느낌이 드는가?

활동 9-2 경청 지수 체크리스트

◆다음의 활동을 통해 자신의 경청 정도를 확인해 보자.

경청 정도 체크리스트

내용	전혀	가끔	거의	항상
1. 나는 상대방을 방해하지 않고 자신의 생각을 표현하도록 한다.	1	2	3	4

2. 나는 상대방이 말하는 모든 것을 듣기를 원한다.	1	2	3	4
3. 나는 중요한 사실을 기억하는 능력을 가지고 있다.	1	2	3	4
4. 나는 메시지의 가장 중요한 세부 사항을 기록한다.	1	2	3	4
5. 나는 비록 따분하기는 하지만 상대방의 말을 듣는다.	1	2	3	4
6. 나는 개인적으로 화자를 좋아하지 않지만 상대방의 말을 듣는다.	1	2	3	4
7. 나는 듣고 있을 때는 주위의 산만한 분위기를 무시한다.	1	2	3	4
8. 나는 상대방의 말을 진심으로 듣고 있음을 표현한다.	1	2	3	4
9. 나는 다른 사람의 말에 동의하지 않더라도 들어준다.	1	2	3	4
10. 나는 상대방의 다음 말을 예측하면서 공상을 피한다.	1	2	3	4

출처: 윤치영(2005).

결과

- 30~40점: 상대방의 말을 효과적으로 듣는 사람이다.
- 20~29점: 좋은 청취자이기는 하지만 앞으로 더 개선해야 한다.
- 10~19점: 도움이 필요하다. 경청 기술을 개발하기 위한 기법을 적극적으로 학습해야 한다.

활동 9-3 경청 관련 자기 점검 질문

◆ 다음의 질문에 대하여 먼저 각자 자기 점검 질문에 대하여 작성한다. 3~4명이 조를 이루어 대화를 통해 자신뿐만 아니라 조원들의 경청 태도를 알아볼 수 있다.

1. 나는 상대방의 말을 인내심 있게 잘 듣는 편인가?

2. 다른 사람과의 대화에서 나의 말을 많이 하는가, 아니면 상대방의 말을 많이 듣는 편인가?

3. 나는 진정으로 상대방의 마음을 깊이 이해하려는 노력을 하고 있는가?

4. 나는 상대방의 이야기를 들을 때 속으로 반박하고 비난하지는 않는가?

5. 나의 말에 귀 기울여 주는 사람이 좋은가, 아니면 자신의 이야기를 많이 하는 사람이 좋은가?

6. 상대방이 내게 관심을 갖고 이해하려 한다는 느낌을 갖게 되는 것은 언제인가?

7. 상대방이 내 얘기를 진지하게 듣지 않으면 어떤 기분이 드는가?

사람들은 종종 상대방의 이야기를 경청하기보다 자신의 이야기를 말하는 데 더 열을 올린다. 열띤 대화를 나누고도 종종 공허함을 느끼는 주된 이유는 각자 자신의 이야기를 하느라 서로 이야기에 경청하지 못하여 서로 이해하고 수용받았다고 느끼지 않기 때문이다. 다음에서 경청의 수준, 경청을 방해하는 태도, 효과적으로 경청하는 방법을 살펴보자.

1) 경청의 수준

Covey(2003)는 경청의 수준을 다음과 같이 낮은 수준, 보통 수준, 높은 수준의 경청으로 분류하였다.

(1) 낮은 수준의 경청

• 수준 1: 무시하기

상대가 하는 이야기를 무시하는 단계로 실제 듣는다고 할 수 없고 말하는 사람(화자, 話者)이 이야기를 하지만 듣는 사람(청자, 聽者)에게 전달되는 내용은 거의 없다.

• 수준 2: 듣는 척하기

상대의 이야기를 단지 외형적으로 듣는 것처럼 보이는 단계이다. 듣는 사람은 말하는 사람의 이야기를 듣는 태도를 취하고 있지만 자신의 생각 속에 빠져 있기 때문에 이야기의 내용이 듣는 사람에게 전달되지 않는다. 말하는 사람은 듣는 사람이 실제로는 듣지 않으면서 듣는 척한다는 것을 느끼므로 대화를 지속하는 데 불편함을 느끼게 된다.

• 수준 3: 선택적 듣기

듣는 사람이 말하는 사람의 이야기를 듣고 있지만 말하는 사람의 이야기 전체에 집중하기보다 자신이 듣고 싶은 내용을 선택적으로 듣는 단계이다. 이로 인해 의사소통이 완료되면 말하는 사람이 전달하는 내용과 듣는 사람이 들은 내용에 차이가 발생한다. 이야기의 의미를 오해하거나 일부 이야기는 기억하지 못하여 말하는 사람은 "내 이야기를 들었어요?" "당신은 자신이 듣고 싶은 이야기만 골라서 듣는군요!" "제 말은 그 의미가 아니에요." 등의 반응을 한다.

(2) 보통 수준의 경청

• 수준 4: 귀 기울여 듣기

듣는 사람이 말하는 사람의 이야기를 충분히 주의 깊게 듣는 단계로 상대방의 말의 내용에 집중하면서 듣는다. 이 단계에서 말하는 사람은 듣는 사람이 자신의 이야기를 주의 깊게 잘 듣고 있다고 느끼며, 듣는 사람은 말하는 사람의 이야기 내용을 잘 이해할 수 있다. 비교적 바람직한 듣기 단계이나 말의 내용만 귀 기울여 듣는 것만으로 충분하지 않다.

(3) 높은 수준의 경청

• 수준 5: 공감적 경청

공감적으로 경청한다는 것은 수준 4의 말하는 사람이 하는 말의 내용에 집중하면서 듣는 그 이상으로 말하는 사람이 어떤 감정, 느낌을 가지고 이야기를 하는지, 왜 이러한 이야기를 하는지 등 말하는 사람의 느낌, 의도, 원하는 바 등을 추측하고 듣는 사람 자신이 이해한 내용을 말하는 사람에게 이야기하여 확인하면서 듣는 단계이다.

즉, 공감적 경청은 말하는 사람이 하는 말의 내용을 주의 깊게 들을 뿐만 아니라 그 이면에 숨겨진 의미를 이해하려 노력하는 단계이다. 말하는 사람은 충분히 수용되고 있다는 느낌을 갖게 되어 마음을 열고 더 적극적으로 의사소통에 참여하게 된다.

2) 경청을 방해하는 5가지 태도

우리는 경청이 인간관계에서 매우 중요하다는 사실을 알면서도 경청을 방해하는 태도로 인해 상대방의 이야기를 종종 경청하지 못한다. 경청을 방해하는 5가지 태도를 통하여 자신이 경청을 잘 못하는 이유를 알아보고 해결을 하려 노력하면 경청하는 데 도움이 될 수 있다(윤치영, 2005; 이현주, 2016).

(1) 넘겨짚기

상대방의 이야기를 주의 깊게 듣지 않고 상대의 의도를 넘겨짚는 경우가 있다. 상대방이 이야기를 끝내기 전에 다 안다고 하며 말을 끊는 사람들은 성격이 급하거나 자신의 경험과 연륜으로 이미 안다고 생각하는 사람들인 경우가 많다. 그러나 그들의 짐작은 틀릴 수 있고, 넘겨짚는 태도로 인해 상대방이 불쾌해져 관계가 나빠질 수도 있다. 이러한 넘겨짚는 태도를 개선하려면 다른 사람의 말을 들을 때 인내심을 갖고 경청할 필요가 있다.

예를 들어, 동생이 얘기를 하고 있는데 무엇을 얘기하려는지 짐작이 가서 중간에 말을 끊고 “더 이상 말하지 않아도 돼. 무슨 이야기를 하려는 건지 알겠어.” 또는 “잠깐만, 그러니까 ○○○ 이야기를 하려는 거지?”라고 한다.

(2) 건성으로 듣기

상대방의 이야기를 귀만 열어 놓고 마음은 닫은 채 듣는 경우이다. 주로 물리적 · 심리적 여유가 부족할 때 상대방의 이야기에 집중하기가 어렵다.

또 상대방에 대하여 선입견이 있을 경우 상대방의 이야기를 마음을 닫고 듣게 되는데 듣는 사람이 경청하지 않는다고 느끼면 말하는 사람은 듣는 사람을 신뢰하기 어렵고, 나중에 듣는 사람이 내린 결정에 반감을 느끼거나 따르지 않을 수 있다.

물리적 · 심리적 여유가 부족할 경우 상대방에게 자신이 지금 경청하기 어려운 상황임에 대하여 양해를 구하고 상대방의 말을 잘 들을 수 있는 시간을 정하는 것이 좋고, 상대방의 이야기를 들을 때는 선입견을 배제하고 상대방이 말하는 그대로를 마음을 열고 듣는 것이 중요하다.

예를 들어, 친구가 아르바이트 카페에서 힘들다고 얘기하고 있는데 내일 제출해야 할 과제에 대해 생각하느라 친구 얘기를 잘 못 들어서 "뭐라고? 지금 뭐라고 했지?"라고 한다.

(3) 정답을 주어야 한다는 부담감 또는 정답을 줄 수 있다는 기대를 갖고 듣기

항상 상대방에게 정답을 말해 주어야 한다는 부담을 느끼면 상대방이 자신의 갈등이나 문제에 대해 의논해 올 때, 귀는 열려 있지만 어떻게 답해 주어야 하는지에 대한 걱정으로 인해 이야기에 집중하기 어려울 수 있다.

또한 상대방의 문제에 대한 정답을 강렬하게 전달하고 싶다는 기대를 품고 있는 경우에도 경청하기 어렵다. 경청하려면 자신이 정답을 주어야 한다는 부담과 정답을 줄 수 있다는 기대를 버려야 한다. 경청은 어떤 멋진 조언보다 상대방에게 더 큰 도움이 될 수 있고, 상대방은 스스로 자신의 상황에 대한 최선의 방법을 생각할 수 있다.

예를 들어, 친구가 남자친구에 대한 고민을 털어놓을 때 '뭐라고 말해 줘야 얘가 마음에 들어 하고 나한테 말한 보람이 있다고 생각할까?'라고 생각하느라 친구의 말을 잘 듣지 못한다.

(4) 세부 사항에 집착하기

상대방이 이야기할 때 전반적인 내용을 듣지 않고 세부적인 사항에 집착하면 전반적인 이야기의 흐름을 놓칠 수 있어서 열심히 이야기를 들었더라도 엉뚱한 반응을 보일 수 있다. 그리고 전반적인 내용과 관련이 적은 세부 사항에 대한 질문을 하면 자칫 꼬투리를 잡는 것처럼 보일 수 있다. 주의 깊게 듣는 것과 세세한 사항을 모두 기억하는 것은 다르므로 상대방 이야기의 전반적인 내용을 잘 듣고 흐름을 파악하고, 너무 세부적인 내용에 집착하지 않아야 상대방이 하고자 하는 말의 핵심을 정확히 파악할 수 있다.

예를 들어, 조과제가 있어서 친구들과 토론 중인데 친구가 의견을 들으면서 세세하게 맞지 않는 내용을 찾으려고 한다. "잠깐, 그건 아까 한 이야기하고 좀 안 맞는 거 같은데……."라고 말하니 친구가 나의 말이 자신의 의도를 충분히 이해한 게 아니라고 한다. 또 "○○○가 아니라 □□□라고 해야 말이 맞지."라고 말하니 자신의 의견에 반감을 갖고 있는 것 같다며 기분 나빠 한다.

(5) 너무 빨리 반응하기

상대방이 자신의 불안이나 걱정을 말한 후 상대방을 위로하거나 비위를 맞추려 너무 빨리 반응을 하면 상대방이 자신의 생각이나 감정을 충분히 표현할 시간을 주지 못하게 되고 자신의 의견을 듣기 싫어하고 대충 넘기려 한다고 느낄 수 있다. 그러므로 상대방이 불안이나 걱정을 말하면 상대방의 입장, 감정을 이해하려 노력하면서 자신이 충분히 이해받고 있다는 마음을 갖고 반응을 하는 것이 좋다.

예를 들어, 친구가 나한테 불만을 말하자마자 "알았어, 알았어. 내가 잘못했고 앞으로 절대 안 할게."라고 말해서 친구가 자신의 이야기를 충분히 하지 못한다.

3) 효과적인 경청 방법

(1) 효과적인 경청을 위한 기본 태도

권석만(1998)은 효과적인 경청을 위한 기본 태도를 다음과 같이 제시하였다.

① 상대방에 대한 존중적 관심이 있어야 한다.

관심이 없는 사람이 하는 말에는 경청하기 어렵고 상대방을 무시할 경우 그의 말을 귀담아듣지 않게 된다. 상대방에 대한 진정한 관심, 인격적 존중이 있다면 자연스럽게 그의 말에 경청하게 된다.

② 잘 경청하는 사람은 여러 가지 행동적 특징을 나타낸다.

경청을 하게 되면 말하는 사람의 눈을 쳐다보며 중요한 내용에서 눈동자가 커지고 고개를 끄덕이거나 말하는 사람 쪽으로 상체를 기울이는 행동이 나타난다. 이러한 행동은 상대방 말에 주의를 집중하고 있고 그의 말을 이해하고 있음을 느끼게 한다. 이에 반해, 상대방이 이야기할 때 시선을 두리번거리거나 팔짱을 끼거나 상체를 뒤로 젖히는 등의 행동은 상대방의 말을 경청하고 있지 않다는 느낌을 주게 되어 불쾌감을 줄 수도 있다.

③ 보다 적극적인 경청에서는 경청자의 능동적 참여가 이루어진다.

적극적 경청은 일방적, 수동적으로 상대방의 이야기를 듣기만 하는 것이 아니라 상대방의 이야기에서 모호하거나 궁금한 부분에 대해서 묻고 자신이 이해한 것이 맞는지 확인하며 상대방의 말에 공감 표현을 하는 등 말하는 사람과 듣는 사람 간의 적극적이고 능동적인 교류 속에서 이루어지는 경청을 말한다. 이러한 적극적 경청행동은 상대방으로 하여금 진정한 관심과 깊은 이해를 받고 있다는 느낌을 갖게 한다.

④ 경청하는 일은 상대방에게 화제의 주도권을 맡기는 일이다.

상대방의 이야기가 부적절하거나 지나치게 길지 않으면 그가 이야기를 끝낼 때까지 잘 듣는 것이 중요하다. 상대방의 이야기 도중에 갑자기 부적절한 화제로 돌리거나 새로운 주제를 꺼내면 상대방은 당황하거나 불쾌해진다.

⑤ 경청한다는 것은 상대방의 이야기를 수용적인 태도로 이해하는 것이기도 하다.

나의 의견과 상대방의 의견이 다르더라도 성급하게 비판하거나 반박하기보다 수용적인 태도로 충분히 들어야 한다. 나의 생각과 다르다고 하더라도 상대방의 입장과 상황에서는 충분히 그럴 수 있다. 그러므로 그러한 의견을 갖게 된 상대방의 입장과 상황을 고려하면서 수용적인 태도로 이해하며 듣는다면 경청을 할 수 있고 상대와 진정한 교류를 할 수 있다.

(2) 경청하는 자세와 경청을 방해하는 자세

경청을 하기 위해서는 마음과 행동으로 경청하는 자세를 지녀야 하고, 경청하는 자세와 경청을 방해하는 자세를 익힐 필요가 있다(박명순, 김나미, 2003).

① 경청하는 자세

- 상대방의 눈을 응시하며 이야기를 듣는다.
- 상대방을 향해서 몸을 기울이는 듯한 느낌으로 앉는다.
- 상대방의 이야기가 끝나기 전에 끼어들지 않는다.
- 고개를 끄덕이며 "응, 그렇구나." "아, 그랬었구나." "맞다. 그럴 수도 있겠네." 등 듣는 중간에 반응을 나타낸다.
- 상대방의 말을 요약하거나 중요한 단어는 한 번 더 말해 주는 등 상대방의 말을 잘 듣고 있음을 나타낸다. "○○했다는 말이구나." "다시 말하면 ○○다는 말이구나."
- 듣기 어려운 상황일 때에는 양해를 구하고 상대방의 말을 잘 들어줄 수 있는 시간을 약속한다.

② 경청을 방해하는 자세

- 상대방에게 시선을 고정하지 않고 여기저기 둘러보며 이야기를 듣거나, 상대방이 이야기하는 도중에 다른 사람에게 갑자기 인사나 말을 건다.
- 눈을 마주치지 않는다.
- 딴짓을 하거나 손이나 발을 자꾸 움직여 주의를 산만하게 한다.
- 상대방이 분명히 한 이야기를 못 듣고 되묻는다.
- 상대방이 진지하게 이야기하는 주제는 무시하다가 자기가 관심 있는 주제에만 큰 소리로 반응하거나 상대방의 말이 끝나지도 않았는데 주제를 다른 것으로 바꾼다.

활동 9-4 경청 훈련

◆경청을 위한 연습을 통해 경험을 되돌아보며 다음 표를 완성해 보자.

진행

① 세 명씩 한 조가 되어 짝을 지어 앉는다.

② 우선 첫 번째 사람이 약 2분 동안 자신이 지난주에 겪었던 일 중 기억에 남는 일이나 재미있었던 일을 이야기한다.

③ 두 번째 사람은 가능한 한 비경청적인 자세로 듣는다. 그렇다고 눈을 감거나 자리를 떠나서는 안 된다. 상대방의 이야기를 듣긴 하지만 성의 없이, 건성으로 듣는다.

④ 세 번째 사람인 관찰자는 말을 하거나 소리를 내지 말고, 거기 없는 것처럼 두 사람의 태도와 표정을 관찰한다.

⑤ 2분이 지나면 이번에는 첫 번째 사람이 조금 전에 했던 이야기를 반복한다.

⑥ 두 번째 사람은 처음과는 달리 가장 경청하는 자세로, 온 신경을 말하는 사람에게 집중해서 할 수 있는 한 가장 성의 있게 상대방의 이야기를 듣는다.

⑦ 관찰자는 이번에도 두 사람의 표정과 태도, 감정 변화에 유의하며 관찰을 한다.

⑧ 이와 같은 방법으로 돌아가면서 말하는 사람, 듣는 사람, 관찰하는 사람의 역할을 한다.

1. 말하는 사람으로서

상대방이 잘 들어 줄 때 느낀 감정	
상대방이 나의 말을 성의 없이 건성으로 들을 때 느낀 감정	

2. 듣는 사람으로서

상대방의 말을 잘 들을 때 기억나는 내용	
상대방의 말을 성의 없이 건성으로 들을 때 기억나는 내용	

3. 관찰자로서

상대방의 말을 잘 들어 주는 사람의 태도 (표정, 자세, 언어적 반응을 모두 기록)	
상대방의 말을 잘 듣지 않는 사람의 태도 (표정, 자세, 언어적 반응을 모두 기록)	

2. 공감하기

공감(empathy, 共感)은 타인의 정서를 이해하고 추측하여 효과적으로 반응하는 능력과 타인이 표현하는 정서에 적절히 반응하는 능력을 의미하며, 인지 · 정서 영역을 포함하는 개념이다. 이때 타인의 기쁨, 분노, 두려움 등의 감정을 마치 자신의 것처럼 느끼면서도 자기 자신의 분노, 두려움, 혼돈을 타인의 것에 관련시키지 않아야 공감적 이해가 가능하다. 상대방의 사실적 경험, 생각, 느낌, 기대와 희망 그리고 욕구 등 내면세계가 명료해지고 이를 자유롭게 탐색하게 되면 상대방은 마침내 어떤 사람이 나를 분석하거나 판단하지 않고, 자신의 감정을 있는 그대로 이해하고 있음을 경험하게 된다. 이렇게 될 때 서로가 서로에 대해 배우며 성장할 수 있게 된다.

활동 9-5 공감 체험

◆2인 1조가 되어 다음에 제시된 상황에 대한 역할 연기를 해 보자. 한 사람은 친구 A가, 다른 한 사람은 친구 B가 되어 최대한 자신이 주인공이 된 것처럼 상상하면서 말한다. 친구 B는 이런 상황에서 어떤 이야기를 해 주고 싶은가?

> 친구 A: (아주 침울한 표정과 기어들어 가는 목소리로) 그 애랑 헤어지고 나서 요즘 무척 힘들어. 걔를 잊으려고 해도 자꾸 걔랑 즐겁게 지냈던 시절이 생각나고…… 요즘은 공부를 하려고 책을 봐도 걔 생각만 나…….
>
> 친구 B: ______________________________.

경험 나누기

- 공감하는 것이 어려운가?
- 친구 A의 경험을 했을 때, 공감 받은 느낌을 받았는가?
- 일상생활을 하면서 여러분은 얼마나 공감하며 또는 공감 받으며 살아왔는가?
- 자신이 원했지만 공감 받지 못했을 때 마음이 어땠나?
- 자신은 나름대로 열심히 공감하려 노력했지만 상대가 만족해하지 않았을 때 어땠나?

1) 공감의 수준

공감의 수준을 구체적으로 살펴보고, 공감과 동감의 비교를 통해 공감에 대한 이해를 해 보자(박명순, 김나미, 2003).

(1) 낮은 수준의 공감

• 수준 1: 공감이 전혀 안 되는 경우

상대방의 언어 및 행동 표현의 내용에 주의를 기울이지 않기 때문에 감정 및 의사소통에 있어서 상대방이 표현한 것보다는 훨씬 못 미치게 소통하는 수준으로 상대방이 명백하게 표현한 표면적인 감정조차도 제대로 인식하지 못한 의사소통을 한다. 지루함을 느끼거나 무관심해지거나, 상대방의 판단기준을 완전히 배제한 경우이다. 즉, 상대방의 이야기를 전혀 듣지 않거나, 명백한 감정을 전혀 이해하지 못하고 민감하게 받아들이지 못하여, 상대방과의 의사소통이 손상된 경우이다.

• 수준 2: 피상적 공감 반응

상대방이 표현한 감정에 반응은 하지만 상대방이 표현한 것 중에서 주목할 만한 감정을 제외시키고 의사소통하는 수준으로, 상대방의 명백한 표면적인 감정을 어느 정도 인식하나 정서의 올바른 수준은 흘려 버리거나 의미 수준을 왜곡시켜서 의사소통하는 수준이다. 본인은 자기의 의사를 전달할 수 있으나 상대방의 표현 수준과 일치하지 않는다. 즉, 상대방이 표현하거나 의도하는 것과는 거리가 있는 감정 및 의미에 반응하는 수준이다.

〈예〉

친구 A: (아주 침울한 표정과 기어들어 가는 목소리로) 그 애랑 헤어지고 나서 요즘 무척 힘들어. 걔를 잊으려고 해도 자꾸 걔랑 즐겁게 지내던 시절이 생각나고…… 요즘은 공부를 하려고 책을 봐도 걔 생각만 나…….

친구 B: 헤어졌다구 뭘 그렇게 헤매? 남자가 걔밖에 없니? 세상에 절반이 남자다. 야, 그런 애는 그냥 잊어. 다른 애 하나 소개해 줄께. 아님 여행을 가든지.

(2) 기초 수준의 공감

• 수준 3: 상대방이 표현한 것과 본질적으로 같은 정서와 의미를 표현하여 상호 교류적인 의사소통을 하는 수준으로 상대방의 표면 감정을 정확히 이해하여 반응을 하기는 하지만 보다 내면적 감정에는 반응하지 못하고 있다. 수준 3은 대인관계 기능을 촉진할 수 있는 기초 수준이다.

〈예〉

친구 A: (아주 침울한 표정과 기어들어 가는 목소리로) 그 애랑 헤어지고 나서 요즘 무척 힘들어. 걔를 잊으려고 해도 자꾸 걔랑 즐겁게 지내던 시절이 생각나고…… 요즘은 공부를 하려고 책을 봐도 걔 생각만 나…….

친구 B: 네가 걔랑 헤어지고 힘들구나. 자꾸 옛 생각도 나고, 헤어졌는데도 계속 걔 생각이 나는구나.

(3) 높은 수준의 공감

- 수준 4: 상대방이 스스로 표현할 수 있었던 것보다 더 내면적인 감정을 표현하면서 의사소통하는 수준으로 수준 4부터는 의사소통이 촉진된다. 상대방이 말로 표현한 것보다 더 내면적인 감정을 표현해 줌으로써 상대방으로 하여금 이전에는 표현할 수 없었던 감정을 표현하거나 경험하게 한다.
- 수준 5: 상대방이 표현할 수 있었던 감정의 내면적 의미들을 정확하게 표현하거나, 상대방의 내면적 자기 탐색과 완전히 같은 몰입 수준에서 상대방이 표현한 감정과 의미에 첨가하여 의사소통하는 수준으로 상대방의 적극적인 성장 동기를 이해하여 표현한다. 상대방의 표면적인 감정뿐만 아니라 내면적인 감정에 대해서도 정확하게 반응함으로써 상대방으로 하여금 이전에는 경험하지 못했던 인간 존재의 의미 등을 탐색하도록 한다. 즉, 상대방이 누구인가를 충분히 인식하고 상대방의 가장 깊은 감정까지 포용함으로써 정확한 공감적 이해를 통하여 의사소통하는 수준이다.

〈예〉

친구 A: (아주 침울한 표정과 기어들어 가는 목소리로) 그 애랑 헤어지고 나서 요즘 무척 힘들어. 걔를 잊으려고 해도 자꾸 걔랑 즐겁게 지내던 시절이 생각나고…… 요즘은 공부를 하려고 책을 봐도 걔 생각만 나…….

친구 B: 네가 헤어지고 나서 많이 힘들구나. 나름대로는 걔한테 정도 많이 줬는데, 헤어지니 쓸쓸하기도 하고, 왜 그랬을까 이유에 대해서 생각도 많아져서 혼란스럽고 허전하기도 할 것 같아.

예시의 경우, 연인과 헤어진 친구의 근본적인 감정을 탐색해 들어간 반응이다. 헤어지고 나서 늘 옆에 있던 사람이 없으니 허전할 친구의 마음을 헤아린 것이고, 책을 들여다봐도 자꾸 생각이 난다는 것은 이별을 받아들이려 노력하는 혼란스러운 상태임을 말해 준다. 상대방이 현상을 말하고 있지만 그 현상 이면에 있는 감정을 표현해 주므로, 깊게 이해받고 있다는 느낌을 갖게 한다. 깊은 수준의 공감을 통해서 자신의 진실한 감정을 명료하게 만나며, 그 감정을 인정하고, 때로는 그 감정을 받아들이고 정리하고 다른 상태로 나아갈 수 있는 힘을 얻기도 한다. 또한 자신이 진정으로 이해받았다는 느낌은 감정을 정화하는 데 큰 역할을 한다.

공감이 왜 어려울까, 잘 안 될까 고심하는 이들에게서 발견되는 공통점이 있다. 혹시 '동감'이란 말을 들어 보았는가? '동감'이 무엇인가? 그렇다면 우리가 배운 '공감'과 어떤 차이가 있나? '공감'과 '동감'을 혼동하는 경우 공감적 반응을 하기 어려워진다.

흔히들 '저 사람이 말하는 것에 내가 완전히 동의하지 않는데, 과연 공감을 할 수 있을 것인가?' 하는 생각을 한다. 상대의 의견, 느낌, 생각이 나와 동일할 때, 우리는 그 사람의 의견, 느낌, 생각에 동의하고 동감하게 된다. 그러나 공감하기는 비록 내 감정, 느낌, 생각이 상대방과 완전히 일치하지 않을 때에도, 상대의 입장을 고려하여 상대방이라면 이렇게 생각할 수도 있을 것이라고 이해하는 것을 말한다. 이러한 차이를 알게 되면 내 의견이 상대방의 의견에 완전히 일치하지 않을 때에도 충분히 공감을 할 수 있다. 다른 표현으로는 이것을 상대방을 인정한다고 표현하는 경우도 있다. 인정한다는 것은 상대방이 하는 말 속에 들어 있는 느낌을 이해하려고 노력한다는 것이다. 상대방의 감정을 상대방의 입장과 처지에서 인정해 주는 것이 공감이라 할 수 있는 것이다(박명순, 김나미, 2003).

동감의 예

〈예시 1〉

친구 1: 나는 은주를 내 친한 친구라고 생각했었는데…… 오늘 내 부탁을 들어주지 않으니까 속상하고 걔는 늘 자기 생각만 하는 이기적인 애였던 것 같아.

친구 2: 걔가 네 부탁을 안 들어 줬니? 맞아. 그 애는 늘 자기 생각만 하는 것 같더라. 내가 생각해도 걔는 이기적인 사람인 것 같다.

〈예시 2〉

친구 1: 이 책에 있는 내용이 지금 현재의 우리 사회를 잘 반영하고 있는 것 같아. 이 책의 저자는 요즘 젊은이들의 사랑관에 대해 좋은 통찰을 주고 있는 것 같아.

친구 2: 너도 그렇게 느꼈어? 나도 이 책을 보면서 그런 생각을 했어. 사실적인 자료를 많이 수집해서 이 책을 읽으면 젊은이들의 생각을 보다 잘 알 수 있는 것 같아.

앞의 예에서 보는 바와 같이, 동감은 나와 타인의 의견, 느낌, 생각이 일치할 때 나타난다. 만약 동감을 하게 되면 공감에 보다 가까이 갈 수 있는 가능성이 있다. 나와 견해가 같기 때문에 그 사람이 더 잘 이해되고, 그의 감정이 더 가까이 느껴질 수 있는 것이다. 하지만 동감이 이루어졌다고 해서 반드시 상대방이 이해받고 있다고 느끼게 되는 것은 아니다. 공감 반응이 뒤따라야 비로소 내가 이해받고 있다는 느낌을 가지게 된다.

같은 상황에서도 다른 의견, 느낌, 생각을 가질 수 있다. 만약 〈예시 1〉에서 친구 2가 보기에는 친구 1의 반응이 과하다고 생각할 수도 있는데 한두 번 부탁을 안 들어줬다고 해서 이기적이라고 단정할 수는 없기 때문에 이 경우 동감할 수가 없다. 또한 〈예시 2〉에서 같은 책에 대해서도 다른 견해를 가질 수 있는데 그럴 경우는 동감할 수가 없다. 그러나 친구 1의 입장에서는 속상할 수 있다는 것, 그 책이 감명 깊었다고 생각할 수도 있다는 것을 상대방의 입장에서 인정하는 것이 공감이다.

공감의 예

〈예시 1〉

친구 1: 나는 은주를 내 친한 친구라고 생각했었는데…… 오늘 내 부탁을 들어주지 않으니까 속상하고, 걔는 늘 자기 생각만 하는 이기적인 애였던 것 같아.

친구 2: 너는 은주를 친한 친구라고 생각하고 부탁을 했는데, 어떤 이유에서인지 은주가 그 부탁을 거절했다니 서운하게 느껴지기도 하고, 혹시 나를 소홀히 여기는 건 아닌가 하는 마음이 드는구나.

〈예시 2〉

친구 1: 이 책에 있는 내용이 지금 현재의 우리 사회를 잘 반영하고 있는 것 같아. 이 책의 저자는 요즘 젊은이들의 사랑관에 대해 좋은 통찰을 주고 있는 것 같아.

친구 2: 너는 이 책을 보면서 사회상을 잘 반영하고 있다고 느꼈구나. 특히 젊은이들의 사랑관에 대해서 인상 깊게 읽은 것 같네.

이와 같은 반응에서는 상대방의 입장에 서서 이해하고 반응하려고 노력한 흔적을 엿볼 수 있다. 이와 같이 공감은 나와 타인의 차이를 있는 그대로 인정하고 존중하는 마음에서 출발한다. 만약 내 생각이 상대방과 다르다고 해도 일단 상대방의 감정과 이해의 중요성을 인정하고 자신의 견해를 밝힌다면 상대방도 불필요한 반감을 갖거나, 방어적으로 반응하지는 않을 것이다.

상대에 대한 완전한 동의가 이루어지지 않으면, 반드시 상대의 의견에 반대하는 것이라는 이분법적인 사고를 갖고 있기 때문에 상대를 공감하지 못하는 경우가 많다. 그런 의미에서 공감과 동감의 차이를 정확히 아는 것은 좋은 공감자가 되기 위해 반드시 필요하다.

2) 공감 표현을 방해하는 5가지 편견

공감 표현을 어려워하는 사람들이 있는데 그 이유를 살펴보면 편견이 내재된 경우가 많다. 공감 표현을 방해하는 편견을 통하여 자신이 공감 표현을 잘 못하는 이유를 알아보고 해결을 하려 노력을 하면 공감 표현을 하는 데 도움이 될 수 있다(이현주, 2016).

(1) 공감 표현이 낯간지럽다

공감 표현을 부드럽고 섬세하게 해야 한다고 생각하면 공감 표현을 하기 쑥스럽고 낯간지럽다고 생각할 수 있다. 그런데 공감 표현을 꼭 부드러운 말로 할 필요는 없다. "그렇구나." "음" "저런" "와우" 등 짧은 표현으로도 공감을 표현할 수 있다.

(2) 공감 표현을 할 시간적 여유가 없다

실제로 공감을 표현할 때와 하지 않을 때의 대화 시간을 측정해 보니 공감을 표현하는 데 1분도 걸리지 않았고, 뒤따르는 대화를 포함한다고 해도 5분이 걸리지 않았다. 공감 표현에 필요한 것은 시간적인 여유가 아니라 공감 표현에 대한 심리적인 여유이다.

(3) 공감 표현은 남을 비난하거나 동정하는 것이다

공감 표현은 상대를 화나게 한 사람을 함께 비난하거나 그를 동정하는 것과는 다르다. 공감이 상대방과 한편이 되는 것이라고 생각한다면 상황의 옳고 그름부터 따지게 되어서 공감을 표현하기 더욱 어려워진다. 공감은 본인의 가치판단을 떠나 상대방에 대한 이해와 수용을 표현하는 것이다.

(4) 공감은 상대방을 유약하게 만든다

험한 세상에서 성공하려면 강인해야 한다고 생각하는 사람들은 공감을 표현하는 것이 상대방을 나약하게 만든다고 생각한다. 하지만 주변 사람들로부터 정서적인 지지를 받을 때 어려움을 헤쳐 나갈 힘을 얻을 수 있다.

(5) 공감 표현은 나와 어울리지 않는다

앞의 고정관념을 다 알고 있지만 공감 표현하기를 기피하는 사람들은 결국 자신과 어울리지 않는다며 자기 행동을 합리화한다. 지금까지 무뚝뚝하고 냉정하다는 평을 들으면서 살았는데, 갑자기 "○○하다니 힘들겠구나."라고 말하면 사람들이 자신을 이상하게 여길 거라고 염려한다.

3) 효과적인 공감 연습

공감을 실천하기 위하여 필요한 가이드라인에 대하여 살펴보고 효과적으로 공감 반응을 하기 위한 구체적인 훈련을 해 보자(박명순, 김나미, 2003).

(1) 공감 반응을 위한 가이드라인

① 주의 깊게 들어라(경청). 이때에는 상대방이 표현하는 말뿐만 아니라 표정이나 목소리와 같은 비언어적 메시지(안색이 안 좋다, 목소리가 떨린다, 눈물이 어린다)에도 주의를 기울인다. 고개를 끄덕이거나 "음" " 그렇구나" 등의 의성어를 사용해 반응

한다.

② 상대방이 말할 때 그 이면에 있는 느낌이나 관심사 혹은 분위기에 몰입한다.

- '내가 저런 일을 당했다면 어떤 느낌이 들까?'
- '나와 다른 저 사람만의 특별한 상황은 뭘까?'
- '저 상황 속에 있다면 어떤 갈등을 경험하게 될까?'
- '저 사람이 진짜 염려하고 있는 건 뭘까?'
- '정말 원하는 건 뭘까?'

③ 머릿속에 할 말을 떠올린다. 상대방의 감정을 가장 잘 표현할 수 있을 것 같은 형용사를 떠올린다. 상대방의 말 하나하나에 반응하려 하지 말고 상대방이 말하는 내용을 포함하는 밑마음, 핵심적이고 포괄적인 감정이나 생각에 반응한다.

④ 충고나 제안, 혹은 정보를 캐기 위한 질문을 하지 않는다. 충고나 제안은 나중에 해도 늦지 않다. 공감이 없는 충고나 제안은 대화를 중단하게 만드는 강력한 힘을 가지고 있다. 정말 상대방이 충고나 제안을 원한다면 당신에게 충고나 제안을 요청할 것이다. 적절한 질문은 상대방의 탐색을 돕는 역할을 하기도 하지만, 불필요한 질문으로 자기의 호기심만 만족시키는 것은 상대방을 배려하는 행동과 거리가 있다. 또한 질문은 상대방이 말하고자 했던 것을 방해하고 대화의 방향을 돌려 버리는 역할을 한다.

⑤ 당신의 반응에 대해 상대방이 정정하면 즉시 그것을 받아들인다.

(2) 공감을 위한 구체적인 훈련

누군가 자신의 고민을 나누는 대화를 할 때 유념해서 활용해 보자.

〈예시〉

친구 진영: 정말 짜증나 죽겠다. 도대체 내가 왜 이런 상황에 놓여야 하는지 모르겠어.

① 어기역차 전략

- 어: 어떤 이야기인지 잘 들어준다. (경청)
- 기: 기분을 이해해 준다.
- 역: 역지사지(입장 바꿔 이해해 주기)한다.
- 차: 생각의 차이가 있음을 인정한다.

※ '기'와 '역'이 공감이다.

→ '어기역차 전략'을 통해 알게 된 친구 진영의 처한 상황은…….

아버지가 실직을 당해서 집안 형편이 어려워져서인지, 돈도 잘 쓰는 편인 진영이가 돈 쓰는 것에 인색해질 수밖에 없어 짜증이 늘었는 데다 남자친구가 생겨서 옷도 좀 신경 쓰고 데이트 비용도 필요한데 돈이 궁하니 남자친구도 편하게 만날 수가 없다. 학교 성적은 자꾸 떨어지고 오늘도 성적표를 받고 무척이나 침울해져서 책상에 멍하니 앉아 있다가 나에게 "짜증나 죽겠다."고 한 것이다.

② 원무지계 전략

- 원: 원하는 것이 뭐니? "넌 뭘 하고 싶은데?" " 어떻게 달라지면 좋을 것 같니?"
- 무: "원하는 것을 얻기 위해 무엇을 해 봤니?"
- 지: "지금까지 얼마나 효과가 있었니?" 있다면 계속 유지하도록 격려한다. 없다면 지금부터는 무엇을 할 수 있을지 그 방법을 같이 찾는다.
- 계: (구체적인) 계획을 세워 보자. "지금 할 수 있는 계획을 작은 것부터 세워 보자."

③ 역할 연기

활동 9-6 공감 훈련

1. 다음의 상황을 '어기역차'와 '원무지계' 전략을 활용하여 역할 연기를 해 본다.

〈예시〉

(입학한 지 얼마 안 된 후배가 선배에게) 언니, 솔직히 요즘 뭘 어떻게 해야 할지를 모르겠어요. 공부도 잘 안 되고, 어쩌다 보니 우리 과에 오긴 했는데…… 제 적성에 잘 맞는 것 같지도 않고 흥미 없고, 그렇다고 뭔가 딱히 하고 싶은 것도 없고…….

2. 이번에는 주어진 상황이 아닌 자신의 진솔한 내용을 가지고 의사소통해 본다.

① 3~4명씩 한 조가 된다.

② 한 사람이 최근에 경험했던 일들 중에 마음 아팠거나 답답했거나 힘들었던 것을 간단하게 이야기한다.

③ 나머지 사람은 이야기를 한 사람의 심정을 가장 잘 표현할 수 있는 말로 상대에게 공감 반응을 한다. 앞에 나온 공감 반응을 위한 가이드라인을 참고하여 될 수 있으면 높은 수준으로 공감 반응을 하도록 노력한다.

④ 가장 마지막에는 이야기를 했던 사람이, 만약 내가 다른 사람이라면 나에게 이렇게 말해 주겠다고 생각되는 반응을 한다. 그리고 자신이 들었던 말 중 가장 자신의 마음에 와닿은 내용이 어떤 것이었는지 다른 사람들에게 이야기한다.

⑤ 처음 이야기를 시작한 사람의 오른쪽으로 돌면서 이와 같이 계속 진행한다.

- '내가 저런 일을 당했다면 어떤 느낌이 들까?'

- '나와 다른 저 사람만의 특별한 상황은 뭘까?'

- '저 상황 속에 있다면 어떤 갈등을 경험하게 될까?'

- '저 사람이 진짜 염려하고 있는 건 뭘까?'

- '정말 원하는 건 뭘까?'

- 이야기를 한 사람의 심정을 가장 잘 표현할 수 있는 형용사는 무엇인가?

제10장

말하기: 정확한 의사표현

1. 표현기술
   1) 긍정 · 불쾌 감정 표현하기
   2) 부탁하기와 거절하기
   3) 비언어적 표현기술
   4) 의사소통을 저해하는 표현

2. 나 전달법
   1) 문제의 소유자 확인하기
   2) 나 전달법의 3요인

3. 자기표현하기
   1) 자기소개
   2) 자기개방

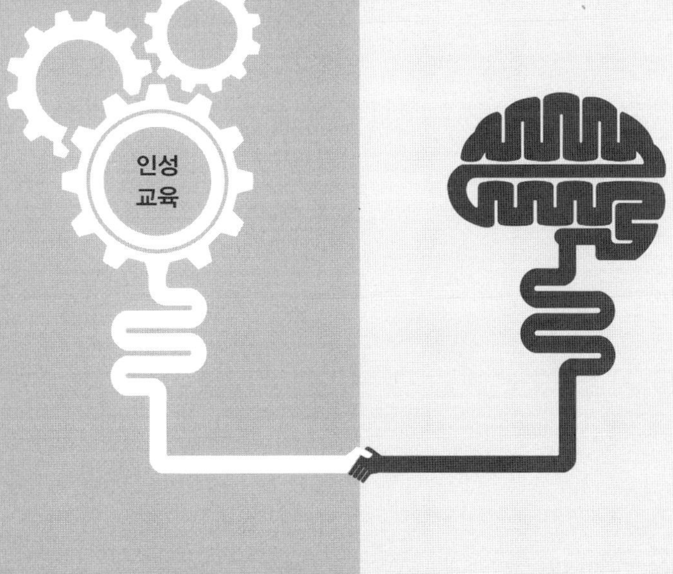

1. 표현기술

자기표현하기는 자신의 감정, 사고, 욕구, 바람 등의 내면적 상태를 다른 사람에게 잘 전달하는 것을 의미한다. 상대방을 잘 이해하고 수용하는 일도 중요하지만 자신의 마음상태를 상대방에게 잘 표현하고 알리는 일도 역시 중요하다. 자기표현하기는 자신의 감정, 사고, 욕구, 바람 등의 내면 상태를 다른 사람에게 잘 전달하는 것이다. 상대방에게 전달하고자 하는 자신의 심리상태나 의도를 명료하고 정확하게 전달하는 일은 효율적인 인간관계에서 필수적인 요소이기 때문이다.

인간관계에서 어려움을 겪는 사람 중에는 자기표현이 미숙한 사람이 많다. 어떤 사람은 상대방을 좋아하면서도 좋아하는 감정 표현이 미숙하여 상대를 불편하게 하기도 하고, 또는 막상 상대방 앞에서는 무관심한 듯 행동을 하기도 한다. 또 어떤 사람은 상대방의 불쾌한 행동으로 마음이 상해도 이러한 감정을 표현하지 못하고 답답한 마음을 속에 품고 살아간다. 그런데 표현되지 못한 불쾌감은 쌓였다가 감정이 폭발하여 인간관계가 한순간에 악화되기도 한다.

한국 문화는 전통적으로 자기 감정이나 욕구를 잘 드러내지 않고, 자신의 감정을 직선적으로 표현하기보다는 우회적이고 간접적인 방법으로 표현하는 문화이다. 따라서 이런 문화에서는 비언어적인 단서에 의해 상대방의 감정을 추측하는 '눈치'가 발달하게 되는데 이렇게 불명료한 단서에 의해 상대방의 마음을 추측하여 읽는 과정에서 종종 오해가 발생한다. 이러한 오해는 건전한 인간관계를 해치는 장애물이다(권석만, 1998: 박명순, 2002 재인용). 그러므로 자기를 표현하는 기술을 익히고 실천하는 것이 인간관계에서 매우 중요하다고 할 수 있다.

1) 긍정 · 불쾌 감정 표현하기

(1) 긍정 감정 표현하기

인간관계는 서로에 대한 긍정적인 감정을 주고받으면서 발전하고, 인간은 대체로 자신을 좋아하는 사람을 좋아한다. 그런데 상대방에 대한 긍정 감정을 표현하는 일이 의외로 쉽지 않다. 그 이유는 여러 가지가 있다. 첫째, 상대방의 긍정적인 면이 보이지 않기 때문이고, 둘째, 설령 긍정적인 감정이 보인다고 해도 쑥스럽고 아첨하는 것처럼 느껴지기 때문이며, 셋째, 상대방에 대한 호감과 애정의 표현을 상대방이 받아 주지 않을 경우에 느끼게 될 무안함 때문이다.

하지만 긍정 감정을 상대방에게 표현하는 것은 자연스럽고 성숙한 행동이라 생각하는 것이 중요하다. 상대방에게 느낀 긍정적인 감정을 과장하지 않고 적절하게 표현하는 것은 아첨이나 아부가 아니며, 나의 열등함을 나타내는 것은 더더욱 아니다. 오히려 상대방의 장점을 인정하지 못하는 사람이야말로 진정 열등한 사람일 것이다.

긍정 감정을 자연스럽게 표현하여 상대방에게 전달하는 것은 매우 중요하다. 표현되지 않은 사랑은 사랑이 아니라는 말이 있듯이 사랑을 마음에 품고 있어도 전달되지 않으면 상대는 사랑을 느낄 수 없다. 이런 점에서 상대방에 대한 긍정 감정을 적절하고 자연스럽게 전달하는 기술처럼 중요한 대인기술은 없다. 긍정 감정을 표현하는 기술은 모든 대인기술이 그러하듯이 연습하고 노력하면 향상될 수 있다.

긍정 감정은 흔히 언어적 표현을 통해 전달되는데, 어휘 선택과 언어 구사 방법에 따라 그 진실성, 신뢰도, 호소력이 다를 수 있다. 긍정 감정을 효율적으로 표현하기 위해서 모호한 어휘보다는 명료하고 구체적인 어휘를 사용해야 한다. 그리고 진실성이 느껴지도록 솔직하고 진지하게 표현하고, 농담이나 장난기 있는 표현은 자제해야 한다.

한편, 긍정 감정은 비언어적 표현에 의해서 보다 강력하게 전달될 수 있다. 관심과 애정 어린 눈빛, 얼굴 표정, 미소, 자세, 행동, 공간적 거리 등 다양한 비언어적 표현 방법을 잘 활용하는 것이 중요하다(박명순, 2002).

(2) 불쾌 감정 표현하기

우리 문화에서는 부정적인 감정을 직접적으로 나타내지 않는 것을 권장한다. 특히 윗사람에게는 더욱 그렇다. 부정적 감정의 직접적 표현이 상대방의 감정을 거스를 수 있기 때문인데, 이렇게 표현되지 않은 부정적 감정은 마음에 남아 기분을 저조하게 하며, 마음의 병이 될 수 있다. 내가 표현하지 않기 때문에 상대방은 자신이 다른 사람을 불쾌하게 만드는지 자각하지 못하고 계속해서 같은 행동이나 말을 하게 되는데, 이로써 사소한 불쾌 감정이 그때그때 해소되지 못하고 누적되어 참을 수 없는 상태가 되면 과격한 방법으로 표출되어 인간관계를 악화시킨다. 또는 전혀 다른 일에서 불쾌 감정이 표출되기도 한다(예: 업무에서 골탕을 먹임, 다른 사람에게 그 사람에 대한 험담을 함).

불쾌감을 표현하면 자신이 속이 좁아 보일까 싶어 두렵기도 하고 상대방의 마음을 상하게 하여 오히려 공격해 올 것이 두려워 불쾌감을 표현하지 못하기도 한다. 그러나 상대방을 질책하거나 공격하는 방식으로 표현하지 않고 또 상대방의 행동을 통제하는 방식으로 표현하지 않는다면 자신의 불쾌한 감정을 표현하는 것을 두려워할 필요는 없을 것이다.

자신의 불쾌한 감정을 잘 표현하는 사람은 상대방의 마음을 상하게 하지 않고 불쾌 감정을 전달한다. 이러한 효율적인 불쾌 감정의 표현을 위해서는 상대방의 행동으로 인한 나의 불편함과 불쾌함을 전달하는 표현이 좋다. 그리고 상대방의 행동을 규제하는 방식보다는 나의 바람을 전달하는 표현(나 전달법)이 바람직하다(박명순, 2002).

2) 부탁하기와 거절하기

우리는 혼자 살아갈 수 없고 다른 삶의 도움을 받아야 한다. 자신이 할 수 없는 일은 다른 사람의 도움이 필요하다. 그런데 도움을 요청하지 못하는 사람은 생산적이고 효율적인 삶을 살아가기 힘들 것이므로 도움을 요청하고 부탁하는 기술은 매우 중요한 대인기술이다. 서로 도움을 주고받으면서 인간관계는 발전하고 깊어지는데, 이는 인간관계가 거래관계의 속성을 지니고 있기 때문이다. 따라서 도움의 교환이 균형 있게 이루어지지 않거나 도움에 대한 보상이 공정하지 못하면 인간관계는 악화될 수 있다. 도움이 필요하면서도 부탁하지 못하거나, 무리한 부탁을 거절하지 못해 심리적 고통과 비효율적인 생활을 하는 사람들도 있다. 즉, 다른 사람에게 도움을 요청할 줄 알고, 다른 사람이 무리한 부탁을 해 올 때는 거절할 줄 아는 기술이 중요하다.

(1) 부탁하기

도움을 요청하지 못하는 이유를 살펴보면 거절당하는 것에 대한 두려움을 피하려는 심리 때문이다. 부탁을 했을 때 상대방이 거절하면 무안함, 당황함, 수치심 등을 느끼는 것이 일반적이다. 또는 다른 사람에게 부탁을 하는 자신이 나약하고 열등해 보이는 것을 두려워하는 사람도 있다. 이런 의미에서 남에게 부탁할 수 있다는 것은 열린 마음을 간접적으로 나타낸다고 볼 수 있다. 경우에 따라서는 상대방에게 부담을 줄까 봐 부탁을 피하는 경우도 있는데 부담을 주어 상대방이 자신을 싫어하게 되는 것을 피하기 위해 부탁을 하지 않거나 도움에 대한 보답의 부담 때문에 부탁을 하지 않게 되기도 한다. 이러한 심리적 이유가 다른 사람에게 부탁하는 일을 어렵게 만드는 요인이다.

도움을 받고 난 후에는 도움을 제공한 상대방의 노력에 대한 보답에 마음을 써야 할 것이다. 상대방이 투여한 시간과 노력에 대해 정당하게 평가하고, 그에 상응하는 보상이 주어져야 한다. 보답은 여러 가지 형태로 제공될 수 있다. 상대방의 노력을 치하하고 진지하게 감사의 말을 전하는 것을 기본으로 때로는 물질적 보상을 전하는 것도 좋다. 중요한 것은 도움을 제공해 준 상대방이 자신의 도움에 대해서 보람과 만족을 느낄 수 있도록 알맞은 태도를 취하는 일일 것이다.

〈Tip〉 효과적으로 도움을 청하는 방법

1. 부탁의 내용을 분명하게 하는 것이 좋다.
2. 도움을 요청하기 전에 상대방이 처한 상황을 파악하는 것이 중요하다. 현재 도움을 줄 만한 시간과 능력을 가지고 있는지를 미리 탐색해 보고 도움을 얻을 가능성을 미리 타진하는 것이 현명하다. 이러한 과정을 통해 불필요하게 거절당하는 경험을 피할 수 있으며 상대방 역시 불가피하게 거절해야 하는 부담을 피할 수 있다.
3. 정중하고 설득력 있게 부탁한다. 도움이 필요한 자신의 상황과 도움의 절실함을 이야기하여 상대방의 도움이 필요함을 전달한다. 이때 도움의 내용과 한계를 명쾌하게 제시하는 것이 좋다. 아울러 도움에 필요한 상대방의 능력을 높이 평가하는 것도 도움을 얻는 주요한 기술이다.
4. 잊지 말아야 할 점은 도움을 요청할 때마다 항상 도움을 얻는 것은 아니라는 사실이다. 아무리 친한 친구이고 돕고 싶더라도 도움을 줄 수 없는 경우도 많다. 이 경우에 잘 대처하는 것이 인간관계의 유지에 중요하다. 상대방에게 도움을 주어야 할 의무를 강요해서는 안 된다. 도움을 요청할 때는 '도움을 주면 고맙고 그렇지 않으면 그만이다'라는 마음자세가 필요하다. 도움의 요청에 대해서 거절할 수 있고 거절당할 수 있는 인간관계가 편안하고 성숙한 관계이다.

활동 10-1 부탁하기

◆2인 1조가 되어 다음에 제시된 상황에 대한 역할 연기를 한다.

1. 예시의 상황에서 한 사람은 친구 A가, 다른 한 사람은 친구 B가 된다. 최대한 자신이 주인공이 된 것처럼 상상하면서 말해 보자. 내가 친구 B의 입장이라면 이런 상황에서 어떻게 반응할 것인가?

〈상황 1〉 A는 지난 수업에 아파서 결석을 해서 B에게 지난 수업시간 노트 필기를 빌려 달라고 한다.

친구 A:

- 부탁의 내용을 분명하게 표현한다.
- 도움을 요청하기 전에 상대방이 처한 상황을 파악한다.
- 정중하고 설득력 있게 부탁한다(도움이 필요한 자신의 상황과 도움의 절실함, 도움의 내용과 한계, 도움에 필요한 상대방의 능력).

친구 B:

〈상황 2〉 A는 요즘 공부도 하기 싫고, 아르바이트로 몸은 힘들고, 미래에 대한 불안함으로 인해 우울하여 B에게 같이 시간을 보내자고 부탁한다.

친구 A:

- 부탁의 내용을 분명하게 표현한다.
- 도움을 요청하기 전에 상대방이 처한 상황을 파악한다.
- 정중하고 설득력 있게 부탁한다(도움이 필요한 자신의 상황과 도움의 절실함, 도움의 내용과 한계, 도움에 필요한 상대방의 능력).

친구 B:

2. 경험 나누기

- 부탁하기를 해 보니 기분이 어떤가?
- 평소의 나라면 어떻게 대처했겠는가?
- 친구 A의 태도로 인해 어떤 기분이 드는가?

(2) 거절하기

도움 요청을 받는 상황에서 거절할 수 있는 것도 중요한 대인기술이다. 흔히 도움을 거절하지 못해 심한 부담감을 느끼는 사람이 많다. 부탁을 들어주기에 자신의 상황이 여의치 않거나 과도한 부담을 느끼는 경우에는 부탁을 거절할 수 있어야 한다. 다만, 도움을 요청한 사람의 입장을 충분히 고려하여 인간관계를 해치지 않도록 신중하게 거절하는 것이 중요하다. 거절을 할 때는 도움이 필요한 상대방의 상황을 충분히 이해했음을 표명하고, 도움을 주지 못하는 자신의 상황이나 이유를 분명하게 설명한다. 도움을 주고 싶은 의도가 있음을 분명히 밝히되 도와주지 못하는 사유를 상대방이 이해할 수 있도록 설명한다.

활동 10-2 거절하기

◆2인 1조가 되어 다음에 제시된 상황에 대한 역할 연기를 한다.

1. 한 사람은 친구 A가, 다른 한 사람은 친구 B가 된다. 최대한 자신이 주인공이 된 것처럼 상상하면서 말해 보자. 내가 친구 B의 입장이라면 이런 상황에서 어떻게 거절할 것인가?

〈상황 1〉 A가 수업에 필기한 노트를 빌려 달라고 말한다. 부탁하는 어조가 아니라 당당하게 말한다. B는 친구의 태도에 기분이 나쁘고 열심히 필기한 노트를 빌려주기 싫다.

친구 A: (미안한 기색 없이 당당하게) 나 ○○ 수업 필기한 노트 빌려주라.

친구 B:

- 도움이 필요한 상대방의 상황을 충분히 이해했음을 표명한다.

___

- 도움을 주고 싶은 의도가 있음을 분명히 밝히되 도와주지 못하는 이유 분명하게 설명한다.

___

〈상황 2〉 B는 내일 제출해야 하는 과제가 있어서 가야 하는데 A가 남자친구와 헤어져서 우울하다며 계속 얘기를 하자고 한다.

친구 A: 나 남자친구랑 헤어져서 너무 우울해…… 혼자 있기 싫은데 같이 얘기 나눠 줄래?
친구 B:

- 도움이 필요한 상대방의 상황을 충분히 이해했음을 표명한다.

___

- 도움을 주고 싶은 의도가 있음을 분명히 밝히되 도와주지 못하는 이유 분명하게 설명한다.

___

2. 경험 나누기

- 친구 A의 태도로 인해 어떤 기분이 드는가?
- 평소의 나라면 어떻게 대처했겠는가?
- 거절하기를 해 보니 기분이 어떤가?

3) 비언어적 표현기술

사람들은 이야기할 때 얼굴 표정, 시선 맞추기, 몸 움직임과 자세, 신체적 접촉, 마주한 거리(공간), 어조, 억양 등을 통하여 자신의 의사와 느낌을 전달한다. 이러한 것은 비언어적 의사소통의 수단이다. 특히 한국 사회는 비언어적 행동인 눈치를 보아 상대방의 뜻을 헤아리고, 자기 마음을 전달하는 문화권에 속한다. 따라서 다음의 비언어적 의사소통을 정확하게 하는 것은 매우 중요하다(홍경자, 2012).

(1) 얼굴 표정

인간의 기본 정서인 기쁨, 두려움, 놀람, 슬픔, 혐오, 분노, 등의 감정을 나타내는 데에는 독특한 얼굴 표정이나 얼굴 근육운동의 패턴이 있다고 한다. 감정을 나타내는 얼굴 표정은 우리의 의도와 상관없이 얼굴에 나타나게 된다. 그러나 계속 노력하고 훈련하면 얼굴 표정은 의도적으로 조절될 수 있는데 온화한 얼굴 표정과 가볍게 미소 짓는 습관은 노력으로 체득될 수 있다.

(2) 시선 맞추기

흔히 눈은 '마음의 창'이라고 한다. 시선 맞추기(eye-contact)는 눈빛의 강렬함과 눈을 마주치는 시간상의 길이에 따라서 송신자의 마음과 의도가 달리 전달된다. 강렬한 눈빛은 강한 감정, 즉 정열, 애정, 분노, 증오를 느끼게 한다. 상대방을 응시하지 않거나 보는 둥 마는 둥 하면 듣는 사람은 자신을 무시하거나 냉담하게 여긴다고 느낀다. 상대방과 어느 정도로 시선 맞추기를 유지해야 하느냐는 문화권에 따라 다소 차이가 있다. 그러나 어떠한 문화권에서든 상대방과 대화할 때 적절하게 시선을 맞추는 것은 매우 중요하다.

(3) 몸 움직임과 자세

우리는 이야기를 하는 동안 손, 팔, 머리, 다리, 몸통을 곧잘 움직인다. 이런 몸 움직임과 자세는 많은 뜻을 전달한다. 예를 들어, 대화자가 상대방에게 주먹을 불끈 쥔다거나 손가락질을 하거나 목에 힘을 주는 행위를 한다면, 자기가 몹시 화가 나 있거나 상대를 제압하겠다는 것을 의미한다.

강연이나 연설을 하는 사람이 어느 대목의 내용을 강조할 때 강력한 몸짓을 사용하기도 한다. 상대방과 대화할 때 호감을 나타내려면 다리를 꼬거나 팔짱을 끼기보다 이완되고 유연하게 개방적 자세로 임하는 것이 좋다.

(4) 신체적 접촉

우리는 신체적 접촉을 통해서 상대방에 대한 감정과 태도를 표현한다. 사랑의 감정과 친밀감은 토닥거림, 팔짱, 포옹 등과 같은 신체 접촉을 통해서 가장 효과적으로 전달된다. 상대방에게 애정과 호감을 나타낼 때는 말과 함께 적절한 신체적 표현을 하는 것이 좋다.

(5) 거리(공간)의 활용

대개 심리적으로 가까운 사람과는 물리적으로 가까이 앉거나 서서 마주보며 대화한다. 반면에 낯선 사람과는 어느 정도의 거리를 유지한다. 그러므로 낯선 사람이 너무 가까이 다가서면 우리는 불안, 의심, 경계의 눈초리를 보내게 된다. 화자와 청취자 간에 어느 정도의 거리가 적절한가는 문화와도 연관이 있다. 상대방에 대한 물리적 거리, 바라보는 방향, 만남의 장소 등을 잘 활용하는 것도 중요한 의사소통 기술이다.

(6) 어조, 억양 및 이야기하는 속도

비언어적 의사소통에서 어조, 억양 및 이야기하는 속도는 가장 민감한 단서로, 낮고 고른 음색으로 조용히 말하는 사람과 흥분된 음색으로 소리 높여 말하는 사람은 감정 표현에서 크게 차이가 있다는 것을 직감할 수 있다. 즉, 억양이나 어조는 대화자의 감정을 전달하는 매체이다. 주저하듯이 말하는 사람을 보면 그가 자신감이 없거나 혼란을 겪고 있다는 것을 느끼게 되고, 헛기침을 하면 쉽게 말이 나오지 않거나 말하는 데 다소 부담감을 느낀다는 것을 감지할 수 있다.

활동 10-3 비언어적 표현하기

◆다음의 상황에서 평소의 나의 반응과 앞의 비언어적 표현기술을 적용한 반응에 대하여 생각한 후 적으시오.

〈상황 1〉 친구가 아무 연락도 없이 약속 시간에 1시간 늦게 나타났다.

• 평소의 반응:

• 비언어적 표현기술을 적용한 반응:

〈상황 2〉 친구가 최근에 아버지께서 실직하셔서 가정 상황이 안 좋아져서 힘들어한다.

• 평소의 반응:

• 비언어적 표현기술을 적용한 반응:

---

4) 의사소통을 저해하는 표현

다음은 의사소통을 저해하는 표현들이다(박명순, 김현경, 이수현, 2015).

- 명령, 지시: 상대방에게 어떻게 하라고 명령하고 지시함
- 경고, 협박: 상대방에게 어떤 행동이나 말을 하면 어떠한 결과가 일어날 것이라고 말함
- 훈계, 설교: 상대방에게 해야 할 일과 해서는 안 될 일을 말해 줌
- 충고, 해결책 제시: 어떻게 하면 문제가 해결될 것인가 해결책을 제시해 줌
- 강의, 가르침: 자신의 의견을 제시하여 상대방에게 영향을 주고자 함
- 비판, 비난: 상대방에 대해 부정적인 시각으로 판단하고 평가를 내림

- 칭찬, 부추김: 상대방의 의견에 긍정적인 평가를 하고 동의함
- 욕설, 비웃기: 상대방에게 욕하거나 수치심을 줌
- 분석, 해석: 상대방 행동의 원인에 대해 분석하고 진단하여 이를 상대방에게 이야기함
- 달래기, 동정: 상대방의 기분을 맞추려고 애쓰며, 상대방을 동정하고 현재의 기분을 풀어 주고자 함

2. 나 전달법

나 전달법(I-message)이란 주어를 '나'로 사용하여 나의 느낌이나 바람을 표현하는 방법이다. 이와 같은 말하기는 상대방을 비난하지 않고 문제가 되는 상대방의 행동이나 그 행동의 결과로 나에게 어떤 영향이 있었고 어떤 감정을 느꼈는지를 솔직하게 말하는 것이다. 이때 그런 느낌을 가지게 된 책임이 상대방에게 있지 않고 나에게 있음을 알려 주는 진술 방식이다. 느낌의 책임을 자신에게 두지 않고 상대방에게 전가하는 진술방식은 나 전달법과 대비되는 의미로 너 전달법(You-message)이라고 한다.

나 전달법은 상대방의 객관적 행동에 대해서 내가 느낀 감정과 생각 중심으로 표현되어 있다. 나 전달법에는 상대방의 어떠한 행동이 나에게 미친 영향에 대해서만 언급할 뿐, 상대의 특정 행동이 상대가 어떤 사람임을 말해 준다는 평가의 메시지는 들어 있지 않다. 따라서 듣는 사람도 말하는 사람의 감정에 더 주목하게 되고, 자신을 방어하는 대신 상대방의 입장에 서서 생각할 여지가 더 많아진다.

〈표 10-1〉 나 전달법(예시)

〈상황〉 약속을 해 놓고 연락 없이 오지 않은 친구를 만났을 때	
상대방의 객관적 행동	네가 어제 전화도 없이 약속 장소에 나오지 않았잖아.
나에게 미친 영향	어제 나는 네가 언제 올까 40분 동안이나 기다리느라 피곤해하다가 결국 널 못 만나서 허탈해하며 집에 갔어.
나에게 일어난 생각과 감정적 영향	처음에는 너한테 무슨 일이 있는 건지 궁금하기도 했고, 네가 나를 무시해서 이러는 건 아닌가 싶어 서운하기도 했어.

〈표 10-2〉 나 전달법과 너 전달법의 비교

	나 전달법	너 전달법
의미	• 상대방의 행동에 대하여 나의 생각이나 감정을 '나'를 주어로 진술	• '너'를 주어로 진술
구조	• 상대방의 객관적 행동+나에게 미친 영향+나에게 일어난 생각과 감정적 영향+나의 바람(앞으로 일어날 일에 대한 염려나 언급)	• 일방적 해결책을 지시함 • 명령, 지시, 요구, 설득식의 충고 • 심리적 좌절을 일으키는 말투 • 비판, 판단, 비교
효과	• 나의 입장과 감정을 객관적으로 전달함으로써 느낌의 책임을 자신에게 돌리고 상대에게는 생각할 수 있는 기회를 제공하여 스스로 행동 변화를 선택하도록 유발할 가능성이 높다. • 솔직하고 개방적으로 자신을 노출시킨다. • 상대에 대해 부정적인 평가를 하지 않기 때문에 상대방이 변명, 반감, 저항, 공격성을 보일 가능성이 적다.	• 상대방에게 문제가 있다고 지적함으로써 상대방에게 죄의식을 갖게 하거나 자존심을 상하게 한다. • 일방적 강요, 공격, 비난의 느낌을 주므로 배려 받지 못하고 무시당한다는 생각을 갖게 한다. • 상대방이 변명, 반항, 저항, 공격성을 보일 가능성이 높다. 따라서 행동의 변화를 거부하게 한다.

너 전달법으로 표현하는 경우 상대방의 행동을 비난, 평가, 단정하고 지시를 내리게 되는데 실제로 내가 느끼는 감정은 상대방에게 서운한 마음, 걱정스러운 마음, 궁금한 마음이었을 것이다. 그런데 그런 나의 감정은 너 전달법에서는 전혀 드러나지 않는다. 이러한 표현이 물론 간접적으로 내 마음을 드러내기도 하지만 이미 상대방은 공격받은 기분이 느껴지면, 본능적으로 방어하고 싶어져서 자신의 잘못을 느낀다 하더라도 그것을 인정하고 표현하는 것이 쉽지 않다. 이런 경우, 상대방은 내가 가지고 있는 서운한 마음, 걱정스럽고 궁금한 마음들에 집중하기보다는, '나를 나쁜 사람으로 보고 있구나' 하는 인식을 먼저 하거나, '나의 사정은 전혀 생각해 주지 않는구나' 등의 이유와 변명을 찾게 되기 쉽다(박명순, 김나미, 2003).

〈표 10-3〉 너 전달법(예시)

〈상황〉 약속을 해 놓고 연락 없이 오지 않은 친구를 만났을 때
• "네가 나를 친구로 생각했다면 이렇게 행동할 수 있어?" • "너는 전화 한 통 할 성의도 없어?" • "너 그렇게 약속을 해 놓고 연락도 없이 오지 않다니 다들 너한테 무책임하다고 할 거야." • "너 앞으로 한 번만 더 약속해 놓고 안 오면 나랑 친구관계 끝인 줄 알아."

1) 문제의 소유자 확인하기

나 전달법은 '내'(말하는 사람)가 기분이 상하거나 화가 났을 때 사용하는 기법이므로 나 전달법을 사용하기 전에 문제의 소유자를 확인하는 것이 필요하다. 여기서 '문제의 소유자'는 마음이 불편한 쪽을 의미한다. 문제의 소유자에 따른 행동 특징을 고든(Tomas Gordon)과 샌즈(Judy Gordon Sands)는 부모역할훈련에서 '문제소유(problem ownership)의 원리'로 언급하였는데, [그림 10-1]과 같다. 두 사람 간에 상호작용이 있을 때 상대 자신의 문제로 인해 화나거나 속상한 일이 있는 경우, 반대로 내가 상대방 때문에 화난 경우 그리고 두 사람 다 마음이 편안하고 문제가 없는 경우가 있다. 상대가 화나거나 속상했을 때(상대방의 문제)는 도움을 주는 기술로 경청을 활용하고(제9장 참조), 내가 상대방 때문에 화난 경우(나의 문제)에는 '나 전달법'이 효과적인 방법이다. 이러한 방법으로 우리는 문제 없음 영역을 넓혀 나갈 수 있다.

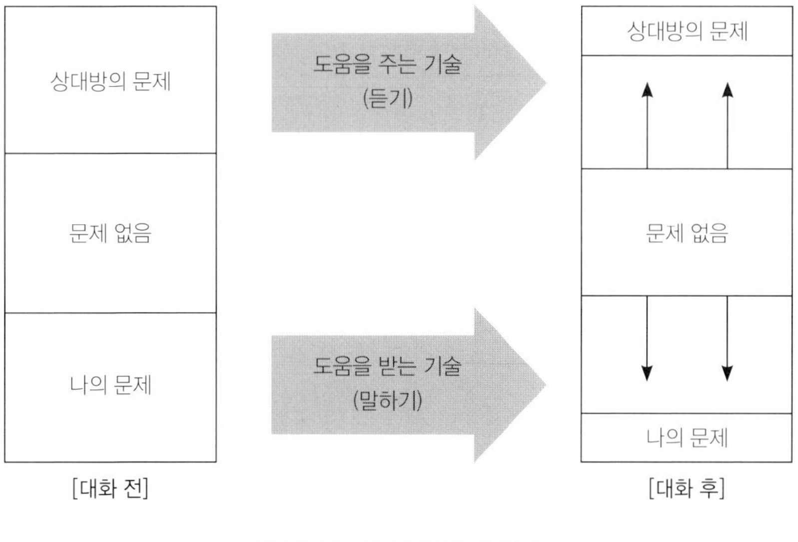

[그림 10-1] 문제소유의 원리

출처: Gordon & Sands(1976).

활동 10-4 문제의 소유자는 누구인가?

◆문제의 소유자를 확인하는 연습을 해 보자.

〈상황 1〉 친구가 남자친구와 헤어지고 힘들어한다.

- 나와 친구 중 누구의 마음이 불편한가? (　　　　　　　　)
- 문제해결을 위한 효과적인 방법은 적극적 경청과 나 전달법 중 무엇인가? (　　　　　　　　)

〈상황 2〉 고등학교에 다니는 여동생이 아무 연락도 없이 12시 넘은 밤늦은 시각에 집에 왔다.

- 나와 여동생 중 누구의 마음이 불편한가? (　　　　　　　　)
- 문제해결을 위한 효과적인 방법은 적극적 경청과 나 전달법 중 무엇인가? (　　　　　　　　)

〈상황 3〉 내일 강의 때문에 전화를 끊고 자야 하는데 친구는 계속 전화를 한다.

- 나와 친구 중 누구의 마음이 불편한가? (　　　　　　　　)
- 문제해결을 위한 효과적인 방법은 적극적 경청과 나 전달법 중 무엇인가? (　　　　　　　　)

〈상황 4〉 남자(또는 여자) 친구가 친구들을 만나러 가서 몇 시간째 연락이 안 된다.

- 나와 친구 중 누구의 마음이 불편한가? (　　　　　　　　)
- 문제해결을 위한 효과적인 방법은 적극적 경청과 나 전달법 중 무엇인가? (　　　　　　　　)

〈상황 5〉 친구가 아르바이트가 너무 힘들다고 불평을 한다.

- 나와 친구 중 누구의 마음이 불편한가? (　　　　　　　　)
- 문제해결을 위한 효과적인 방법은 적극적 경청과 나 전달법 중 무엇인가? (　　　　　　　　)

2) 나 전달법의 3요인

나 전달법은 상대방의 행동, 상대방의 행동이 나에게 미친 영향, 나에게 일어난 생각과 감정적 영향 등 3요인으로 구성되는데 여러 상황에 따른 3요인을 살펴보자.

활동 10-5 나 전달법 요인

◆다양한 상황에서 나 전달법 3요인을 파악해 보자.

상대방의 행동	상대방의 행동이 나에게 미친 영향	나에게 일어난 생각과 감정적 영향(앞으로 발생할 일에 대한 언급, 나의 바람)
〈상황 1〉 동생과 함께 사용하는 방을 동생이 어질러 놓았고 그것을 친구가 보았다.		
"친구가 왔는데 방이 많이 어질러져 있었어."	"방이 어질러져 있을 거라고는 생각하지 못했는데 당황스럽고 창피했어."	"함께 방을 쓰고 있으니 너에게 서운한 생각도 들었고 화도 났어. 함께 쓰는 방이니 친구를 데려와도 부끄럽지 않을 정도로 정리하면 어떨까?"
〈상황 2〉 고등학교에 다니는 여동생이 아무 연락도 없이 12시 넘은 밤늦은 시각에 집에 왔다.		
"네가 연락도 없이 12시가 넘어서 집에 들어왔어."	"무슨 일이 있나 해서 계속 전화하고, 집 밖에 왔다 갔다 하며 기다렸어."	"전화도 못할 만한 무슨 일이 생긴 건 아닌가 해서 불안하고 걱정되고 잠도 안 오더라."
〈상황 3〉 내일 강의 때문에 전화를 끊고 자야 하는데 친구는 계속 전화를 한다.		
"내일 강의에 가야 하는데 통화가 길어지네."	"통화가 길어지면 늦게 잠들어야 하고 피곤할 거 같아."	"늦잠 자서 내일 수업시간에 늦을까 봐 통화하면서도 한편으론 걱정이 돼."
"내일 강의에 가야 하는데 네가 아직 할 이야기가 많은 거 같아."	"내일 수업이 부담돼서 남은 얘기는 내일 하자고 말하고 싶은데."	"그러면 네가 서운할까 싶어서 말 꺼내기가 어려워."
〈상황 4〉 남자(또는 여자) 친구가 친구들을 만나러 가서 몇 시간째 연락이 안 된다.		
〈상황 5〉 친구가 계속 말을 바꾸어서 계획에 차질이 생기게 만든다.		

※ 참고 – 형용사 목록표

'나 전달법'을 효과적으로 사용하기 위해서는 자신의 감정을 잘 파악할 수 있어야 한다. 다음은 감정을 나타내는 형용사이다.

기쁘다, 노엽다, 놀랍다, 달갑다, 대수롭다, 더럽다, 덥다, 두렵다, 따갑다, 떫다, 뜨겁다, 메스껍다, 무겁다, 무섭다, 미덥다, 밉다, 반갑다, 버겁다, 벅차다, 부끄럽다, 부럽다, 서글프다, 서럽다, 섧다, 성가시다, 수줍다, 슬프다, 시리다, 싫다, 아깝다, 아니꼽다, 아리다, 아쉽다, 아프다, 안타깝다, 애달프다, 얄밉다, 어렵다, 어여쁘다, 어지럽다, 언짢다, 역겹다, 예쁘다, 외롭다, 우습다, 자랑스럽다, 저리다, 좋다, 즐겁다, 지겹다, 징그럽다, 홍겹다, 힘겹다, 가소롭다, 감미롭다, 경이롭다, 껄끄럽다, 권태롭다, 단조롭다, 시끄럽다, 애처롭다, 번거롭다, 가증스럽다, 감격스럽다, 거북스럽다, 거추장스럽다, 걱정스럽다, 고민스럽다, 고통스럽다, 겸연쩍다, 멋쩍다, 미심쩍다, 의심쩍다, 낯설다, 낯익다, 가엾다, 덧없다, 맛있다, 부질없다, 어림없다, 어이없다, 재미있다, 터무니없다, 겹다, 고깝다, 고달프다, 고맙다, 괴롭다, 구슬프다, 귀엽다, 귀찮다, 그립다, 가당찮다(가당하지 아니하다), 가련하다, 가상하다, 간절하다, 감개무량하다, 감사하다, 갑갑하다, 같잖다, 개운하다, 갸륵하다, 거북하다, 고단하다, 고독하다, 고루하다, 고리타분하다, 고소하다, 고약하다, 곤란하다, 곤하다, 과분하다, 괘씸하다, 괜찮다, 군색하다, 궁금하다, 궁색하다, 근사하다, 기특하다, 긴가민가하다, 끔찍하다, 나른하다, 난감하다, 난처하다, 난해하다, 노곤하다, 느긋하다, 느끼하다, 담담하다, 답답하다, 대견하다, 더부룩하다, 덤덤하다, 따분하다, 딱하다, 떨떠름하다, 떳떳하다, 뜨끔하다, 띵하다, 막막하다, 막연하다, 만만하다, 머쓱하다, 못마땅하다, 몽롱하다, 무료하다, 무상하다, 무안하다, 뭉클하다, 미안하다, 민망하다, 믿음직하다, 분하다, 불길하다, 불쌍하다, 불안하다, 불쾌하다, 불편하다, 뻐근하다, 뻔뻔하다, 뿌듯하다, 삼삼하다, 생소하다, 서먹하다, 서운하다, 선하다, 섬뜩하다, 섭섭하다, 소중하다, 솔깃하다, 송연하다, 수상하다, 시들하다, 시시하다, 시원찮다, 시원하다, 신기하다, 신비하다, 신통하다, 심란하다, 심심하다, 쓸쓸하다, 씁쓸하다, 아리송하다, 아찔하다, 알쏭달쏭하다, 알알하다, 암담하다, 애석하다, 애틋하다, 야박하다, 야속하다, 어리벙벙하다, 어색하다, 어정쩡하다, 억울하다, 얼떨떨하다, 얼얼하다, 얼큰하다, 용하다, 우울하다, 울적하다, 원통하다, 위험하다, 유리하다, 유치하다, 의아하다, 이상하다, 장하다, 적적하다, 조마조마하다, 죄송하다, 지긋지긋하다, 지루하다, 지저분하다, 짜릿하다, 찌뿌듯하다, 착잡하다, 창피하다, 처량하다, 초조하다, 출출하다, 측은하다, 통쾌하다, 편리하다, 피곤하다, 한심하다, 행복하다, 허망하다, 허전하다, 허탈하다, 홀가분하다, 황당하다, 황송하다, 황홀하다, 후련하다, 흐뭇하다, 흡족하다, 흥미진진하다

활동 10-6 나 전달법 훈련

1. 최근에 가까운 사람들과의 관계 속에서 말했어야 했는데 말하지 못했던 것 또는 말을 했는데 내 의도와는 달리 오해가 되어 다툼이 있었던 일이 있으면 그 사건이나 상황을 적어 본다. 그때 주고받았던 대화나 장면을 가능한 한 구체적으로 적는다.

2. 상대방의 어떤 태도, 행동, 말이 나에게 상처가 되었는지 적는다.

3. 내가 느꼈던 느낌을 형용사 목록표에서 찾아 적어 본다. 이때 내가 가졌던 밑마음을 찾아 적는다.

4. 상대를 비난하지 않고, 나 전달법에 따라 다시 한 번 그 상황이 되었다고 생각하고 상대방의 행동+상대방의 행동이 나에게 미친 영향+나에게 일어난 생각과 감정적 영향(앞으로 발생할 일에 대한 언급, 나의 바람)의 순서로 표현해 본다.

5. 두 사람씩 짝을 지어 마주보고 앉아 상대방이 앞서 자신이 적었던 상황의 대상자라고 생각해 보고, 상대를 비난하지 않고 자신을 표현하기 위해 적어 본 나 전달법에 따라 상대방에게 이야기를 한다. 한 사람이 끝나면 나머지 한 사람이 역시 같은 방법으로 자신이 적어 본 나 전달법에 따라 연습해 본다.

3. 자기표현하기

1) 자기소개

인간관계는 낯선 사람과의 첫 만남으로 시작되며, 첫 만남은 서로를 상대에게 알리는 것으로 시작된다. 자기소개는 첫인상에서 중요한 역할을 하는데, 자기소개의 주요 목적은 자신을 잘 알리고 상대방이 호감을 갖도록 하는 것이다. 그래서 지속적이고 친밀한 인간관계가 이루어질 수 있는 발판을 마련하는 것이다(권석만, 1998).

활동 10-7 자기소개 성찰

◆자기소개에 대한 평소 자신의 태도와 행동에 대해 생각해 보고 작성한다.

1. 나는 낯선 사람을 만났을 때 자신을 어떻게 알리고 소개하는가?(예를 들어, 여러 사람이 모인 회식 자리에서 나를 어떻게 소개하는가? 미팅에서와 같이 처음 만난 이성에게 나를 어떻게 소개하는가? 취업면접과 같은 상황에서 나를 어떻게 소개할 것인가?)

2. 나를 소개할 때 나의 어떤 점을 부각시켜 소개하는가?

3. 나는 처음 만난 사람에게 나에 관해 얼마나 상세하고 사적인 내용을 공개하는가? 어떠한 사적인 내용을 공개하는가?

4. 나를 어떻게 소개할 것인가에 대해서 미리 생각하고 준비하는가?

5. 다른 사람들은 나에게 어떻게 자신을 알리고 소개하는가?

자기소개 시 다음의 사항을 유의한다.

첫째, 자기소개는 만남의 목적과 대상을 생각해 보고 그에 알맞게 행해져야 한다. 만나는 대상과 목적에 따라 자기를 소개할 내용, 길이, 깊이, 방법 등을 조절해야 한다. 예를 들어, 동년배와의 친목 만남에서는 자신의 사생활에 대한 내용을 농담을 섞어 재미있게 소개하는 것이 적절할 수 있지만, 나이 차이가 많이 나는 연장자와의 공식적 만남에서는 적절치 않을 수 있다. 반면, 미팅에서 만난 이성에게 마치 취업면접에서 자신을 소개하듯이 딱딱하고 공식적으로 자신을 소개하는 것은 부적절하다. 뿐만 아니라 만나는 대상의 성격과 취향에 따라서 자기소개를 조절할 필요가 있다. 예를 들어, 자유롭고 장난스런 자기소개는 근엄한 직장 상사에게 불쾌감을 줄 수 있지만 자유분방한 상사에게는 호감을 줄 수 있다. 따라서 예상된 만남의 경우 만날 대상에 대해 가능한 한 많은 사전지식을 갖는 것이 유익하다.

둘째, 자신의 특성을 잘 알릴 수 있는 자기소개를 한다. 자신의 이름, 외모, 경력, 성격, 관심사, 취미, 특기 등에 있어서 독특한 점을 부각시켜 소개하는 것이 좋다. 그러나 지나치게 자기 과시적이거나 자화자찬식으로 소개하면 오히려 상대방에게 거부감을 줄 수 있으므로 장점과 단점을 균형 있게 소개할 필요가 있다. 상대방과 자신의 공통 관심사나 취미 등에 대해 이야기하면 지속적인 인간관계로 발전하는 실마리가 되기도 한다.

셋째, 첫 만남에서의 자기소개는 상호작용적이어야 한다. 개인적 만남에서 일방적이고 장황한 자기소개보다 상대방에게 자신을 소개할 기회를 주면서 좀 더 깊이 있고 상세한 자기소개를 교환하는 것이 바람직하다. 첫 만남에서의 자기소개는 초보적인 자기개방이므로 상대방의 자기개방 수준에 맞추어 자기소개의 수준을 조절하는 것이 필요하고, 좀 더 깊은 수준의 자기개방은 상대방의 자기개방을 촉진하게 된다. 상대방이 좀 더 깊은 수준의 자기개방을 할 때는 나도 개방의 수준을 심화시킬 필요가 있으나 첫 만남에서 지나치게 사적이고 깊이 있는 내용을 일방적으로 개방하는 것은 상대방에게 부담을 줄 수 있다.

넷째, 자기소개는 언어적인 표현을 통해서 이루어질 뿐만 아니라 외모, 옷차림새, 자세, 몸짓 등의 비언어적 수단을 통해서 이루어진다는 점을 상기한다. 우리는 상대방의 비언어적 특성과 행동을 통해 그의 다른 특성을 추리며 첫인상을 형성하므로 만남의 목적과 대상에 따라 적절한 옷차림을 하고 예의를 지키는 행동거지는 자기소개의 중요한 부분이다. 예를 들어, 이성과의 첫 만남에 지나치게 성의 없는 옷차림새로 나타나거나 직장 상사 앞에서 다리를 꼬고 자기소개를 하는 행동은 상대방에게 호감을 주기 어렵다.

다섯째, 자신의 특성을 잘 알릴 수 있는 소개 방법을 준비하는 것이 필요하다. 자신의 이름, 외모, 신분, 성격, 관심사, 취미, 특기 등에 있어서 독특한 점을 잘 부각시킬 수 있는 재치 있는 방법을 개발한다. 여러 사람이 모인 상황에서 각자 자기소개를 하는 경우가 많은데 이러한 경우를 대비하여 소개 내용을 미리 생각해 보고 때로는 연습해 본다.

활동 10-8 자기소개 훈련

◆자기소개를 연습해 보자.

진행

① 3~4명씩 한 조가 되어 짝을 지어 앉는다.

② 우선 첫 번째 사람이 약 3분 동안 자기소개를 하고, 나머지 사람들도 돌아가면서 자기소개를 한다.

③ 친구가 한 자기소개의 장점과 보완할 점에 대하여 이야기 나눈다.

내가 자기소개에서 보완할 점은?

2) 자기개방

자기개방(self-disclosure)이란 언어적 · 비언어적 방법을 통하여 자신의 감정, 생각, 경험 등 자신에 관한 정보를 타인에게 알려 주는 것이다(Jourard, 1971).

나에 대해 알려 주는 것은 인간관계에서 신뢰할 수 있고 긴밀한 관계를 형성하기 위한 시작이다. 따라서 자기개방은 의사소통에서 매우 중요한 역할을 하는데, 적절한 자기개방은 진실된 분위기를 조성하면서 의사소통을 원활하게 이끌 수 있다. 의사소통의 목적과 관련이 있고 상대방에게 도움이 될 것이라고 판단될 때 개인적인 감정과 경험을 노출하여 함께 나눌 수 있으나 자칫 과도한 감정과 경험의 노출과 같은 부적절한 자기개방이 되지 않도록 주의를 기울여야 한다(양춘희 외, 2015; 홍경자, 2010).

(1) 자기개방의 장애요인

① 자기개방에 대한 두려움

자기개방을 했을 때 상대방이 거부할 수 있다는 두려움, 처벌에 대한 두려움, 남이 뒤에서 욕할 수 있다는 두려움, 상대방이 나의 약점을 알고 이용할 수 있다는 두려움, 자신의 약점을 개방했을 때 상대방이 자신을 전체적으로 부족한 사람으로 인식할 수 있다는 두려움 등이 자기개방을 막는 요인이다.

② 사회적 편견의 존재

타인에게 자신에 대해 지나치게 많이 이야기하는 것이 바람직하지 않다고 보는 사회적 편견(social bias)이 존재한다.

(2) 자기개방의 효과

① 자기이해의 증진

어려운 문제에 부딪혔을 때 가끔씩 자신의 생각이나 감정이 제대로 정리되지 않아 혼란에 빠지는 경험을 하게 되는데 이때 누군가에게 고민을 호소하고 나면 자신의 생각과 감정이 분명하게 정리되는 것을 경험할 수 있다. 즉, '자기명료화'를 통해서 자기를 보다 잘 이해하게 된다. 또한 상대방이 나에게 보낸 피드백(feedback)을 듣고 다른 사람들이 나를 바라보는 관점을 알게 되어 나 자신에 대한 이해의 폭이 넓어진다.

② 친밀한 관계의 형성과 유지

개인 간 자기개방의 빈도가 늘어나고 그 정도가 깊어질수록 상호 공감대가 형성되고 친밀감이 증대된다. 자기개방은 상대방의 자기개방을 유도하고, 이러한 자기개방은 또 다른 자기개방을 하도록 하므로 상호 간의 의사소통을 증진시키는 효과가 있다.

③ 죄책감의 감소

일반적으로 인간은 뜻밖의 실수나 잘못을 하고 죄책감을 가지게 되는데 이러한 경우 실수나 잘못을 한 상대나 친밀한 사람에게 효과적으로 자신의 실수나 잘못을 털어놓고 나면 죄책감이 줄어들 수 있다.

④ 에너지 증진

자신에 대한 이해의 증진, 타인과의 친밀한 관계 유지, 죄책감의 감소를 통하여 자신에 대한 부정적 에너지의 소모를 감소시킬 수 있고 이를 통해 삶의 활력을 증진시킬 수 있다.

자기개방의 효과성을 잘 나타내 주는 것이 조해리의 창이다(제3장 참고).

피드백의 정도

자기개방의 정도		내가 알고 있는 정보	내가 모르는 정보
	타인이 아는 정보	공개적 영역	맹목의 영역
	타인이 모르는 정보	숨겨진 영역	미지의 영역

[그림 10-2] 조해리의 창

조해리의 창의 맹목의 영역, 숨겨진 영역, 미지의 영역을 공개적 영역으로 전환함으로써 의사소통을 원활하게 하고 인간관계를 증진할 수 있다. 이는 자신의 솔직한 자기개방과 타인의 솔직한 피드백을 통해 공개적 영역을 넓힐 수 있다. 피드백이란 상대방에게 비춰진 나의 모습에 대해서 알려 주는 것으로 우리는 자신에 대해서 잘 모르는 부분을 타인의 피드백을 통해서 알게 된다. 즉, 공개적 영역을 넓히려면 타인에게 알려지지 않은 영역을 넓히기 위해 자기개방이 필요하고, 자신에게 알려지지 않은 자아를 넓히기 위한 피드백이 있어야 한다. 아울러 자기개방과 피드백이 이루어지기 위해서는 신뢰, 개방성, 수용성이 있어야 한다. 자기개방과 피드백을 통해 조해리의 창은 [그림 10-3]과 같은 모양으로 변화한다.

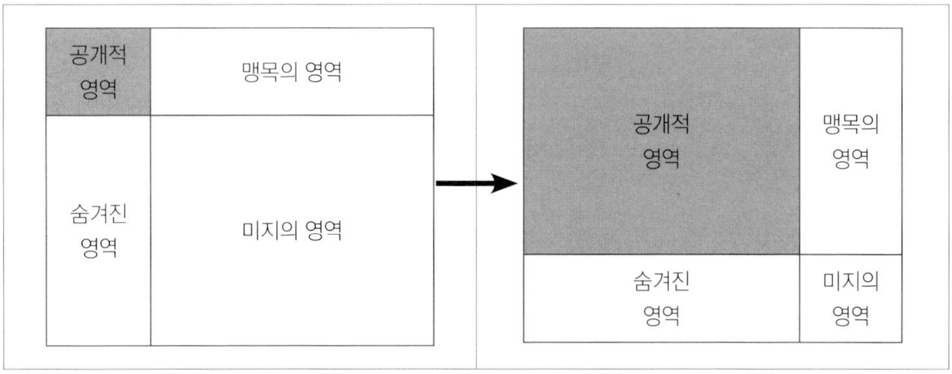

[그림 10-3] 조해리의 창에서 공개적 영역의 확대

제5부

자기 조절 및 타인 배려

제11장

스트레스의 이해와 관리

1. 스트레스의 이해
   1) 스트레스의 개념
   2) 스트레스의 원인
   3) 스트레스 상황에서의 반응

2. 스트레스의 관리
   1) 스트레스 상태, 취약성 및 대처능력 점검
   2) 스트레스 관리법

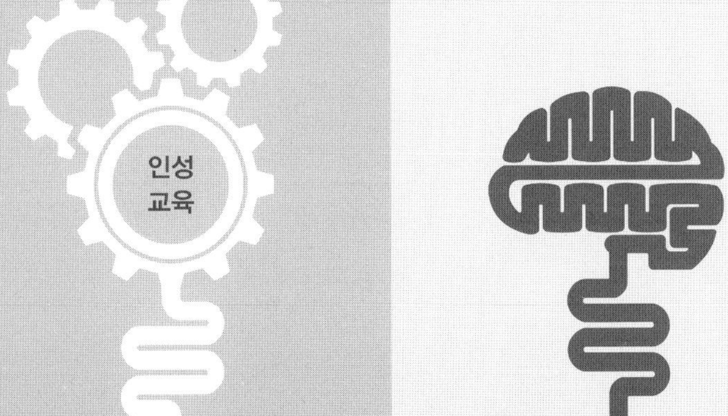

1. 스트레스의 이해

활동 11-1 스트레스 반응

◆자신이 경험한 스트레스 상황에서 어떤 반응들이 일어나는지 적어 보자. 각 요인과 관련하여 현재 내가 경험한 스트레스 상황과 나의 반응은?

요인	내용	스트레스 상황에서 나의 신체적 · 심리적 · 행동적 반응은?
대인관계		
가족관계		
여가생활		
학업 관련		

진로 및 취업		
기타		

1) 스트레스의 개념

우리는 흔히 '열 받는다' '짜증난다' '성질난다' '스트레스가 장난이 아니다' 등의 말을 비일비재하게 직접 사용하기도 하고 듣기도 한다. 이런 다양한 표현들이 모두 스트레스와 관련된 것임을 쉽게 알 수 있다.

그렇다면 '스트레스'는 어떻게 정의할 수 있을까? 셀리에(Selye, 1956)는 '스트레스'에 대해 해로운 자극에 대한 반응에서 나타나는 복합적인 호르몬 조직의 변화라고 정의했다. 이러한 신체의 부정적 변화를 일으키게 하는 사건, 즉 스트레스원 혹은 스트레스 사건은 개개인에 따라 매우 다양할 수 있다. 그런데 흔히 사람들은 스트레스가 외적인 사건이나 상황 때문이라고 생각하기 때문에 어쩔 수 없이 스트레스를 받을 수밖에 없다고 여기는데, 실제로 외적인 스트레스 사건이 신체 건강에 미치는 영향은 9% 정도인 것으로 밝혀졌다. 대부분의 스트레스는 스트레스 사건을 주관적으로 지각하는 방식에 따라 자기 스스로 만

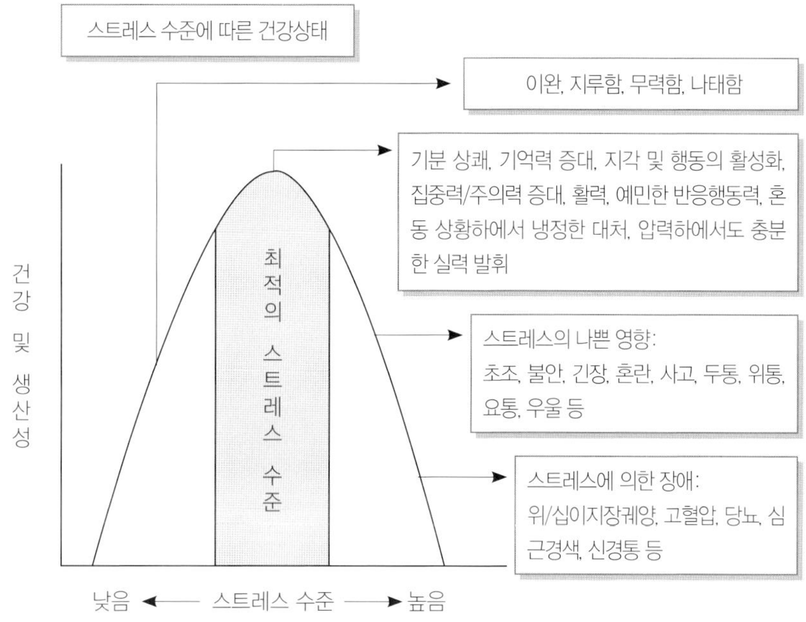

[그림 11-1] 스트레스 수준에 따른 건강상태

출처: 이종목, 이계윤, 김광운(2003).

드는 것이므로 스트레스를 극복하기 위해서는 스트레스의 원인을 먼저 이해하고 자기 스스로 변화하려는 노력이 필요하다. 사실 일상생활에서 적당한 수준의 긴장과 스트레스는 오히려 능력 발휘에 도움이 되는 것으로 나타났다(이종목, 이계윤, 김광운, 2003).

스스로 스트레스를 극복하기 위한 노력이 필요하다는 사실은 알고 있지만 어떻게 구체적으로 극복해야 하는가에 대한 아이디어가 부족한 경우가 많다. 예를 들어, 자신이 낮은 시험 성적을 받았을 때 흔히 낮은 성적 때문에 화가 나고 스트레스가 쌓인다고 말을 한다. 하지만 그 상황을 자세히 살펴보면 스트레스의 원인이 자신의 성적에 있는 것이 아니라 자신의 능력에 비해 높은 성적을 받기를 기대하기 때문이라고 할 수 있다. 따라서 기준을 자신의 수준에 맞추어 낮춘다면 스트레스를 받지 않고도 자신의 능력을 발전시켜 나갈 수 있는 마음의 여유가 생기게 된다. 이처럼 스트레스를 극복하는 방법 중 가장 중요한 것은 자신의 생각을 바꾸는 것이다.

또한 살아가면서 부딪히게 되는 크고 작은 스트레스들을 회피하거나 부정하지 않고 있는 그대로 받아들이는 것도 중요하다. 스트레스란 살아가는 동안은 어쩔 수 없이 끊임없이 받게 된다는 것을 인정함으로써 이를 해결해야 할 하나의 문제로 받아들일 수 있게 된다. 그렇게 되면 스트레스를 성장을 위한 도전으로 받아들일 수도 있게 된다. 당장의 상황이 부담스럽다는 데 집착하기보다는 삶에 대한 도전 경험, 그리고 목표와 연결지어 생각한다면 스트레스를 긍정적인 에너지로 이용할 수 있게 되며, 이렇게 스트레스를 극복해 낸 경험은 새로운 스트레스가 닥쳤을 때 해결하는 중요한 자원이 된다(Roskies, 2010).

또한 자신의 스트레스를 제대로 파악하는 것이 중요하다. 무엇이 스트레스의 원인이 되는지, 자신의 대처 능력은 어느 정도인지 파악하고 있다면 보다 효과적으로 스트레스를 관리할 수 있다. 따라서 효과적인 스트레스 대처 훈련은 자신으로 하여금 스트레스의 본질을 이해하고 이에 대처하는 방법과 기술을 익히게 함으로써 효율적으로 스트레스를 관리할 수 있도록 하는 학습경험을 강조하고 있다. 보다 명확한 이해를 위해 만들어진 스트레스 반응에 대한 전반적인 개념모형은 [그림 11-2]와 같다(박명순, 김나미, 2003).

[그림 11-2] 스트레스 대처 훈련을 위한 개념모형

2) 스트레스의 원인

스트레스를 유발하는 여러 가지 원인이 있는데, 비현실적 목표, 비합리적 신념, 성격요인, 신체요인과 같은 개인 내부적인 원인과 생활환경의 변화, 물리적 환경 등 외부 상황적인 원인으로 구분할 수 있다. 흔히 스트레스는 큰 사건에 직면했을 때나 특수한 원인에 의해서 발생하는 것으로 생각되나, 소소한 사건이나 자신의 성격 요인, 내부 욕구나 기대로 인해 스트레스가 유발되기도 한다.

자신이 스트레스를 심하게 받고 있다고 생각될 때 외부 요인들(직장, 돈, 배우자, 돈 등) 때문이라고 생각하는 경우가 많다. 그러나 잘 들여다보면 스트레스의 대부분은 자신이 스스로 만들어 낸 것들인데 이를 정확하게 인식하는 것이 스트레스로부터 자신이 벗어나는 중요한 시작이다. 우리가 스트레스를 받는다고 생각하는 것은 스트레스원 자체 때문이 아니라 이에 대한 각자의 반응이 원인이 되기 때문이다.

(1) 개인 내부 원인

① 비현실적 목표

스트레스 반응은 많은 경우 목표가 좌절되거나 목표의 좌절이 예상될 때 나타난다. 자신이 하고자 하는 일에 대한 목표가 부적절하거나 자신이 실제 수행할 수 있는 것보다 너무 높게 설정되어 있으면 목표를 달성하는 데 부담과 좌절을 경험하여 스트레스 반응을 유발할 수 있다(김정호, 김선주, 2010; 박성근, 2005).

② 비합리적 신념: 인지적 오류, 인지적 왜곡

벡(Beck)을 중심으로 한 인지치료에서 비합리적 신념은 인지적 오류 또는 인지적 왜곡에서 발생한다고 한다. 앞서 언급한 바와 같이 잘못된 목표는 스트레스를 유발하게 되는데 비합리적 신념은 종종 잘못된 목표의 직접적인 원인이 되는 경우가 많다. 예를 들면, '나는 다른 사람들보다 항상 잘 되고 싶다'는 목표는 어쩌면 '내가 항상 다른 사람들보다 잘 되어야 사람들이 나를 사랑하고 인정을 할 거야'라는 인지 또는 신념을 갖고 있기 때문일 수 있다. 또 '나는 내 주위 모든 사람의 사랑이나 인정을 받고 싶다'는 목표는 '나를 내 주위 모든 사람들로부터 사랑이나 인정을 받아야만 내가 가치 있다'라는 믿음이 원인이 될 수 있다. 비합리적 신념은 비현실적 목표의 원인이 되기도 하지만, 목표 좌절의 결과로 생기기도 한다.

비합리적 신념은 '어떤 경우라도 무시당하는 것은 수치스러운 일이야' 등과 같은 자기에 대한 것과 '세상은 항상 가진 사람에게 유리해' 등과 같은 세상에 대한 것으로 나뉜다. 자신에 대한 비합리적 신념은 부정적인 정서를 유발하는 스트레스 반응을 유발하고, 세상에 대한 비합리적 신념은 세상에 대해 지나치게 부정적, 공격적으로 대하게 할 수도 있다(김정호, 김선주, 2010; 박성근, 2005).

③ 성격요인

스트레스의 취약성은 개인 성격의 영향을 받을 수 있다. 미국 보스턴대학교 심장내과 의사였던 프리드만과 로젠만(Friedman & Rosenman, 1974)은 성격 유형과 심장병 발병의 상관에 대하여 연구를 하였는데, 그들은 우연히 병원 대기실 의자의 뒷다리가 공통적으로 닳아 있는 것을 발견하였다. 이 점을 이상하게 생각하고 대기 중인 환자를 관찰하였더니 급한 일이 전혀 없음에도 불구하고 대부분의 환자들이 급히 일어나야 할 일이 있는 사람처럼 엉덩이를 의자 끝에 살짝 걸치고 앉아 있는 것을 발견했다. 그 이후 프리드만과 로젠만은 심장병 환자 3,400명을 대상으로 그들의 성격을 분석한 후, A, B, C형 성격을 명명하였다. 심장질환 발병과 높은 상관을 보이는 성격은 A유형 성격으로, A유형 성격은 급하고, 경쟁적이며, 분노 표출을 하며, 적대적인 특징을 가진다. 이와 반대로 B유형 성격은 여유가 있고, 변화에 순응을 잘하며, 경쟁심과 성취에 대해 관심이 적었다. 한편, C유형 성격은 과도하게 인내하고, 주위의 압력을 극복하려 안간힘을 쓰고, 다른 사람과 갈등 없이 잘 지내려 지나치게 노력하는 등의 특징을 갖는데, 이들은 정서적으로 힘든 상황에서 감정을 표현하기보다 체념하거나 절망하는 반응을 보이고 불안, 우울, 무기력감에 빠져서 만성 스트레스에 노출될 수 있다(Simonton, Simonton, & Creighton, 1978).

④ 신체요인

신체 건강은 스트레스에 대한 취약성과 관계가 깊다. 스트레스로 인해 몸이 피곤하거나 아플 수 있고, 뿐만 아니라 그로 인해 다른 스트레스 자극에 더 민감하게 반응하여(Sothmann, Horn, Hart, & Gustafson, 1987) 스트레스원에 대한 생리적 반응으로 혈압, 심박률, 스트레스 호르몬 수치가 높아질 수 있다(김정호, 김선주, 2010; 박성근, 2005).

(2) 외부 요인

① 생활환경의 변화

라자러스와 포크만(Lazarus & Folkman, 1984)은 "인간과 환경 간의 상호작용으로 개인이 가진 자원의 한계를 초과하여 개인의 안녕을 위협하는 현상"을 스트레스라고 하였다. 21세기 현대 사회의 다양한 변화와 요구는 각 개인에게 엄청난 스트레스로 다가오고 있다고 해도 과언이 아니다.

최근 많은 연구는 생활환경의 변화가 스트레스를 유발하는가에 초점을 맞추고 있다. 홈즈와 라헤(Holmes & Rahe, 1967)는 생활환경의 변화가 개인의 재적응을 요구할 것이고, 이런 변화가 스트레스 원인이 될 것이라 가정하고 일반인을 대상으로 이와 같은 생활사건이 얼마나 재적응하기 어려운지를 평정하게 하는 방식으로 '생활사건 변화척도'를 표준화하였다. 이 검사는 지난 한 해 동안 어떤 생활사건이 자신에게 일어났는지를 살펴보고 그에 대한 평정척도 점수를 합산하여 스트레스의 양을 측정하는 것이다. 이 척도에서 주목할 것은 매우 긍정적인 사건도 스트레스가 될 수 있다는 사실이다. 즉, 결혼, 임신, 승진, 휴가 등과 같은 긍정적인 생활사건들도 어느 정도 재적응과 조정을 요구한다는 것을 알 수 있다. 홈즈와 라헤는 다양한 생활사건에 필요한 적응 정도를 사람들이 평가한 것을 토대로 사건들에 〈표 11-1〉에서 보는 바와 같이 점수를 매겼다.

우리나라에서는 1982년 서울대학교 의과대학의 홍강의 교수팀이 홈즈와 라헤의 측정표를 토대로 한국인의 스트레스 측정표를 작성하였다([활동 11-2] 참조). 한국인의 경우 최고 스트레스는 자녀 사망, 배우자 사망, 부모 사망 등 모두 가족관계인 것으로 나타났다. 반면, 미국인의 경우 상위 3위가 배우자 사망, 이혼, 별거 등 모두 부부와 관계된 것으로 두 나라의 양상이 다른 것으로 보인다.

〈표 11-1〉 생활사건 변화척도

등위	생활사건	변화치	등위	생활사건	변화치
1	배우자의 사랑	100	20	직장에서의 책임의 변화	29
2	이혼	73	21	아들과 딸이 집을 떠남	29
3	부부간의 별거	65	22	인척과의 다툼	29
4	수형 기간	63	23	탁월한 개인적 성취	28
5	가까운 가족의 사망	63	24	부인이 직장에 나가거나 그만둠	26
6	자신의 부상 또는 질병	53	25	학교 입학 및 졸업	26
7	결혼	50	26	생활조건의 변화	25
8	직장에서 해고당함	47	27	개인적 습관을 고침	24
9	부부 화해	45	28	상사와의 다툼	23
10	퇴직	45	29	거주지의 변화	20
11	가족의 건강상의 변동	44	30	학교의 변화	20
12	임신	40	31	레크리에이션의 변화	19
13	성생활의 문제	39	32	교회활동에서의 변화	19
14	가족 수의 증가	39	33	사교활동에서의 변화	18
15	사업의 재적응	39	34	수면습관의 변화	16
16	경제 사정의 변화	38	35	식사습관의 변화	15
17	친한 친구의 사망	37	36	휴가	13
18	다른 종류의 일로 전환	36	37	크리스마스	12
19	저당물의 권리 상실	30	38	사소한 법규의 위반	11

출처: Holmes & Rahe (1967).

활동 11-2 한국인의 스트레스 평가

등위	생활사건	스트레스 가중치 (a)	지난 1년간 경험 횟수 (b)	스트레스 점수 (a×b)	등위	생활사건	스트레스 가중치 (a)	지난 1년간 경험 횟수 (b)	스트레스 점수 (a×b)
1	자식 사망	74			20	유산	38		
2	배우자 사망	73			21	임신	37		
3	부모 사망	66			22	입학시험, 취직 실패	37		

4	이혼	63			23	자식의 분가	36		
5	형제자매 사망	60			24	새 가족의 등장	36		
6	혼외정사	59			25	가족 1명의 병	35		
7	별거 후 재결합	54			26	성취	35		
8	부부의 이혼, 재혼	53			27	주택, 사업, 부동산 매입	35		
9	별거	51			28	정치적 신념의 변화	35		
10	해고, 파면	50			29	시댁, 처가, 친척과의 알력	34		
11	정든 친구의 사망	50			30	학업의 시작, 중단	34		
12	결혼	50			31	부채	34		
13	징역	49			32	직책의 변화	34		
14	결혼 약속	44			33	친밀한 사람과 멀어지는 것	34		
15	중병, 중상	44			34	금전상의 큰 손실	34		
16	사업의 일대 재정비	43			35	성생활의 어려움	33		
17	직업전환	43			36	같은 일을 하는 다른 직장으로 옮김	33		
18	정년퇴직	41			37	손자, 손녀의 탄생	32		
19	해외 취업	39			38	직장에서의 책임량 증가나 감소	32		
나의 스트레스 점수 총점									

출처: 홍강의, 정도언(1982).

진단

- 지난 1년간 스트레스 생활사건 총점이 150 이하: 생활환경 변화에 근거한 자신의 스트레스 수준은 낮음
- 지난 1년간 스트레스 생활사건 총점이 150~199: 경미한 생활위기에 처해 있음
- 지난 1년간 스트레스 생활사건 총점이 200~299: 견딜 만한 위기임
- 지난 1년간 스트레스 생활사건 총점이 300 이상: 심각한 위기임

② 물리적 환경

주거환경, 기후, 물, 공기, 음식 등이 오늘날 우리에게 많은 스트레스를 주고 있다. 지구 온난화로 각종 자연재해가 증가하고, 자연 파괴에 의한 물과 토양, 대기오염 등은 심각한 지경에 이르고 있어 우리의 기본적인 생명 유지를 위협하여 스트레스 반응을 일으키고 있다. 대도시의 소음과 과밀현상도 스트레스를 일으키는 환경적 요소이다.

장시간 시끄러운 소음에 노출되면 청력에 손상을 가져오고 자율신경 장애를 일으킬 수 있다. 뿐만 아니라 소음은 짜증과 불쾌감 및 분노를 일으키고 인지능력의 저하, 수면장애 그리고 식욕과 성욕의 감퇴를 초래한다(김정호, 김선주, 1998). 인구 증가와 생활공간의 변화, 분주함과 경쟁 심화에 의한 도시생활의 복잡함은 군중 속의 고독과 피로를 가져오고, 물리적 환경의 과밀화는 현대인에게 정신적 피로와 스트레스를 주는 원인이다.

③ 그 밖의 상황적 원인

그 밖의 스트레스 원인이 될 수 있는 요인은 사람들과의 사회적인 관계에서 경험하는 여러 가지 요인들이다. 타인의 무례함, 명령, 타인과의 싸움이나 시비, 그리고 중요한 타인 간의 갈등으로 가족 간의 갈등, 고부간의 갈등, 배우자와의 불화, 가족 간의 대화 단절 등은 스트레스 요인이 될 수 있다. 또한 조직사회에서의 규칙, 규정, 형식적인 절차, 마감시간 등은 지나친 압박감을 주어 우리에게 스트레스가 될 수 있다. 중요한 물건을 잃어버리거나 기계적인 고장, 일상생활에서 돈을 빌리거나 과태료 통지를 받거나 하는 것도 스트레스 요인이다(김정호, 김선주, 2010; 박성근, 2005).

3) 스트레스 상황에서의 반응

(1) 신체생리적 반응

몸은 위협 상황에 직면하면 일련의 신체 반응으로 대처한다. 위협 상황이 지속되면 몸은 만성 스트레스에 보다 효과적으로 적응하기 위해 다양한 증상을 나타낸다.

- 맥박과 혈압이 증가한다.
- 호흡이 빨라진다.

- 근육이 긴장한다.
- 정신이 명료해지고 감각기관이 더 예민해진다.
- 뇌, 심장, 근육으로 가는 혈류가 증가한다.
- 피부, 소화기관, 신장, 간으로 가는 혈류가 감소한다.
- 혈액 중 당, 지방, 콜레스테롤 등의 양이 늘어난다.

스트레스가 지속적으로 반복되면 면역체계가 파괴되므로 심장병 원인의 75%를 차지하고 당뇨병, 고혈압 등을 일으키게 된다. 그리고 지속적인 스트레스는 심혈관 계통만 자극하는 것이 아니라 내분비 계통도 긴장하게 만든다.

스트레스가 지속적으로 가해지면 부신피질에서 부신피질호르몬이 분비되는데, 이 호르몬은 혈압을 높이고 임파구 수를 줄이는 등의 일을 하게 되어 혈압이 점점 올라가고 면역력이 떨어지는 반응이 지속된다. 그래서 심장병의 75%는 스트레스와 관련이 있으며, 당뇨병, 고혈압, 천식, 소화기 궤양, 과민성 대장 증후군, 비만, 우울증, 수면장애, 공포증, 신경성 피부염, 암 등의 질병들도 스트레스 때문에 생기는 대표적인 질환으로 꼽히고 있다.

(2) 심리적 반응

① 불안

불안은 스트레스에서 비롯되는 가장 흔한 반응이다. 안절부절못함, 쉽게 피곤해짐, 집중곤란, 쉽게 화를 냄, 과민한 기분 상태, 근육긴장, 수면장애 등은 불안과 걱정으로 야기되는 부수적인 증상들이다. 불안에 대한 개인적인 반응이 적절한지에 따라 정상과 신경증으로 구분할 수 있다. 스트레스에 의한 신경증(neurosis)이란 불안, 과로, 갈등, 억압, 억울 등의 감정적인 체험과 스트레스가 원인이 되어 발생하는 신체적인 병적 증상을 말한다(오강섭, 1995). 신경증은 필요 이상으로 자기의 증상과 질병을 의식하여 어떻게 하지 않으면 안 될 것 같은 초초감이 있는 것이 특징이다.

② 분노와 공격

많은 실험 결과를 보면, 어떤 동물들은 기대한 보상을 제공받지 못했을 때 스트레스에 대한 반응으로 공격적인 행동을 보인다. 사람은 종종 좌절을 경험하게 되면 분노와 공격적인 행동을 보인다. 이를 심리학에서는 좌절-공격 가설(frustration-aggression hypothesis)이라고 한다. 즉, 좌절이 공격을 유발한다는 것으로 자신이 어떤 목표에 도달하려는 노력이 방해를 받게 되면 좌절을 일으키게 한 대상이나 다른 사람을 해하려는 공격충동이 생긴다. 그러나 좌절감을 경험하게 한 원천에 대한 직접적인 공격이 항상 가능한 것은 아니다. 종종 그 원천이 애매하거나 알 수 없을 때가 있다.

③ 우울과 무기력

욕구 좌절 등에 의해 유발된 스트레스 반응의 또 다른 유형으로 무기력이나 우울이 있다. 셀리그먼(Seligman, 1975)은 동물실험에서 개에게 전기충격을 줘서 회피 반응을 관찰했는데, 환경을 통제하지 못하면 스트레스 반응을 보이게 되고, 결국 회피하고자 하는 노력조차 포기하는 것을 발견하였다. 그는 이러한 심리적 반응을 학습된 무기력(learned helplessness)이라고 하였다. 우울증에 걸린 사람들은 마치 동물실험의 개처럼 적극적으로 문제를 해결하려는 동기가 없고, 만사 의욕과 흥미를 잃고 무기력해지기 쉽다는 것이다. 이러한 증상이 지속되거나 심각해지는 경우 자살에까지 이르게 된다.

2. 스트레스의 관리

1) 스트레스 상태, 취약성 및 대처능력 점검

스트레스를 관리하기에 앞서 자신의 스트레스 상태와 대처 능력에 대해 점검해 보는 것이 필요하다. 다음의 [활동 11-3], [활동 11-4], [활동 11-5]를 통해 자신의 스트레스 상태, 스트레스 취약성, 스트레스 대처능력을 점검해 보자.

활동 11-3 스트레스 상태 체크리스트

번호	문항	거의 그렇다	때때로 그렇다	전혀 그렇지 않다
1	수면시간이 부족하며 아침에 상쾌하게 일어나지 못한다.	3	2	1
2	전화나 전자우편에 대답할 시간이 없다.	3	2	1
3	업무(학업) 외에 가족, 친구들과 함께 많은 시간을 보내지 못한다.	3	2	1
4	규칙적으로 하고 있는 운동이 없다.	3	2	1
5	나의 시간과 노력을 계획하고 구성할 시스템이 없다.	3	2	1
6	스케줄에서 계획한 모든 것을 성취하지 못하고 있다.	3	2	1
7	몸이 원할 때 쉬거나 취미생활을 즐길 여유가 없다.	3	2	1
8	상대방의 의견에 경청하기보다는 내 의견을 먼저 이야기한다.	3	2	1
9	나는 내 인생을 통제할 수 있다고 느끼지 못하고 있다.	3	2	1
10	모든 일에 집중할 수가 없다.	3	2	1
총점				

출처: 마인드 트레이닝(www.mindtraining.co.kr).

진단

- 10~15점: 스트레스 낮음. 당신은 스트레스가 적은 생활을 하고 있다. 또한 스트레스를 극복하는 자신만의 방법들을 알고 있다. 이런 경우에는 스트레스를 해소하는 훈련보다 더욱 자신의 일을 즐기고 자신과 가족과의 건강한 삶을 위한 훈련을 하는 것이 좋다.
- 16~20점: 스트레스 중간임. 당신은 중간 정도의 스트레스 범주 내에 있다. 하지만 일상과 인생의 중요 사건으로부터 발생하는 주요 스트레스에 영향을 받기 쉽다. 어떠한 일에 시간을 쓰고 있는지 재평가해 보고, 가장 중요한 일에 많은 시간을 할애하도록 노력하라.
- 23~30점: 스트레스 높음. 측정 결과는 당신이 일상의 계획에 거의 만족하지 못하며 높은 스트레스를 느끼고 있을 가능성이 있음을 보여 준다. 스트레스가 높으면 일의 자신감과 흥미가 떨어지게 되고 집중력도 약해진다. 이런 경우 자신의 소중한 과거 경험이 자원이 될 수 있다.

비슷한 정도의 스트레스를 받는 사람이라도 극복능력에는 차이가 있다. 스트레스 극복능력 수준이 낮은 상태라면 혼자서 노력하기보다는 상담전문가의 도움을 통한 스트레스 관리가 필요하다.

밀러와 스미스(Miller & Smith, 1985)에 의해 개발된 스트레스 취약성 평가([활동 11-4])는 평소의 생활양식, 생활환경, 대처 자원을 전반적으로 검토하여 스트레스에 취약한 정도를 평가한다. 20개의 문항으로 구성되어 있고 0~4점으로 응답하도록 되어 있다.

활동 11-4 스트레스 취약성 체크리스트

문항	항상 그렇다	대체로 그렇다	종종 그렇다	그렇지 않은 편이다	전혀 그렇지 않다
	0점	1점	2점	3점	4점
1. 최소 하루 한 끼는 따뜻하고 균형 있는 양질의 식사를 한다.					
2. 적어도 일주일에 4일은 7~8시간 수면을 취한다.					
3. 사람들과 적당히 애정을 주고받고 있다.					
4. 사는 곳에서 반경 1km 안에 긴급한 도움을 줄 사람이 있다.					
5. 적어도 일주일에 두 번은 땀이 날 때까지 운동한다.					
6. 하루 피우는 담배는 반 갑 이하이다.					
7. 일주일에 음주 횟수는 2회 이하이다.					
8. 정상 체중을 유지한다.					
9. 수입은 생활에 지장이 없을 정도가 된다.					
10. 종교적(영적) 신념이 있으며 그로부터 힘을 얻는다.					
11. 클럽이나 모임에 정기적으로 나간다.					
12. 인맥을 어느 정도 유지하고 있다.					
13. 사적인 문제를 터놓고 의논하는 사람이 있다.					
14. 카페인이 든 음료를 마시는 횟수는 하루 3회 이하이다.					
15. 화나거나 걱정이 있을 때 상대방에게 솔직히 말한다.					
16. 가족들과 집안 문제를 상의하여 결정한다.					
17. 일주일에 적어도 한 번은 재미있는 일을 한다.					
18. 나는 내 시간을 효율적으로 사용한다.					
19. 시력, 청력, 치아 등이 건강하다.					

20. 매일 잠시라도 혼자 조용히 지내는 시간을 갖는다.					
총점					

출처: Miller & Smith (1985).

진단

- 0~10점: 스트레스에 잘 대처할 수 있는 조건을 갖추고 있다.
- 11~29점: 스트레스에 대처할 수 있는 조건이 양호하다.
- 30~49점: 스트레스에 대처할 수 있는 조건이 다소 취약하다.
- 50~74점: 스트레스에 대처할 수 있는 조건이 상당히 취약하다.
- 75점 이상: 스트레스에 대처할 수 있는 조건이 극도로 취약하다.

활동 11-5 스트레스 대처 양식 질문지

◆자신의 스트레스 대처 방법을 알아보자.

문항	해당 여부
1. 일을 위해 개인적인 감정은 자제한다.	
2. 친구들을 만나서 대화하고 위안을 얻는다.	
3. 평소보다 많이 먹는다.	
4. 운동을 한다.	
5. 주변 사람들에게 화를 내고 짜증을 부린다.	
6. 모든 일을 멈추고 편안한 자세로 잠깐 동안 휴식을 취한다.	
7. 담배를 피우거나 카페인 음료(커피, 홍차, 콜라 등)를 마신다.	
8. 문제의 근원이 무엇인지 파악하고 상황을 변화시키기 위해 노력한다.	
9. 감정적으로 위축되어 하루를 조용히 보낸다.	
10. 문제에 대한 시각을 바꾸고 좀 더 낙관적으로 바라본다.	
11. 평소보다 잠을 많이 잔다.	
12. 며칠 휴가를 내고 일에서 벗어난다.	
13. 쇼핑으로 기분을 전환한다.	
14. 친구들과 가벼운 수다를 떨거나 농담을 하면서 나쁜 기분을 털어 낸다.	
15. 평소보다 술을 많이 마신다.	

16. 혼자 즐기는 취미나 흥미 있는 일에 몰두한다.	
17. 신경안정제, 수면제 같은 약을 복용한다.	
18. 영양가 있는 음식들을 먹는다.	
19. 문제되는 상황을 무시하고 지나가기만을 바란다.	
20. 기도, 명상 등을 한다.	
21. 문제 상황을 걱정하면서 행동하는 것을 두려워한다.	
22. 내가 할 수 있는 일들에 집중하려고 하고 내가 할 수 없는 것들은 포기한다.	
홀수 문항 개수: (　　) 짝수 문항 개수: (　　)	

출처: Jim(1999).

진단

- 짝수 문항 개수가 홀수 문항 개수보다 많으면 잘 대처하고 있음
- 홀수 문항 개수가 짝수 문항 개수보다 많으면 대처 방식에 개선이 필요함

2) 스트레스 관리법

효과적인 스트레스 관리를 위해서는 우선 '절차와 과정'을 중요시하는 사고방식을 존중해야 한다. 앞에서 스트레스원에 대한 개개인의 주관적 지각내용 평가와 대응방식의 상호작용에 의해 '적응'과 '부적응'이 결정됨을 알아보았다. 똑같은 스트레스원에 대해 개인의 주관적 지각내용 평가는 차이가 난다는 의미는 스트레스를 스스로 만든다는 것을 포함한다. 따라서 스트레스원에 대한 정확하고 객관적인 평가절차가 요구되고, 지금까지의 대응 반응이 비효과적이었다면, 효과적인 대응책을 마련하기 위한 구체적인 노력이 필요함을 알 수 있다. 다음은 스트레스를 관리하는 기본 기법이다(Roskies, 2010: 박명순 외, 2003 재인용).

(1) 변화기법: 스트레스원으로부터 벗어나기

삼십육계 줄행랑도 스트레스를 해결하는 좋은 방법 중의 하나이다. 변화기법(change it solution)은 스트레스원을 변화시키고 차단하거나 스트레스원으로부터 도망가는 방법이다. 예를 들어, 청룡열차를 타면 극도로 불안해지는 사람이라면 놀이공원에 가서도 청룡열차를 타지 않으면 된다. 또 술을 마시고 자꾸 실수를 해서 뒤처리에 곤란함을

겪는 사람이라면 술을 안 마시거나 꼭 마시고 싶다면 혼자 마셔 타인에게 실수를 안 하도록 방지할 수 있다. 하지만 변화기법이 적용되지 않을 때도 있다. 만약 스트레스원이 예견 가능하지만 회피 불가능한 것이라면 다른 방법을 찾아야 한다.

(2) 유심기법: 피할 수 없는 스트레스원은 받아들이기

유심기법(mind over matter solution)은 미리 짐작할 수 있지만 회피할 수는 없다거나 회피해서는 안 되는 스트레스원에 대한 대응책이다. 예를 들어, 시험은 미리 예견할 수 있고 이론적으로 피하는 것도 가능할 수 있다. 하지만 실제로 학교를 다녀야 하기 때문에 피한다는 것은 불가능하다. 이럴 때는 스트레스원을 있는 그대로 받아들이는 것이 현명한 것이다.

유심기법의 성공 여부는 긍정적인 사고에 달려 있다. 시험 자체는 부담스럽고 피하고 싶지만 어쩔 수 없이 봐야 한다면 열심히 준비해서 보자는 마음을 갖는 것이 필요하다. 열심히 해서 좋은 성적을 받게 되면 결국 기분이 좋아지게 되고, 이후 취업을 하는 데도 유리하다는 긍정적인 결과에 초점을 맞추는 것이다. 어떤 이들은 '열심히 했는데도 안 좋은 성적이 나오면 어떡하나, 성적이 안 좋게 나올 것이다' 등의 부정적 사고를 하는데, 이렇게 되면 부정적 사고에 따른 불안감과 부담감으로 인해 주의집중이 곤란해지고 공부에 충실할 수가 없어진다. 결국 자신의 걱정대로 좋은 성적을 얻기는 힘들어진다.

③ 동행기법: 긴장으로 생기는 에너지를 원하는 행동으로 사용하기

긴장감을 일으키는 상황에서 에너지가 발생한다. 심장이 두근거리고 얼굴이 상기되고 식은땀이 나기도 한다. 이는 발생한 에너지가 밖으로 표현되는 방식으로 이해할 수 있다. 흔히들 가슴이 뛰는 것을 정지시키려고, 얼굴을 식히려고, 땀을 닦으려고 애쓰고, 표내지 않으려고 더욱 마음이 바빠지기도 한다. 이렇게 긴장 신호에 주의를 집중하게 되면 긴장수준은 더욱 올라가게 된다.

동행기법(The go with it solution)은 발생하는 에너지를 자신이 원하는 행동으로 다 써버리는 것이다. 예를 들어, 학기 초에 새로운 환경에 적응하기가 무척 힘들 수 있다. 새로운 사람들을 사귀고 지도교수님과 안면을 익히고 선후배와의 관계도 돈독하게 해야 하는 스트레스가 발생할 수 있다. 새로운 사람들과 관계를 형성할 때 다소의 차이는 있으나 긴장하게 되는데, 이때 발생하는 에너지를 먼저 다가가 말 걸고 인사하는 데 사용하여 써 버리게 되면 마음의 평안을 얻을 수 있다.

④ 심상법: 감정을 안정시키기

스트레스 상황이 정리되지 않고 마음이 복잡하면 어떻게 해결해야 하는지 해결방법이 잘 보이지 않을 수 있다. 특히 스트레스원으로 인해 격한 감정에 휩싸여 있다면 정리는 더욱 힘들어진다. 이럴 때는 우선 감정을 안정시키는 것이 급선무이다. 이럴 때 심상법을 이용하는 것이 효과적이다.

심상법이란 자신만이 아는 자기만의 공간을 자신의 마음속 또는 머릿속에 마련해 두는 것이다. 이 공간은 어느 누구로부터도 침해당하지 않는 안전한 곳이며 이 세상에서 자신이 가장 편안함을 느낄 수 있는 곳이다. 공간의 모양은 자신이 직접 결정할 수 있고, 매우 구체적으로 묘사하는 것이 중요하다. 언제 어느 때라도 자신이 원하면 그 공간 안으로 들어갈 수 있다. 숙달될 때까지는 눈을 감고 편안히 앉아 심호흡을 한다. 천천히 길게 들이쉬며 아랫배를 부풀리고 천천히 내쉬면서 배를 꺼뜨린다. 이런 호흡을 5~10회 정도 하면서 자신만의 공간으로 들어가 휴식을 취하게 되면 격양된 감정이 안정되게 된다.

⑤ 점진적 근육 이완법: 긴장된 몸을 이완시키기

긴장된 상태를 충분히 느끼게 함으로써 이완되었을 때의 편안함을 배가시키는 훈련으로 방법은 다음과 같다.

- 양손, 양팔, 양어깨 근육에 동시에 힘을 준다. 이 긴장을 약 15초간 유지한다. 긴장 시 당신이 느끼는 감각을 기억하면서 천천히 힘을 뺀다. 당신의 손, 팔, 어깨에서 이완되는 느낌에 빠진다. 약 20초간 고른 호흡을 하면서 이완감에 편안하게 집중한다.
- 얼굴 근육, 입과 구강 내 근육, 목 근육 모두에 힘을 준다. 근육들에 최대한 힘을 준 다음, 최대한 긴장상태에서 15초간 그대로 유지한다. 천천히 힘을 뺀다. 당신의

얼굴 근육이 풀리고, 목 근육이 이완되고 목구멍까지 긴장이 풀린다. 이때 근육 긴장이 이완될 때 느끼는 변화와 느낌을 그대로 받아들인다. 머리 부위 전체가 따뜻하고 묵직해지는 것을 느끼게 된다. 약 20초간 고른 호흡을 하면서 머리 부위의 이완감에 집중한다.

- 등 근육 위아래 모두에 힘을 준다. 동시에 배 근육과 가슴 근육까지 힘을 준다. 최대한으로 몸통 근육 전체에 힘을 준 상태를 15초간 그대로 유지한다. 머리에서 몸통으로 번지는 따뜻한 이완 느낌을 맛보게 된다. 이 느낌을 즐긴다. 약 20초간 고른 호흡을 하면서 당신의 몸통 부위의 이완감에 집중한다.
- 이제부터는 당신의 사타구니, 엉덩이, 다리, 발 근육 모두에 힘을 준다. 동시에 모든 근육에 최대한 힘을 주고 15초간 그대로 유지한다. 그리고 서서히 힘을 뺀다. 근육이 긴장되었을 때와 이완되었을 때의 느낌에 주목한다. 이런 느낌의 변화를 인지하면서 점차 당신의 몸통에서 내려와 당신의 다리, 발까지 전해지는 따뜻하고 무겁고 편안한 느낌을 즐긴다. 약 20초간 고른 호흡을 하면서 당신의 하체의 이완감에 집중한다.
- 이제부터는 당신의 호흡에 집중함으로써 당신의 이완상태를 증진시킨다. 코로 숨을 깊이 쉬고 숨을 참는다. 참을 때 속으로 하나, 둘, 셋, 넷을 세면서 당신의 가슴이 긴장됨을 느낀다. 서서히 숨을 내쉰다. 하나, 둘, 셋, 넷을 세면서 숨을 내쉴 때 당신 몸에서 느껴지는 변화에 주목하라. 점점 전신이 따뜻해지고 무거워지며 이완되어 갈 것이다. 1분간 같은 방법으로 깊게, 그리고 고르게 호흡하고, 1분간 심호흡한 후에 계속한다.
- 네 단계를 거쳐 당신은 서서히 깨어난다. 먼저 당신의 손과 팔을 흔들어 본다. 이제 눈을 뜨고 천천히 일어난다. 편안하고 새롭고 재충전된 느낌을 느낄 것이다.

활동 11-6 스트레스 대처 훈련

◆ 다음 사례를 읽고 스트레스에 대처하는 방식을 연습해 보자.

〈사례 1〉

전공이 적성에 안 맞아 성적도 안 좋고 방황을 많이 하며 학교생활을 했다. 그러다 내 적성과 흥미에 맞는 일을 찾았다. 웹디자인을 하고 싶다. 그런데 나는 항상 뭔가 열심히 해 보려고 하면 방해하는 일들이 엎친 데 덮친 격으로 생긴다. 정말 재수가 없나 보다. 자격증 시험이 얼마 남지 않아 학원을 이번 달부터 열심히 들으려고 맘먹고 어제 등록까지 했다. 그런데 오늘 엄마가 몸이 아파 가게일 보기가 힘들다고 내일부터 나 보고 나오라고 한다. 곧 졸업인데 졸업하자마자 취업해서 효도 좀 하라고 해 놓고 가게를 보라니 진짜 짜증이 난다. 다른 집 자식들은 부모 일도 잘 도우면서 동생들 챙기면서도 자기 앞가림 잘한다며 비교까지 하면서 강요하니 거절하면 욕을 엄청 얻어먹을 상황이다. 머리가 지끈지끈, 소화도 잘 안 되고 스트레스 엄청 받는다.

스트레스 상황 기록지

<table>
<tr><th>스트레스 사건 상황</th><th>스트레스 사건에
대한 반응</th><th>반응의 강도
1 2 3 4 5
최약 최강</th></tr>
<tr><td rowspan="3">어제 취업 준비를 위해 학원에 등록했다. 오늘 엄마가 아프다고 내일부터 대신 가게를 보라고 요구하고 있다.</td><td>• 두통
• 소화불량</td><td>3
4</td></tr>
<tr><td>• 짜증
• 답답함
• 부담스러움</td><td>5
4
3</td></tr>
<tr><td>• 나는 재수가 없다.
• 거절하면 엄마는 날 미워할 것이다.
• 주변이 날 도와주지 않는다.</td><td>4
5
4</td></tr>
</table>

스트레스 대처 방안 찾기

피할 수 있는가?

NO ⬇	YES ⬇
유심기법: 가게 일을 돕는다.	변화기법: 거절하고 학원에 간다.
• 언제까지 해야 하는지 명확히 한다. • 학원 등록을 취소하거나, 다음 달로 연기한다. • 시험일을 엄마에게 알리고 근무시간을 정하여 시험 준비시간을 확보한다. • 가게 일을 하는 것에 대한 일정 보수를 받을 수 있도록 엄마와 협상한다. • 일을 하면서 하루에 한 번씩 점진적 근육 이완법으로 몸의 긴장을 푼다. • 가끔 심상법을 이용하여 가장 편안하고 이완될 수 있는 가상의 자기 공간에 들어가 5~10분 정도 휴식한다.	• 학원 등록 사실과 자격증 시험의 중요성을 엄마에게 설명한다. • 가게를 봐줄 수 있는 사람을 찾는다. • 엄마의 건강 회복을 위한 구체적인 방법을 찾는다.

〈사례 2〉

학기 초부터 같이 다니던 3명의 친구가 있다. 나는 원래 다희랑 같은 고등학교 출신이라 그래도 다른 친구들보다 다희랑 더 가깝다고 자신했었는데, 언젠가부터 다희와 지영이가 더 자주 붙어 다니기 시작했다. 다희가 지영이랑 더 친해지는 것을 보고 조금 서운한 마음이 들었으나 내색하지는 않았다.

일주일 전에 나머지 한 친구 지혜가 나한테 미용실에 같이 가자고 부탁을 했는데 사정이 있어 거절했더니 무척 기분 나빠 하면서 가 버렸다. 그 이후로 왠지 서먹해졌는데, 오늘 다희, 지영, 지혜가 같이 학생식당에서 밥을 먹고 있는 것을 보았다. 친구들한테 다가가니 어쩐지 반기지 않는 것 같아 무척 당황스러웠다. 왕따가 된 것 같아 불안하고, 어떻게 해야 할지 막막하다. 학기 초부터 붙어 다녀 다른 친구들이랑은 별로 친해지지도 못했고, 내가 따돌림을 당하고 있는 것처럼 보이면 다른 친구들도 끼워 주지 않을 것이다. 앞으로 어떻게 해야 할지 막막하다.

스트레스 상황 기록지

스트레스 사건 상황	스트레스 사건에 대한 반응	반응의 강도 1 2 3 4 5 최약 최강

1. 대응 방안은 어떤 것이 있을까?

2. 대응 방안에 대한 적절성을 평가해 보고, 적절하지 않다면 그 이유를 찾아보자.

〈Tip〉 스트레스에 대처하는 10가지 마음가짐

- 무엇 때문에 스트레스를 받고 있는지 정확하게 파악한다.
- 스트레스를 받았을 때 자신이 취하는 사고방식과 행동양식, 그로 인한 결과들을 꼼꼼히 검토한다.
- 스트레스를 받고 있음을 부정하지 않고 직면한다. 그리고 해결책을 찾는다.
- 과거에 좋았던 것에만 집착하거나 실패한 것에 연연하지 않고 '그럼에도 불구하고 지금은~'이라는 생각으로 현재 생활에 관심의 초점을 맞춘다.
- 어떤 방법으로도 변화시킬 수 없는 문제가 있을 때는 잠시 동안 일과 걱정거리를 밀어 놓고 다른 활동에 몰입해 본다. 새로운 각도에서 문제를 볼 수 있는 눈이 생긴다.
- 스트레스를 경험하는 상황을 마음속으로 가정하고 미리 연습해 보며 자신감을 기른다.
- 선택과 포기를 명확히 한다. 정말 중요한 일에는 에너지를 쏟고 중요하지 않은 일은 현명하게 포기할 수 있어야 한다.
- 평소에 적당한 운동으로 건강을 유지한다. 몸이 아프면 스트레스와 맞설 수 없다.
- 마음먹기에 따라 화가 복이 된다. 달리 생각하면 달리 보인다. '자살'을 거꾸로 읽어 보면 '살자'가 되지 않는가?
- '나는 반드시 ~해야 한다'라는 경직된 생각에서 벗어나 '그럴 수도 있지'라는 융통성을 발휘한다.

제12장

분노의 이해와 대처

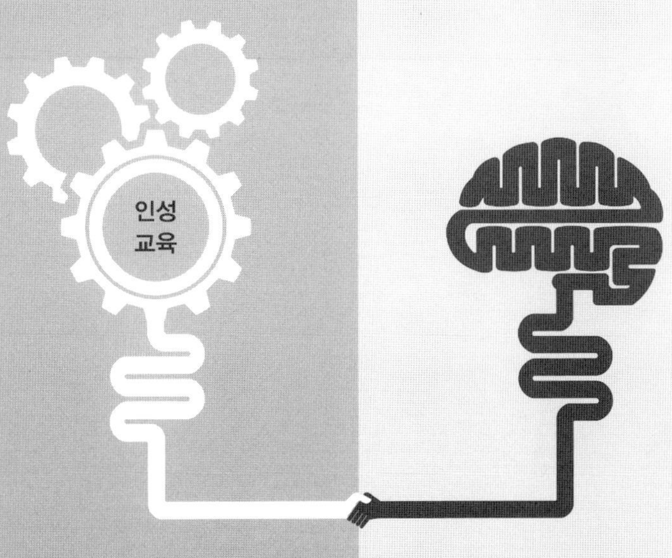

1. 분노의 이해

분노를 어떻게 바라보느냐에 따라서 우리는 분노를 폭발시킬 수도 있고 잠재울 수도 있다. 우리는 종종 "나는 욱하는 성질이 있어서……"라고 말하는 사람을 보게 된다. 좋을 때는 좋지만 "한번 성질이 나면 참을 수 없어." 또는 "한번 화가 나면 나 스스로도 주체할 수가 없어."라고 말하는 사람들도 만나게 된다. 화나는 감정을 억누르고 분노하지 않는 것이 모든 상황에서 최선의 해결책은 아니다. 오히려 화를 억누르고 사는 것이 우리의 마음을 더 깊게 병들게 할 수도 있다. 세계에서 유례 없이 우리나라에만 '화병'이라는 것이 있다는 사실은 우리 사회 안에 분노를 억누르고 참는 것이 너무나 자연스러운 일로 받아들여져 왔다는 것을 의미할 수 있다. 용수철을 강한 힘으로 누르면 누를수록 용수철이 더 세게 튕겨져 나오는 것처럼 우리 마음속에 억눌린 분노는 반드시 어떠한 형태로든 표출되거나 우리를 병들게 한다. 많은 사람이 순간의 분노를 참지 못해서 오랫동안 쌓아 온 좋은 관계를 해치거나 가장 가까운 사람들의 마음에 깊은 상처를 남기기도 한다. 그러므로 분노를 잘 다루는 방법에 대해서 관심을 갖고 자신의 삶 속에서 그것을 실천하는 것은 중요하다.

1) 분노의 개념

분노란 자신의 욕구나 목표를 달성하고자 하는 정당한 행동이 방해받거나 극심한 스트레스를 유발하는 상황에서 경험하는 불쾌한 정서적 · 생리적 반응이다(이혜림, 이동훈, 2016; 홍경자, 2007). 분노는 부당한 대우를 받거나 좌절했을 때 자신을 방어하는 데 반드시 필요한 정서이다. 분노는 모든 인간이 가지는 하나의 감정일 뿐이며 그 자체로 좋거나 나쁜 것이 아니지만 부정적인 분노 표현이 분노에 대하여 부정적 인식을 갖게 한다.

삶에서 분노를 느낄 만한 스트레스나 억울함, 상처 없이 살아갈 수 있는 사람이 있을 수 있을까? 생활 속에서 우리는 누구나 갈등과 분노를 경험하게 된다. 하지만 사람마다 분노를 느끼는 지점이나 반응양식은 다르게 마련이다. 자신의 경험, 생각, 가치관에 따라서 같은 상황에 대해서도 어떤 사람은 몹시 분노하고 좌절하는가 하면 어떤 사람은 조금 분노하고 좌절하고, 또 어떤 사람은 분노를 느끼지 않을 수도 있다.

즉, 분노를 이해함에 있어서 자기 자신에 대한 이해가 필수적이라 할 수 있다. 분노는 지극히 개인적인 반응일 뿐만 아니라 선택 가능한 여러 가지 대응양식이 있다는 것을 이해할 수 있을 때, 비로소 우리는 우리의 분노를 건강하게 이해하고 그것을 통해서 성장할 수 있게 된다.

(1) 분노에 대한 잘못된 인식(서수균, 2005)

- 분노는 비난이다 → 분노는 외부 사건에 대한 내부의 생리적인 거부 반응으로 화내는 사람은 지각된 위협으로부터 자신을 보호하고 있는 것이다. 즉, 다른 사람의 옳고 그름과는 무관하다.
- 분노는 위험하다 → 분노 자체가 위험하거나 유해하거나 폭력적인 것이 아니다. 분노는 내적인 감정으로 이 자체가 위험한 것이 아니라, 사람이 자신의 분노를 외부로 표현하는 방식이 위험한 것이다.
- 분노는 나쁜 것이다 → 분노는 좋거나 나쁜 것이 아니며 다른 정서와 마찬가지로 생존을 돕는 기능적인 면을 가지고 있다.
- 분노는 죄악이다 → 분노를 느끼는 것은 죄악이 아니다.
- 분노는 불과 같다 → 분노는 불과 같이 많은 기능을 갖고 있으나 사람이 분노를 적합하게 사용하는 법을 배우지 못하면 파멸을 초래할 수 있다.

(2) 피해야 할 5가지 분노행동

- 분노를 담아두는 것(holding anger in)
- 분노를 차곡차곡 쌓아가는 것(escalating anger)
- 화풀이(displacing anger): 분노의 원인과 상관없는 대상에게 분노를 표현하는 것
- 공격적으로 반응하는 것
- 약물, 술, 게임 등에 중독되는 것

2) 분노의 종류

(1) 건강한 분노표출

건강한 분노표출(healthy anger) 유형은 분노를 생활의 정상적인 한 부분으로 이해하고, 분노가 느껴질 때 내 삶에 있어서 실제적인 어떤 문제가 발생하고 있음을 점검하는 신호로 받아들이며, 자신의 분노를 적절한 방식을 통해서 표현한다. 이 경우 자신을 통제하지 못했다는 죄책감은 없어진다. 문제를 해결하는 것에 초점을 두지, 분노를 표현하는 것 자체에 초점을 두지 않으므로 문제가 해결되면 분노도 사라진다.

(2) 분노회피

분노회피(anger avoidance) 유형의 경우 자신의 분노를 두려워하고 통제감의 상실, 거절당함, 처벌, 분노에서 벗어나지 못할 것을 무서워한다. 죄책감으로 인해 화낼 이유가 있다는 것을 가리거나 침묵(mute)하거나 반항하지 않음(doormat)으로 분노를 표출한다.

(3) 수동공격적인 분노표출

수동공격적인 분노표출(sneaky anger) 유형의 경우 자신의 분노를 간접적으로 보여주며 자신의 분노를 허용하지 않으면서 화를 낼 수 있다. 분노를 느끼지만 'no'라고도 'yes'라고도 말하지 않으면서 다른 사람을 무시하는 방법으로 분노를 표출한다. 이런 형태로 분노를 표출하다 보면, 자신이 정말로 무엇을 원하고 무엇을 필요로 하는지 알지 못하게 되거나 아무도 자신이 무엇을 원하는지 알아 주지 못하기 때문에 자신이 원하는 것과 요구사항들이 충족되지 못하여 점점 냉소적, 비평적으로 되고, 삶에 대해서 부정적으로 변한다.

(4) 갑작스러운 분노표출

갑작스러운 분노표출(sudden anger) 유형의 경우 자신의 뜻이 이루어지지 않아 좌절감을 느낄 때마다 이성을 잃을 정도로 화를 낸다. 좌절의 순간이 오면 그들은 아주 어린 아이가 된다. 또한 자신의 분노가 시작되고 있음을 알리는 신호를 무시하고, 참을성이 없으며, 즉각적으로 자신이 원하는 것이 이루어지는 것을 원하고 자신이 원하는 것을 다른 사람이 느리게 행할 때 모멸감을 느낀다. 하지만 이러한 갑작스런 분노 폭발이 문제를 해결하고 상황을 나아지게 하기는커녕, 기분은 더욱 나빠지고, 자기통제력을 상실했다는 자책감을 갖게 하며, 주변 사람들을 당황하게 하여 결국 원하는 것을 얻지 못하게 한다.

(5) 수치심 분노표출

스스로를 가치가 없다고 느끼고, 다른 사람이 자신에 대해서 알게 되면 자신을 거부할 것이라고 생각하고 있는 사람은 상대방이 자신의 실수에 대해 조금이라도 비난하면 크게 분노하게 된다. 성장 과정에 충분한 사랑을 받지 못한 경우 자신이 특별하지도 않고 중요한 존재도 아니고 사랑할 가치도 없는 사람이라고 생각하면 스스로를 무시하고, 자신을 학대하게 된다. 결국 자신의 자신 없는 부분이 부끄러워 과도하게 분노를 표출하는데 이를 수치심 분노표출(shame-based anger)이라고 한다.

(6) 의도적인 분노표출

의도적인 분노표출(deliberate anger)은 화난 척함으로써 자신이 원할 때 원하는 것을 얻을 수 있기 때문에 분노를 이용하는 경우를 말한다. 이렇게 분노를 발하는 이유는 타인을 조종하고 강한 이미지를 심기 원하거나, 자신의 감정을 드러내는 것이 두려워서 의도적으로 분노를 발하게 되는 경우를 말한다.

(7) 습관적인 분노표출

습관적인 분노표출(habitual anger) 유형의 사람들은 분노로 그들이 원하는 것을 얻은 적이 있다. 모든 사람을 자신의 불평에 따라 움직일 수 있다는 불평의 효과를 반복적으로 경험하면 그들의 분노는 자동적으로 표출되어 분노 습관이 생기게 된다.

3) 분노의 원인 및 발생과정

분노는 낯선 사람보다 가족, 친구, 연인과 같이 정서적으로 밀접한 관계에서 더 많이 경험하는 것으로 나타났다. 가까운 사람들과의 상호작용이 빈번하며 서로의 생활에 더 깊숙하게 관여하고 더 쉽게 상처를 주고받을 수 있기 때문이다. 분노의 원인을 살펴보면 다음과 같다(홍경자, 2007).

- 부당하거나 불공정한 대우를 받는 상황이 분노를 가장 많이 유발한다. 부당한 대우를 받고 무시당할 때 자신의 절박한 요구가 충족되지 않아서 좌절감, 억울함, 자존심의 손상을 경험하면서 분노가 유발된다.
- 외부에서의 언어적 · 신체적 · 도덕적 모욕 등으로 인해 자신이 공격받을 때 모욕감을 느끼고 분노를 느낀다.
- 신체적 · 심리적 · 언어적 · 사회적 제지 등으로 인해 자신이 절실하게 원하던 것을 성취하지 못하면 분노가 발생한다.
- 조직생활에서 경험하는 과도한 스트레스 등 강하고 지속적인 스트레스가 분노를 유발한다.
- 소음, 진동, 극심한 추위나 더위 같은 기상조건, 도덕적으로 혐오스러운 장면 등이 불쾌한 정서와 분노를 유발한다.

분노는 어떤 사건 자체가 아니라 분노를 받아들이는 자신에 따라 해석과 반응이 달라질 수 있는데 분노의 발생과정을 통해 이에 대한 이해가 가능하다. 강신덕(1997)은 분노의 발생과정을 다음과 같이 정리하였다.

- 분노를 유발하는 선행 상황이 있다. 이는 연령에 따라 차이가 나는데 청소년기와 성인기에는 분노 유발 원인이 영아기보다 심리적 · 인격적 · 사회적인 것으로 변해간다.
- 분노 유발 상황이 발생하면 자율적 연합과정에 의해 단순한 평가가 이루어지고 이로 인해 원초적인 부정적 정서가 발생된다. 이 부정적 정서가 분노나 공격성의 기초가 된다.

- 원초적인 정서가 발현한 후에 고차적인 인지과정이 작용하는데 이는 나에게 어떤 일이 일어났는가, 나에게 일어난 감정, 사고, 기억, 신체의 변화는 무슨 이유로 일어났는가, 이후에 나에게 어떠한 일이 일어나겠는가, 나는 어떤 행동을 해야 할 것인가 등의 인지적 평가과정이 개입된다.
- 고차적 인지과정을 거친 후에 여러 가지 정서가 발현하는데 이 중의 하나가 분노이다. 분노의 발현과 동시에 분노의 표현이 일어나는데, 분노가 표현되는 형태는 분노를 내적으로 억제하는 것과 외적으로 표출하는 것이 있다.
- 분노를 표현한 후에는 이에 상응하는 결과가 발생한다. 예를 들면, 통제되지 않은 분노의 표현으로 인해 사회지지체계가 약해지고 대인관계에서 고립되면 신체적인 방어체계가 약화되어 심장계통과 소화기계통의 손상, 외로움, 소외감, 무력감 등을 느끼게 된다.

노바코(Novaco, 1994)는 분노란 어떤 사건을 위협적, 체면의 손상, 불쾌한 것으로 지각할 때 나타나는 자연스러운 반응이라고 하였으며, 분노의 결정요인 및 과정모델을 다음과 같이 설정하였다([그림 12-1]).

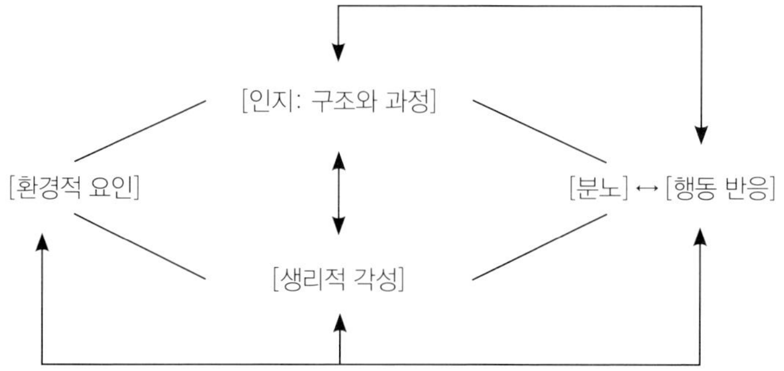

[그림 12-1] 분노의 결정요인 및 과정모델(Novaco, 1994)

이 모델의 내용은 외부 환경으로부터 불유쾌한 경험을 하게 될 때, 생리적으로 각성이 되고, 그 각성을 인지적으로 분노라고 해석하는 두 가지 과정을 거쳐 분노를 경험하게 되는 것으로 설명한다. 즉, 외적 상황 자체가 분노를 일으키는 것이 아니라 그 상황을 어떻게 해석하느냐가 중요한 변수이다. 여기서 자극에 대한 정서적 반응, 즉 분노는 개인 변인의 세 가지 양상인 신체적 · 정서적 · 행동적 · 인지적 요인에 의해 결정된다.

인지적 수준에서 분노는 자극 상황에서 일어나는 평가, 귀인, 기대, 자기진술이 기능을 하며, 신체적 · 정서적 수준에서는 긴장, 초조함, 나쁜 기분에 의해 분노가 촉발되고 악화된다. 행동적 수준에서는 철회와 적대감이 분노를 일으키는데, 철회는 자극을 변화시키지 않은 채 그대로 둠으로써 발생하고, 적대감은 자극과정이 점차 진행되면서 발생하게 된다(Corey, 1999).

이와 같이 분노는 어떤 사건에 대하여 생리적 각성 후 인지적인 과정을 거쳐 행동으로 나타나는 것으로, 외적 상황 자체가 아니라 인지적으로 상황을 어떻게 해석하느냐가 중요한 변수이다. 따라서 분노는 인지적인 재구조화로 조절될 수 있다.

2. 분노 대처하기

1) 분노 지수 측정

분노에 대처하기에 앞서 자신의 분노 정도에 대하여 살펴볼 필요가 있다. 사람은 저마다 출생과 성장 배경이 다르기 때문에 경험도 다양하다. 따라서 어떤 사람은 불공정하다고 느낄 때 다른 사람보다 더 많이 화를 내고, 어떤 사람은 상대방이 답답하다고 느낄 때 다른 사람보다 더 많이 화를 낸다. 또 어떤 사람은 상대방이 급하게 뭔가를 재촉하면 갑자기 하던 일도 잘 못하게 되고, 그 사람에게 격렬하게 분노가 치밀기도 한다. 이와 같이 사람마다 분노를 경험하는 상황과 정도가 상이하다. 분노 지수를 측정하는 데는 윌리엄스와 윌리엄스(Williams & Williams, 1993)의 분노 지수 검사([활동 12-1])가 있다. 또한 에반스와 코헨(Evans & Cohen, 2001)이 개발한 핫버튼 측정 지수 체크리스트([활동 12-2])는 분노를 느끼게 만드는 특정한 상황과 부분을 의미하는 핫버튼이 얼마나 예민한가를 알아보는 체크리스트이다. 이러한 분노 지수 측정 결과는 현재 자신이 분노를 느끼는 정도를 알아볼 수 있는 좋은 지표가 될 것이다.

활동 12-1 분노 지수 검사

◆자신의 분노 지수를 확인해 보자.

1	십대 폭주족들이 시끄러운 모터사이클의 굉음을 내며 집 앞길을 요란하게 지나간다.	
	폭주족들이 왜 그렇게 요란하게 소리를 내며 다니는지 생각한다.	
	혈압이 올라가는 것을 느낀다.	
2	신문에는 마약범죄에 관한 새로운 기사가 그칠 날이 없다.	
	정부가 마약 사범들에게 좀더 나은 교육과 재활 프로그램을 마련했으면 좋겠다.	
	모든 마약 밀매인들을 영원히 없애 버렸으면 좋겠다.	
3	교통이 혼잡한 곳에 갇혀 있다.	
	보통 쉽게 화가 나지 않는다.	
	금방 짜증이 나거나 화가 나기 시작한다.	
4	누군가 당신을 부당하게 대한다.	
	그런 일은 보통 빨리 잊는 편이다.	
	여러 시간 동안 계속 그 일을 생각하는 편이다.	
5	사람들이 많은 은행이나 슈퍼마켓에 줄을 서 있다.	
	앞에서 어슬렁거리는 사람들에게 화를 낸다.	
	기다리는 데에 그다지 신경을 쓰지 않는다.	
6	엘리베이터가 바로 내려오지 않고, 어느 한 층에 오래 머물러 있다.	
	곧 짜증이 나고 화가 난다.	
	기다리면서 남은 하루의 계획을 세운다.	
7	누군가 당신이 한 일에 대해 비판을 한다.	
	화가 난다.	
	그 비판이 정당한 것인지를 알아보려고 한다.	
8	말다툼에 끼게 되었다.	
	자신의 의견이 수긍될 수 있도록 노력을 다한다.	
	심장이 뛰고 숨쉬기가 힘들어진다.	
9	테러 사건이 있었다는 소식을 또 들었다.	
	욕설을 내뱉고 싶어진다.	
	사람들이 어떻게 그토록 잔인할 수 있는지 의아하게 생각한다.	

10	우리 인생에는 화낼 일들이 곳곳에 도사리고 있다.	
	그것들이 자주 몸 안으로 스며드는 느낌이다.	
	그것들은 자신도 모르는 사이에 사라져 버린다.	
11	일주일 동안 거의 매일 이런 식의 기분으로 지낸다.	
	때때로 뾰로통해지곤 한다.	
	보통 안정된 편이다.	
12	상점에서 어떤 사람과 부딪쳤다.	
	우연한 일이라고 생각하고 지나쳐 버린다.	
	그 사람의 조심성 없는 행동에 화가 난다.	
13	가끔 무능한 사람들과 일할 때가 있다.	
	자신이 맡은 일에만 열중한다.	
	그들이 하는 일을 보며 참아야 한다는 것 때문에 화가 난다.	
14	언쟁을 하게 된다면?	
	상대방보다 더 화를 내는 편이다.	
	상대방보다 화를 덜 내는 편이다.	
15	과거에 당신을 화나게 했던 일들이 기억났다.	
	다시 화가 난다.	
	그 기억들은 지난 일이라 더 이상 나를 괴롭히지 않는다.	

출처: Williams & Williams(2001).

진단

자신이 응답한 문항 중 회색 영역으로 표시된 곳에 체크한 개수를 세어 보자. 회색 영역에 5개 체크했다면, 당신의 분노 점수는 5점이 된다.

- 점수가 0~3점: 분노 수준이 아주 낮음
- 점수가 4~6점: 분노 수준은 다소 관심을 가져야 할 정도로 높은 편임
- 점수가 7점 이상: 분노 수준이 매우 높음

활동 12-2 핫버튼 측정 지수 체크리스트

◆자신의 핫버튼 지수에 대해 확인해 보자.

번호	내용	거의 없음 0	드물게 1	가끔 2	비교적 3	자주 4	항상 5
1	전화를 받으면 짜증이 난다.						
2	길거리, 상점, 모임 등 장소에서 낯선 사람이 공격적인 태도로 말을 걸거나 시비를 건다.						
3	가족들이 나를 잘 이해해 주지 않는다.						
4	쉽게 눈물을 흘린다.						
5	직장 동료가 나를 시기하거나 질투한다.						
6	내가 의사를 표현할 때마다 누군가 화를 낸다.						
7	무력감이나 격렬한 분노를 느낀다.						
8	겁이 나고 뭔가에 위협당하는 느낌이 든다.						
9	사람들이 내게 너무 민감하다고 말한다.						
10	공격당하고 있다는 느낌이 든다.						
11	내 잘못이 아닌데도 사람들은 나를 탓한다.						
12	내 주위에 있는 사람들이 너무 게으르다.						
13	사람들이 나를 이용하려고 든다.						
14	늘 걱정 속에서 산다.						
15	심장박동이 너무 빠르다.						
16	운동을 할 때 호흡이 가빠지고 숨쉬기가 힘들다.						
17	위가 더부룩하다.						
18	등골이 쑤신다.						
19	항상 피곤하다.						
20	근육이 떨리고 통증이 느껴진다.						
21	자주 당황하고 쩔쩔 맨다.						
22	변비와 치질이 있다.						
23	의사가 심장에 문제가 있다고 말한다.						
24	자주 사고를 친다.						
25	두통이 있다.						

26	피부가 거칠고 쉽게 발진된다.						
27	목이 자주 메고 가슴이 벅차오른다.						
28	손톱을 물어뜯는다.						
29	나를 화나게 한 사람을 응징한다. (실제로는 그러지 못한다.)						
30	나를 격분하게 만든 사람을 응징한다.						
31	수면장애가 있다.						
32	섹스 분위기를 맞추지 못한다.						
33	누군가 나를 발로 건드리기라도 하면 화를 내거나 공격적으로 반응한다.						
34	술과 담배, 또는 약물을 복용한다.						
35	기억력이 별로 안 좋다.						
36	이성을 잃을 때가 많다.						
37	화가 나면 어떤 습관적인 동작을 무의식적으로 반복한다.						
38	자주 한숨을 쉰다.						
39	자주 이빨을 간다.						
40	사람들이 아주 멍청하게 느껴진다.						
41	자주 주먹을 꽉 쥔다.						
42	사람들이 나를 변화시키려 든다.						
43	내가 누군가 죽이는 모습을 상상한다.						
44	모든 사람들이 나만 보면 미친다.						
45	화가 난다. 아주 몹시 화가 난다.						
합계							

출처: Evans & Cohen(2001).

진단

- 합산 점수가 170~249점: 핫버튼이 쉽게 작동되는 편이다. 사소한 일에도 마음에 커다란 상처를 받거나 모욕감을 느끼기 쉽고 항상 분노에 휘청거린다. 이런 유형의 사람들은 자신을 위협하고 피해를 주는 싸움에 대해 다시 한 번 생각해 볼 필요가 있다. 너무 쉽게 분노하고, 싸우고, 기분을 상해하지는 않는가? 그것으로 인해서 너무 많은 시간 동안 해야 할 일을 하지 못하거나, 집중하지 못하고 마음이 불편한 상태로 있지는 않은가? 따라서 에너지가 긍정적이고 생산적으로 이용되지 못하고 부정적이고 소모적으로 낭비되지 않는지 깊이 생각해 볼 필요가 있다. 부정적 에너지를 다른 쪽으로 발산하는 방법을 배워야

한다. 적대적인 감정으로 방어자세를 취하는 대신 문제를 해결하는 데 에너지를 사용할 수도 있다. 이미 위험수위를 넘은 단계라서 언제라도 핫버튼이 작동될 수 있음을 기억하라. 건강에도 문제가 생겼을 수 있다.

- 합산 점수가 90~169점: 어느 정도 핫버튼에 노출되어 있는 상태이지만 얼마든지 통제가 가능하다. 핫버튼을 제거하는 방법을 쉽게 배울 수 있지만 지금 당장은 남의 비난을 쉽게 받아들이지 못한다. 논쟁을 시작하면 쉽게 싸움으로 발전하게 되며, 적은 분노로 시작하나 말을 하다 보면 분노가 크게 번지는 상황이다. 자신의 말과 행동에 대해 반성하고 후회를 많이 한다. 다른 사람들과의 관계에 있어서 아직도 살벌한 대결 상황이 자주 발생하고 이 때문에 허비하는 시간이 많은 편이다. 이것이 위장장애나 두통 등을 유발하고 건강에 장애를 줄 수 있다. 자신의 대화 패턴을 분석하고, 보다 효과적으로 문제를 풀어 나가는 방법을 배워야 한다.
- 합산 점수가 40~89점: 전혀 부정적이지 않은 상태이다. 오해를 해결하는 능력이 있기 때문에 핫버튼이 작동해도 크게 위협적인 상태는 아니다. 가끔 무기력하게 느껴진다 해도 이런 상태가 오래 지속되지는 않는다. 이럴 경우 오히려 일을 더 열심히 하게 되고 일을 통해 성취감을 느낀다. 그러나 불행하게도 자신의 약점을 잘 알고 약을 올리는 사람들에 대해서는 본의 아니게 화를 내거나 폭력을 휘두르고 다른 사람의 핫버튼을 자극하기도 한다. 하지만 자신의 건강에는 적신호가 없는 상태이기 때문에 이 정도면 어느 정도의 통제 상태에 있다고 하겠다.
- 합산 점수가 40점 미만: 핫버튼이 노출되어 있지 않다. 일상생활에서 일어나는 싸움과 분노는 건강을 해칠 수준까지 발전하지 않고 대부분 해결된다. 자신의 감정과 의사를 표출할 줄 알고 자신의 이익을 위해서 타인의 감정을 상하게 하지 않기 때문에 대인관계도 원만한 편이다. 이런 경우 침착하고 냉정한 태도로 분노에 대처하는 편이다.

2) 분노 다스리기

(1) 분노 상황 기록

최근 자신이 가장 분노를 느꼈던 상황을 마음속으로 떠올리고 그때의 상황과 분노에 대처하기 위해서 행했던 행동들을 생각해 보고, 다른 대응방식은 없는지 기록해 보자.

활동 12-3 분노 상황 기록지(서수균, 2005)

◆누구나 반복적으로 화가 심하게 나는 상황이 있다. 자주 경험하게 되는 가장 화나는 상황을 떠올려 보고 (단, 한 달에 한 번 이상 자주 일어나는 상황이어야 함) 다음에 기록해 보자.

1. 화나는 상황(언제, 어디서, 누구와, 무엇을)에 대하여 쓰시오.

2. 그 상황에서 얼마나 화가 났는가? 전혀 화가 나지 않은 수준을 0점, 지금까지 살아오면서 가장 화가 났던 수준을 100점으로 여기고 그 상황에서 평균적으로 경험하는 화나는 정도를 적으면 된다.
   - 화가 난 정도(0~100): ________ 점

3. 한 달 동안 그런 상황을 몇 번 경험하는가?
   - 빈도: 한 달에 ________ 번

4. 그 상황에서 한번 화가 나면 화나는 감정이 대체로 얼마 동안 지속되는가?
   - 지속시간: ________ 분

5. 그 상황에서 경험하는 화나는 감정으로 인해 당신의 생활이 얼마나 지장받는가?(0: 전혀 받지 않는다, 1: 약간 지장받는다, 2: 웬만큼 지장받는다, 3: 꽤 지장받는다, 4점: 아주 심하게 지장받는다)
   - 지장 정도:

6. 화가 날 때 나의 신체 증상 및 행동 반응에 ○표 하시오.

• 머리 혹은 얼굴: 두통( ) 입을 꽉 다문다( ) 얼굴이 붉어진다( ) 눈을 부릅뜬다( ) 식은땀이 난다( ) 머릿속이 멍해진다( ) 얼굴 표정이 굳는다( ) 신경이 아주 날카로워진다( ) 어지럽다( )
• 몸: 심장박동이 빨라진다( ) 입술이나 손, 또는 몸이 떨린다( ) 어깨가 뻐근해진다( ) 속이 거북해진다( ) 주먹을 불끈 쥔다( ) 소화가 잘 안 된다( ) 몸을 가만히 두지 못하고 불안해하고 이리저리 움직인다( ) 몸이 굳는다( ) 손에 땀이 나서 끈적거린다( ) 힘이 빠진다( ) 한숨이 나온다( )
• 목소리: 목소리가 나도 모르게 커진다( ) 속으로 상대방에 대한 악담, 저주, 야유를 중얼거린다( ) 음성이 아주 차가워진다( )
• 행동적 반응: 방에서 잘 나오지 않는다( ) 가만히 있는다( ) 입술을 깨문다( ) 혼자 있을 때 욕을 한다( ) 담배를 피거나 술을 마신다( ) 잠을 잔다( ) 잠을 못 잔다( ) 마치 아무 일도 없었다는 듯이 내가 하던 일을 계속 한다( ) 운다( ) TV, 영화, 만화책을 본다( ) 마구 욕설을 퍼붓는다( ) 주먹질을 하고 싸운다( ) 고함을 지른다( ) 물건을 던지거나 부순다( ) 폭식한다( )

7. 앞에서 적은 화나는 상황에서 자신이 한 대처 행동에 대해 적으시오.

8. 앞에서 적은 화나는 상황에서 자신이 실제로 하고 싶었던 행동에 대해 적으시오.

(2) 비합리적 신념 수정하기

① 분노를 일으키는 4가지 비합리적 신념(Ellis, 1997)

- 사람들이 나를 그렇게 부당하고 배려 없이 대하는 것은 끔찍한 일이다.
- 사람들이 나를 그런 식으로 대하는 것을 나는 참을 수 없다.
- 사람들은 그렇게 나쁘게 행동해서는 절대 안 된다.
- 그렇게 나쁘게 행동하는 사람들은 절대 행복하게 살면 안 된다. 그들은 나쁜 사람들이기 때문에 반드시 처벌받아야 한다.

② 합리적인 대처 신념

- 사람들은 자신의 가치와 신념에 따라 행동한다. 그들은 그들이 하고 싶은 대로 할 것이다. 내가 원하는 대로 반드시 행동하리라는 보장은 없다.
- 나는 세상이 항상 공정했으면 좋겠다. 하지만 불행하게도 세상은 그렇지 않다. 내가 항상 공정하게 대우받아야 한다는 것은 나의 바람일 뿐이다.
- 세상은 부정과 부당함으로 가득 차 있다. 부정과 부당함이 있더라도 때때로 내 이득을 정당하게 챙길 수 있다.
- 정의는 상당히 주관적인 것이다. 어떤 사람에게 공정한 것이 다른 사람에게는 공정하지 않을 수 있다.
- 사람들은 때로 나쁘게 행동한다. 나 역시 그렇다.

③ 분노 상황에서 비합리적 신념 논박 및 적응적 사고 연습

〈예시 상황〉

내 보고서를 보고 베껴 쓴 친구가 나보다 보고서 성적이 더 좋았다. 그런데 그 친구가 나를 보더니 미안해하지 않고 오히려 웃어서 나는 너무 화가 났다.

- 분노 사고

말도 안 된다. 어떻게 내 보고서를 보고 쓴 애가 성적이 더 좋을 수 있는 거야. 너무 억울하고 교수님이 보고서를 제대로 안 보신 게 틀림없어. 교수님이 원망스러워.

내가 도와줬는데 쟤는 미안해하지도 않고 오히려 날 보고 웃을 수 있지! 나를 비웃는 거 같다. 너무 이기적인 애다. 저런 애는 벌을 받아야 해.

• 비합리적 신념

노력한 만큼 보상받아야 한다.

은혜를 절대 저버리면 안 된다. 그런 사람은 반드시 대가를 치러야 한다.

교수님은 아주 엄격하고 정확하게 성적을 주셔야 한다. 성적이 중요한 만큼 한 치의 실수도 용납이 안 된다.

• 논박 및 적응적 사고

내 성적이 오히려 더 안 나온 것은 너무 안타깝다. 세상 일이라는 게 내 기대만큼 공정하게 이루어지는 것은 아니다.

교수님도 여러 학생들 보고서를 보다 보면 전혀 실수 없이 공정하게 심사하는 것은 어려울 수 있다.

친구가 나를 비웃은 게 아니라 성적이 잘 나와서 기분이 좋아서일 수 있다. 비록 내 앞에서 그렇게 드러내 놓고 좋아해서 불쾌하지만 그 친구가 나를 배려하지 않았다고 해서 내가 그 친구를 처벌할 권리는 없다.

• 건설적 행동

그렇다고 친구가 내 보고서를 베껴 썼다고 고자질할 수도 없다. 그러니 좋은 인생 공부했다고 생각하고 잊어버리고 다음부터는 보고서를 보여 주지 말자.

활동 12-4 비합리적 신념 교정

◆ 최근에 내가 화가 난 상황에서 비합리적 신념 논박 및 적응적 사고를 적어 보자.

1. 상황

• 분노 수준(0~100):

2. 분노 사고

3. 비합리적 신념

4. 논박 및 적응적 사고

5. 건설적 행동

(3) 분노 대처 방법

① 분노 표현하기

분노를 표현하기에 앞서 가져야 하는 태도를 알고, 분노를 언어로 표현하는 방법을 배워 보자.

- 분노 표현은 상대방을 비난하기 위한 것이 아니다. 분노 표현은 위협으로부터 나를 보호하기 위한 것이므로 상대방에게 내가 어떤 점을 위협적으로 지각했는지 차분하게 전달할 수 있다면 나의 목적은 달성된 것이다. 위협적인 행동을 철회할지는 그의 몫이다. 분노 표현은 상대방을 내 뜻대로 하기 위한 것이 아니므로 서로의 입장을 경청하는 데 의의를 두어야 한다. 그렇지 않으면 논쟁이나 갈등을 일으킬 수 있다.
- 화를 낸다고 해서 내가 옹졸하고 속 좁은 사람이 되는 것이 아니다. 화를 낸다는 것은 문제 상황에 대한 나의 의사표현이다.
- 상대방도 나에게 화가 났을 수 있으므로 '내가 먼저 상대방을 불쾌하게 만들지 않았는지' 생각해 보아야 한다. 이러한 태도로 상대방에게 화를 표현하면 상대방은 자신이 존중받고 있다는 느낌을 갖게 되고 의사소통이 수월해진다.
- 분노를 표현할 때 상대방과의 관계에서 진정으로 원하는 것이 무엇인지 염두에 두는 것이 중요하다.

- 나 전달법은 자신의 감정을 건강한 방식으로 표현하는 방법이다. 나 전달법은 자신의 감정을 부인하거나 폭발시키지 않고 건설적으로 표현하도록 도와주는 중요한 대인관계 증진 기법이다(제10장 '나 전달법' 참고).

활동 12-5 분노 감정 표현

◆나 전달법으로 분노 감정을 표현해 보자.

구체적인 상황 (상대방의 구체적인 행동)	나에게 미친 영향	나에게 일어난 생각과 감정적 영향 (앞으로 발생할 일에 대한 언급, 나의 바람)
〈상황 1〉 친구가 나한테 물어보지 않고 내 책을 갖고 가서 필요할 때 보지 못했다. (분노 수준: 70)		
친구가 나한테 묻지 않고 책을 갖고 감	화가 나고 친구에게 무시당하는 기분이 듦	내 허락 없이 내 책을 가져가서 너에게 서운한 생각도 들고 화도 났어. 다음부터는 미리 물어보고 빌려갔으면 해.
〈상황 2〉 (분노 수준:)		
〈상황 3〉 (분노 수준:)		

② 승-승 기법

인간관계에서 갈등은 어떻게 해결하는 것이 효율적인가? 너-나 관계에서 문제의 소유자가 너인 경우는 너 스스로 문제를 해결하도록 돕는 적극적 경청과 공감을 사용한다. 문제의 소유자가 나인 경우는 상대의 도움을 솔직하게 요청하는 나 전달법 보내기를 시도한다. 만약 문제의 소유자가 둘 다인 경우는 타협을 통해 양쪽 모두가 받아들일 수 있는 해결책을 모색한다.

그러나 현실에서는 부모-자녀, 교사-학생, 상관-부하, 윗사람-아랫사람 관계에서 갈등이 생겼을 경우 대개는 문제해결방안을 많이 가진 사람(힘이 센)이 힘이 약한 사람의 요구를 일방적으로 억눌러 갈등을 해결하는 방법이 사용되고 있다. 그러나 인간은 받은 것을 그대로 돌려주는 속성이 있다. '사랑을 받으면 사랑을 되돌려 주고, 미움을 받으면 미움을 되돌려 준다.' 레빈(K. Lewin)은 갈등처리 방안으로 승-승, 승-패, 패-패의 방법이 있으며 이 가운데 둘 다 이기는 승-승이 가장 좋은 방법이며, 패-패는 가장 나쁜 방법이라고 지적하였다.

- 승-승의 문제해결 단계
  - 1단계: 욕구를 정의하기 '자신의 욕구' vs '상대의 욕구'
  - 2단계: 가능한 모든 해결책을 생각하여 정리하기
  - 3단계: 2단계의 해결책들을 평가하기(예: 양쪽 모두 찬성은 ○, 한쪽만 찬성은 △, 둘 다 반대면 ×)
  - 4단계: 해결책을 결정하기
  - 5단계: 실행하기
  - 6단계: 평가하기(예: 어느 한쪽이라도 불만족스럽다면 4단계로 돌아가 해결책을 바꾸거나 1단계부터 다시 시작)

③ 상상기법을 통해 사건을 미리 예상하고 준비하기

어떤 상황에서 자신이 화가 나기 쉬운지 미리 알면 도움이 된다. 상상기법은 파괴적인 분노를 감소시켜 준다. 어떤 상황에 대하여 자신이 무엇을 말하려고 하는지, 어떤 방식으로 이야기하려고 하는지, 어떤 반응을 얻기를 바라는지 미리 상상해 본다. 나아가서 그 상황에서 일어날 수 있는 문제를 어떻게 보다 적응적이고 효과적으로 대처할지 미리 상상해 보는 것이 유용하다. 상상기법은 여러 가지 가능한 문제를 모두 철저하게 생각해 보고, 자신의 반응을 미리 계획해 볼 수 있도록 한다. 또한 위험 부담이 높고 스트레스가 많은 상황에서는 자신을 편안하고 효율적인 사람인 것처럼 그려 보는 것도 도움이 될 수 있다. 마지막으로 자신이 어떻게 반응할 것인가에 대해 이상적인 이미지를 떠올려 두는 것도 도움이 된다. 이 이미지가 실제 상황에서 자신의 반응을 안내해 줄 것이다.

④ 분노의 초기 신호 발견하기

화내기 쉬운 상황을 미리 예상해 보는 것과 함께 화를 조절하기 힘든 상태라는 것을 말해 주는 신호들을 미리 깨달을 수 있으면 도움이 된다. 이러한 신호들을 깨닫게 되면 파괴적인 분노를 단축시킬 수 있다. 분노는 도움이 될 수도 있고, 파괴적일 수도 있기 때문에 언제 분노가 파괴적인 쪽으로 움직여 가는가를 깨닫는 법을 배운다면 분노를 좀 더 건설적으로 사용하고 조절할 수 있는 다양한 방법을 활용할 수 있게 될 것이다.

많은 사람들에게 나타나는 파괴적인 분노의 초기 경고신호는 다음과 같다. 몸이 떨리고, 근육이 긴장되고, 이를 악물고, 가슴이 눌리고, 소리를 지르고, 주먹을 쥐고, 사실이 아닌 말들을 한다. 만일 이러한 신호들을 자각하게 되면, 잠시 멈춰서 다음에는 어떻게 할 것인지 생각해 보는 것이 중요하다. 즉, 계속 화를 낼 수도 있고, 아니면 마음을 진정시키는 여러 가지 방법들을 사용할 수 있을 것이다.

⑤ 타임아웃

타임아웃은 분노를 조절하는 효과적인 방법이다. 타임아웃은 분노를 조절하기 힘든 상태에 이르고 있다는 초기 신호들이 나타날 때 그 상황에서 잠깐 나오는 것이다. 타임아웃을 함으로써 스스로에 대해서나 그 상황에 대해서 다시 한 번 조절력을 회복할 수 있다.

타임아웃을 효율적으로 사용하기 위해서는 분노가 문제를 벗어났거나, 파괴적인 수준에까지 이르렀다는 것을 가능한 한 빨리 알아차리는 것이 필요하다. 운동선수들이 경기 중에 타임아웃을 신청해서 작전을 짜고, 긴장을 풀고, 휴식을 취하는 것처럼 타임아웃을 쓸 수 있다. 타임아웃은 짧게는 5분, 길게는 24시간까지 될 수도 있다. 타임아웃은 그 상황을 회피하기 위한 것이 아니고, 새로운 시각에서 새로운 마음으로 접근하기 위한 것이다. 모든 타임아웃의 핵심은 그 상황으로 돌아가서 다시 시작한다는 데 있다(서수균, 2005).

- 효과
  - 충동적으로 행동해서 나중에 후회하는 일을 막아 준다.
  - 건설적인 대안을 생각할 시간적 여유를 갖게 해 준다.
  - 자신에 대한 통제력을 유지하고 있음을 확인시켜 준다.
- 정신적인 타임아웃(Mental Time-Out)
  - 20에서 1까지 거꾸로 세기
  - 구구단 외우기
  - 우리나라 도시 이름(서울, 인천, 대전……) 떠올리기
- 신체적인 타임아웃(Physical Time-Out)
  - 산책하기
  - 음악 듣기
  - 수다떨기
  - 운동
  - 독서

⑥ 사고중지

사고중지(Thought stopping)는 반복해서 강박적으로 떠오르는 생각을 통제하는 데 유용한 인지책략이다(서수균, 2005). 특히 분노감을 수반하는 반추적인 사고를 통제하는 데 유용하다. 이 기법은 부적응적인 생각들을 자각하게 하고 이들이 반복적으로 떠오르는 것을 중단시켜서 분노감이 지속되거나 증폭되는 것을 막는 데 효과적이다.

- 유쾌한 장면 준비: 분노를 유발하는 부적응적인 생각을 대치할 유쾌한 장면을 준비한다(예: 매우 기뻤던 순간, 떠올리면 즐겁거나 행복함을 느끼게 하는 사람의 얼굴, 즐겁게 놀았던 기억 등).
- 정지(Stop): 화가 날 때는 항상 부정적인 생각(예: 이기적인 사람, 저런 사람은 벌을 받아야 해 등)들이 스치고 지나간다. 사고중지 기법을 적용하기 위해서는 먼저 현재

부정적인 생각을 하고 있다는 것을 인식해야 한다. 일단 인식이 되면 '그만' '스톱(stop)' '중지' 등의 말을 소리 내어 말하거나, 소리를 낼 수 없는 상황이라면 속으로 암송한다. 크게 소리 내며 하는 것이 더 효과적이다.

⑦ 분노 표출 시 주의할 점

한기연(2003)은 화를 낼 때에도 하지 말아야 할 5가지를 다음과 같이 제시하였다.

- 이야기 도중 끼어들지 않는다. 바로 다음 순간 당신도 같은 경우를 당하게 된다.
- 꼬리표를 달지 않는다. "너는 위선자야…… ○○는 독선가야……" 이런 꼬리표가 붙으면 다른 형태의 인간관계를 시작할 수 없다.
- '절대로' 혹은 '언제나'와 같은 말을 쓰지 않는다. 이렇게 말할 수 있는 일은 거의 없다. '대부분, 거의, 자주' 사실 이런 말이 맞다.
- 고함을 치거나 신체적 위협과 폭력을 사용하지 않는다. 목소리가 크다고 당신 말이 맞는 것이 되지 않는다. 또한 법에 위반되는 일은 파국적인 결과를 불러올 수 있다.
- '관계를 끊는다'는 말을 함부로 하지 않는다. 이런 말은 상대방과 단 한 번만 쓸 수 있는 말이므로 매우 신중하게 생각한 후에 해야 한다.

⑧ 분노를 유발하지 않는 방법

분노를 유발하므로 하지 말아야 할 열 세 가지 행동은 다음과 같다(Potter-Efron & Potter-Efron, 1995).

- 다른 사람들을 비평하기 위한 일들을 찾지 마라.
- 다른 사람들을 조롱하거나 비웃지 마라.
- 얼굴을 찡그리거나 눈동자를 굴리지 마라.
- 다른 사람들에게 그들의 삶을 어떻게 운영해 나아가야 한다고 말하지 마라.
- 다른 사람들을 모욕하지 마라.
- 다른 사람들을 무시하지 마라.
- 다른 사람들 앞에서 사람들을 멸시하지 마라.

- 우월한 자처럼 행동하지 마라.
- 조롱하지 마라.
- 다른 사람에게 “당신은 좀 이상하군요!” 또는 “당신은 좀 제정신이 아니어 보이는군요!”라고 말하지 마라.
- 다른 사람에게 당신은 나쁜 사람이고 사랑 받을 자격도 없으며 사랑스럽지 않은 사람이라고 말하지 마라.
- 다른 사람에게 “그(들)는 우리 소속이 아니야!”라고 왕따를 시키거나 또는 “그(들)가 죽었으면 좋겠네!”라고 말하지 마라.
- 상대방의 단점이 드러나는 별명(예: ‘뚱보’ ‘못난이’ ‘멍청이’)을 부르지 마라.

3) 갈등해결법

살다 보면 사람들과의 관계에서 갈등이 생기게 되고 갈등을 해결하는 과정에서 분노 감정이 생기기도 하고 그로 인해 관계에 문제가 생기는 경우가 있다. 갈등은 대인관계에서 생길 수밖에 없으나 어떻게 갈등을 해결하느냐에 따라 관계가 더 좋아지기도 나빠지기도 한다. 갈등 유발요인, 해결법 등에 대해 살펴보면 다음과 같다(박명순, 2002).

① 갈등을 유발하는 요인들
- 가치와 기대 수준의 차이
- 성격 특성의 차이
- 원활한 의사소통의 부재

② 평소 나의 갈등 대처 방식은?
- 갈등이 있음을 인정하지 않거나 참는다(무시, 회피).
- 상대방을 비난하거나 상대방에게 화를 낸다.
- 갈등이 생겼을 때 자신이 느끼고 생각하는 바를 상대방과 충분히 이야기함으로써 상대방을 이해하고 다르게 행동하기를 협상한다.

③ 갈등해결 전략

- 상호 이익 추구(승-승 기법)
- 상호 관심사와 욕구에 대한 충분한 나눔(sharing)과 이해
- 목표 조정 및 구체적 해결책 모색

활동 12-6 승-승 문제해결

◆승-승 문제해결방법으로 분노가 일어나는 상황을 해결해 보자.

유의미한 타인의 이름	사건의 발단	경과	유발된 감정	갈등해소 정도 1: 완전히 해소 2: 어느 정도 해소 3: 별로 해소되지 않음 4: 전혀 해소되지 않음	재발 빈도 5회 이상: 상 2~4회: 중 1회 이하: 하
엄마	친구들과 더 놀고 싶은데 늦었다며 집에 오라고 하신다.	더 놀고 싶은 나와 집에 오라는 엄마 사이의 말다툼	화남 답답함	3	중

자신의 욕구	상대방의 욕구	가능한 해결책들 (모두 만족: O, 한쪽만 만족: △, 모두 불만: X)	최선의 해결책
나는 친구들과 더 늦게까지 놀기 바란다.	집에 일찍 오기 바란다.	1. 집에 내가 원할 때 들어간다. (△) 2. 집에 일찍 들어간다. (△) 3. 늦게 될 경우 미리 연락하고 집 근처에서 논다. (○)	3

④ 갈등/문제해결 국면

- 계획 단계
  - 자신의 생각과 느낌 중에서 상대방과 나누면 도움이 될 수 있는 것이 무엇인지 결정한다. 자신의 생각과 느낌을 탐색하고 긍정적인 면을 강조해야 하는데 긍정적인 지각을 말하는 것이 종종 성공적인 문제해결의 핵심 요소가 될 수 있다. (예: 외로움, 소외감 → 친밀해지고 싶다. 화남, 짜증→ 이해받고 싶다)
  - 이 상황과 관련된 상대방의 느낌, 지각, 소원이 무엇인지 이해하려고 노력한다.
  - 그 문제와 관련된 자신의 욕구나 필요 양쪽 다 충족시킬 수 있는 해결방안을 모색해 본다.
- 해결/조정 국면
  - 자신의 견해와 감정을 표현하고 나서 상대방이 말할 때에는 상대방의 견해와 감정을 공감한다. 이런 초기 대화가 끝나면 갈등/문제해결 가이드라인을 적용해야 한다. 갈등/문제해결의 전 단계에 걸쳐 공감, 표현기술, 대화/협의 기술을 지속적으로 사용한다.
  - 문제에 대한 해결책을 제시하기 전에 자신의 감정과 생각을 잘 이해하라. 표현/공감 기술을 사용하여 상대방이 충분히 이해했다고 느낄 때까지 그 문제에 대해

서 대화한다. 상대방 역시 그 문제와 관련된 견해나 감정을 다 표현했다고 여겨지면 자신이 잘 이해했는지 확인하다. 두 사람 모두 덧붙일 것이 있다고 느끼면 두 사람의 생각이나 감정을 좀 더 깊이 탐색한다.

–어느 때가 문제해결의 적기인가? 두 사람이 그 문제에 대해서 지금 더 얘기하기를 원하는지, 지금은 감정이 격해 있어서 감정통제가 어려운지, 아니면 개인적으로 생각해 볼 시간적 여유를 갖기를 원하는지, 바람직한 해결책을 위해 필요한 정보를 얻기 위한 시간적 여유가 필요한지 확인한다. 만약 지금이 아니라면 언제 이 문제를 다룰지 확실히 해 둔다.

–쌍방의 욕구를 다 충족시킬 수 있는 방안이 있는지 숙고해 본다. 너무 쉽게 '나누어 갖기식'의 결론에 도달하지 마라. 예를 들어, 일을 기계적으로 반씩 나누는 것 등 이렇게 단순한 해결책은 두 사람 모두 '절반의 패자'로 만들어 버린다. 쌍방의 욕구를 보다 완전하게 충족시킬 수 있는 해결책을 생각해 보라(예: 서로의 관심사에 따라 할 일을 나눈다).

–문제해결과정에서도 배운 기술을 꾸준히 적용한다. 상대방에게 원하는 것을 말할 때나 제안을 할 때는 표현양식을 사용하라. 상대방의 제안이나 말에 대해서는 공감 반응을 한다.

–구체적으로 말하라. 일반적인 원칙에 동의한다면 좀 더 세부적인 데 초점을 맞추어 누가 무엇을 하기를 원하고, 언제, 어디서, 얼마나 자주 등에 대해서 정확하게 말한다(예: "얘기할 때에는 휴대전화를 하지 말았으면 해.").

–핵심을 벗어나지 마라. 한 가지 주제에 초점을 맞춘다. 모든 불만을 모아 두었다가 한번에 다 말하려 하지 마라.

제13장

우울증 다스리기

1. 우울증의 이해
   1) 우울증의 개념과 증상
   2) 우울증이 왜 생기는가

2. 우울증 관리하기
   1) 우울증 진단하기
   2) 우울증의 치료: 합리적 · 정서적 행동치료 이론
   3) 우울증을 다스리는 생활습관

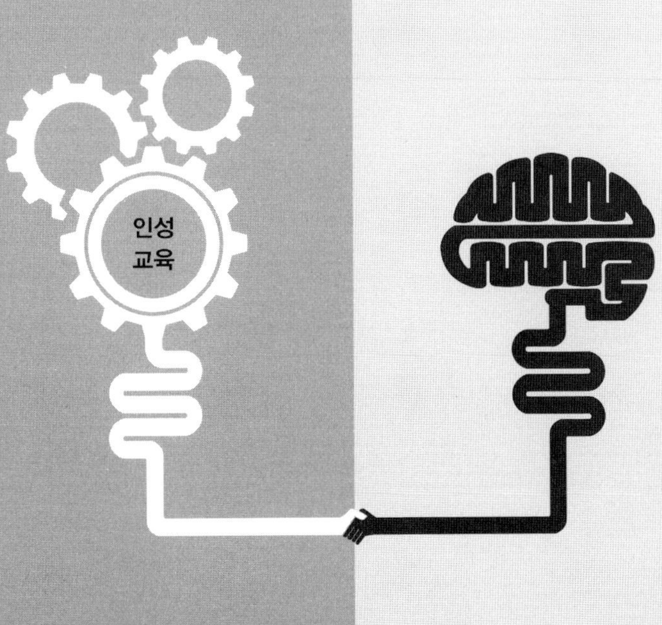

1. 우울증의 이해

1) 우울증의 개념과 증상

(1) 우울증의 개념

우울증(depressive disorder)은 마음의 감기라고도 불릴 만큼 매우 흔한 심리적 문제로 시련을 겪을 때 누구나 경험할 수 있지만 때로는 자살에 이르게 하는 치명적인 문제이기도 하다. 우울감과 의욕 저하를 주요 증상으로 하여 기분(우울하고 무기력한 기분, 죄책감, 의욕 및 흥미 저하), 인지(실행능력, 집중력, 기억력 저하), 신체(피로감, 수면 양상, 식욕 및 성욕 변화, 두통, 소화불량, 어깨 결림, 가슴 답답함) 영역에서 여러 이상이 발생하는 기분장애이다(권석만, 2016; 서울대학교병원 의학정보실).

전 세계적으로 우울증 발생률이 증가하고 있는데 세계보건기구(World Health Organization: WHO)에 따르면 2020년에는 심혈관계 질환에 이어 우울증이 유병률이 가장 많은 질환이 될 것이라고 한다. 보건복지부가 2011년에 시행한 정신장애 실태조사에 따르면, 2011년을 시점으로 하여 우리나라에서 우울증을 경험한 사람의 비율은 국민 전체의 6.7%(남성 4.3%, 여성 9.1%)였고, 최근 1년 내 우울증을 경험한 사람의 비율은 국민 전체의 3.1%(남성 1.8%, 여성 4.3%)였다. 여기서 성별에 따라 차이가 나는 것은 남녀 간 호르몬 차이, 출산, 사회·문화적인 영향 등에 의한 것으로 생각된다. 연령대별로 우울증 경험 분포는 16~18세에 가장 많고, 40대까지 감소하다가 50대부터 증가하는 양상을 보였다. 연령이 증가할수록 우울증을 경험하는 노인이 증가한다고 보고되었는데, 이는 신체 질환, 배우자나 친지, 지인의 상실, 역할의 상실 등이 영향을 미치는 것으로 보인다.

기분이 나쁘고 몸 상태가 불쾌하다는 느낌이 들고 슬픈 생각이 나는 등 종합적인 불행한 감정이 지속되어 일상생활에 지장을 주는 상태인 우울증은 다음과 같이 6가지로 구분할 수 있다(우종민, 2011; 위키백과).

① 반응성 우울증

외부적인 자극이나 사건(시험 불합격, 이별, 실직, 사별 등)에 반응하여 나타나는 우울증으로, 전체 우울증 환자의 약 75%는 반응성 우울증을 보이며 내인성 우울증보다 비교적 증상이 가볍고 심리치료에 잘 반응한다.

② 내인성 우울증

몸 안에서 일어나는 호르몬 이상, 신경전달물질 이상, 자율신경계 이상, 질병 등에 의해 발생한다. 일반적으로 항우울제에 잘 반응하며 개인의 몸 상태에 따라 우울 증상이 심해질 수 있다.

③ 가면 우울증

가면 우울증(masked depression)이란 우울한 기분이 마치 가면을 쓰고 있는 것처럼 겉으로 잘 드러나지 않는 우울증이다. 가면 우울증은 우울감과 무력감이 잘 드러나지 않지만 청소년기에는 무단결석, 과잉행동, 성적 저하, 가출 등으로 나타나며, 성인기에는 알코올중독, 도박, 폭력 등으로 나타나고, 노년기에는 가성치매 등으로 나타난다.

④ 우울증의 경 · 중

경도 우울증은 우울하고 슬픈 마음, 무기력, 두려움 등 심리적 증상과 식욕부진, 소화장애, 두통, 가슴 답답, 어깨 결림 등 신체적인 증상이 나타나지만, 자살 충동 등과 같은 심각한 정서적 변화는 매우 드물다. 그러나 중한 우울증은 경도 우울증보다 정신적 고통이 훨씬 심하고 수면장애, 성 기능 감퇴, 격정성 우울증(초조, 불안, 공포, 자살 충동), 지연성 우울증(행동의 지연과 혼수상태) 등 심각한 증상들이 나타난다.

⑤ 양극성장애(조울증)

양극성장애는 기분이 들뜨고 활동이 많아지고 자신감에 가득 차 있는 조증 상태와 기분이 가라앉고 자신감이 없어지는 우울증 상태가 반복적으로 나타난다. 처음 발병 시에 우울증부터 시작되면 주요 우울증과의 감별이 어려울 수 있다. 다른 어떤 종류의 우울증보다도 유전적인 영향이 커서 부모가 양극성장애를 가지고 있는 경우에 자식에게서도 비슷한 우울증이 발생하는 경우가 많이 있다.

⑥ 계절성 우울증

계절적인 흐름을 타는 우울증으로 여성에게 흔히 나타난다. 가을과 겨울에 증상이 악화되다가 봄과 여름이 되면 저절로 증상이 나아지는 겨울철 우울증이 가장 흔하다. 하지만 반대로 여름에 우울하고 겨울에 호전되는 여름철 우울증도 있다. 겨울철 우울증의 경우 햇빛의 양과 일조시간의 부족이 원인이 되고, 여름철 우울증은 여름의 온도와 습도가 원인이 된다. 우울증 기간 동안 무기력감을 느끼는 것이 가장 두드러진 특징이다. 겨울철 우울증의 경우에는 우울증 기간 동안 많이 먹고 단 음식을 찾는데, 여름철 우울증의 경우에는 식욕 저하, 체중 감소 등이 나타나는 경향이 있다. 또 겨울철 우울증 환자들은 우울증 기간 동안 신체적으로 늘어지는 느낌을 갖는 데 반해 여름철 우울증 환자들은 초조감을 느낀다.

(2) 우울증의 증상

우울증은 정상적으로 삶의 기쁨을 누리기 힘든 상태로 그로 인해 의욕 저하, 불안 및 분노, 부정적인 생각, 신체적 증상과 같은 우울증 증상들이 나타난다.

① 의욕 저하

생활 에너지가 부족하여 나타나는 증상으로 주변에 대한 흥미, 관심, 의욕이 감소하고, 일상적인 활동에 대한 즐거움이 사라지게 된다. 불안해서 안절부절못하는 경우도 있지만 무기력하게 하루 종일 누워 있는 경우도 있다. 증상이 가벼울 때는 아침에는 괜찮지만 저녁이 될수록 더 피곤해지나, 증상이 심해지면 아침에 일어났을 때 불안하고 힘들지만 저녁시간이 되면 조금 나아지는 경향이 있다. 또한 의욕이 없어져서 평소에 좋아하던 일, 취미 등이 하기 싫어지고 사람들을 만나기도 귀찮아진다. 기억력과 집중력이 떨어지고, 의사결정능력이 낮아져서 일에 집중이 잘 안 되고, 결정을 내리는 것을 힘들어하고 자신의 결정에 확신도 떨어지게 된다.

② 불안 및 분노

우울한 사람들 중 50% 이상은 불안하고, 감정조절이 잘 안 되며, 예민해져서 사소한 일에도 쉽게 화를 내고 눈물을 잘 흘린다. 우울증을 겪는 사람들 중에서 화를 내는 사람은 겉으로 보기에 에너지가 많은 것처럼 생각될 수 있으나 우울한 상태에서의 분노는 무의식에 있는 좋지 않은 에너지가 표출되는 것이다. 이러한 분노는 폭력으로 나타나기도 하고 극단적인 경우 자살로 이어지기도 한다.

③ 부정적인 생각

우울한 기분에는 부정적인 생각들이 동반되는데 자신이 능력이 없고 형편없으며 가치가 없고 인생을 잘못 살았다는 등 자기비하적인 생각들이 강박적으로 떠오르게 되어 자책감, 죄책감, 자괴감에 빠진다. 과거에 대한 비관적인 생각뿐만 아니라 미래도 희망적으로 보이지 않고 좋은 일이 일어날 거 같지 않다는 비관적인 생각을 하여 자살하고 싶은 충동이 생기기도 한다.

④ 신체적 증상

우울증에서 가장 먼저 나타나는 증상은 식욕과 성욕의 감퇴이다. 우울증에서 일반적으로 잠이 잘 안 오고 자는 중간에 자꾸 깨는 불면증과 식욕 저하 등 증상이 나타나지만, 우울한 감정에 대한 반작용으로 인해 오히려 평소보다 더 많이 먹고 더 많이 자서 체중이 증가하는 경우도 있다. 또한 별다른 이유 없이 아프기도 하는데 가장 흔하게 두통, 소화장애가 나타나고 근육이나 관절이 아프거나 가슴이 답답하고 통증이 생기기도 한다.

2) 우울증이 왜 생기는가

(1) 우울증의 원인

① 유전 및 생물학적 요인

임상적으로 우울증 발병에 대한 유전적 요인은 약 40%, 환경적 요인은 60% 정도라고 주장하고 있다.

우울증에서 관찰되는 가장 중요한 생물학적 요인은 세로토닌, 노르아드레날린, 도파민과 같이 기분을 조절하는 신경전달물질이 정상적인 기능을 못하여 다음 신경세포로 신호가 전달되기 전에 신호가 감소하거나 혼란이 생기기 때문이다(유정희, 2012; 조현, 2009).

② 성격(우울증에 걸릴 위험이 높은 성격)

- 쉽게 불안을 느끼고, 과민한 반응을 보이고, 고민이 많은 성격(i)
- 수줍음이 많고 대인관계를 꺼리는 성격(ii)
- 자기 자신을 쉽게 비난하거나 자존감이 낮은 성격(iii)
- 대인관계에 예민한 성격(iv)
- 완벽주의
- 자기중심적 성격(i~iv)에 해당되는 사람들은 우울증에 걸릴 가능성이 매우 높고, 완벽주의 성격을 가진 사람들은 우울증의 발병을 예측하기는 어렵지만 우울증이 발생하면 더 오랜 기간 지속될 수 있다. 자기중심적 성격을 가진 사람들은 우울증이 짧은 기간 발생하는 경향이 있다.

③ 스트레스

우울증을 겪고 있는 대다수는 우울증을 겪기 직전에 스트레스를 받는 사건을 경험하는데 이 사건들은 대부분 자신의 자존감을 낮추거나 평판에 손상을 입히는 사건들이다. 스트레스는 직접적으로 우울증에 영향을 주기보다 우울증을 촉발하거나 재발에 영향을 준다. 그리고 스트레스의 양이 많아서 우울증을 겪기도 하고 스트레스의 종류로 인해 우울증을 겪기도 한다.

④ 어린 시절에 받은 상처

부모의 학대, 애정 결핍, 완벽주의, 과잉보호, 부모의 우울증, 부모의 사망 등 어린 시절에 겪은 사건들이 우울증에 취약하게 만드는 위험요인이 될 수 있다. 이러한 환경에서 자란 경우 스스로 쉽게 자기비하감에 빠지고 자존감이 낮아져 건강한 자아상을 확립하기 힘들다.

(2) 대상에 따라 나타나는 우울증

① 대학생에게 나타나는 우울증

대학생에게서 나타나는 우울증으로 다음과 같은 것이 있다(조대신문; 코리안스피릿).

- 이성 및 교우 관계: 대학생 시기에는 친구, 연인 등 주변 사람들과 친밀한 대인관계를 형성하는 것이 중요하나 이 시기에 친밀하고 효율적인 대인관계를 형성하는 능력이 부족하거나 효율적인 관계를 형성하지 못하면 고립감과 공허함 등의 심리적 혼란을 경험하게 된다.
- 새 학기 증후군: 학기가 새로 시작될 때, 기쁨보다는 불안감과 부담감을 갖는 증후군이다. 새로운 인간관계에 대한 부담과 과제, 시험에 대한 부담, 학교생활에 대한 적응 등에 과도한 스트레스를 받는 게 그 원인이다. 신입생들이나 제대 후 복학생들, 학교생활 적응에 있어서 어려움을 느끼는 학생들에게 많이 나타난다. 조사 결과, 대학생 10명 중 6명이 새 학기 증후군을 겪고 있다고 한다.
- 경제적 어려움: 최근 등록금과 물가 상승으로 경제적인 곤란을 겪고 있는 대학생의 77.8%가 우울증으로 겪는 것으로 나타났다. 물가 상승으로 인한 경제난이 심각해지는 가운데 대학생 10명 중에 7명은 스스로를 '생계형 아르바이트생'이라고 생각하고 있는 것으로 나타났다.
- 취업 우울증: 취업준비 중 직업을 갖지 못한 미취업자들이 겪는 증세로, 해마다 대졸 예정자들에게 나타나는 현상이다. 졸업식은 다가와 학교는 떠나야겠는데 갈 곳을 찾지 못한 초조함과 불안함이 그 원인이며 대표적인 증상은 신경과민과 대인기피증이다. 구직자의 91%가 취업준비 중 우울증을 앓는다는 조사 결과가 나왔다.
- 가면 우울증(스마일 마스크 증후군): 우울한 기분이 마치 가면을 쓰고 있는 것처럼

겉으로 드러나지 않는 우울증을 말한다. 자신의 생각을 표현하고 싶어도 인간관계에 안 좋은 영향을 끼칠 수도 있다는 생각에 표출하지 못하고, 겉으로는 남 앞에서 웃고 밝게 행동하지만 속으로는 우울함과 절망감을 느낀다. 가면 우울증은 자신이 슬프다는 것을 인식하지 못하여 주위 사람들도, 자신도 우울증인지를 알아채지 못해 일반 우울증보다 더 위험한 것으로 알려져 있다. 자존심이 강하고 남을 많이 의식하는 사람들이 주로 앓기 쉬운 증세이다.

- 외모 콤플렉스: 자신의 외모에 대한 자신감이 없어, 자기의 외모를 부끄럽게 여기는 현상이다. 타인과 비교하면서 그 증상이 악화되는데, 심해지면 식이장애, 대인기피증까지도 이어질 수 있다. 친구, 이성, 직장 등 어디에서든 외모가 중요한 사회 속에서 살아가는 대학생들에게는 특히나 자주 나타나는 증세다. 대학생의 97%가 외모 콤플렉스를 가지고 있다는 연구 결과가 나오기도 했다.

② 산후 우울증

일반적으로 출산 후 3~7일 정도는 산모가 약간 우울한 기분이 들 수 있는데 이러한 정상적인 범위의 우울감을 베이비 블루스(baby blues)라고 한다. 그러나 출산 후 일주일 정도가 지나도 지속적으로 우울하고 눈물이 나고 수면장애가 생기고 아기에게 지나치게 부담감이 들거나 반대로 무관심하다면 산후 우울증일 수 있다. 산후 우울증은 보통 분만 후 4주 이내에 나타나는데 호르몬의 불안정한 변화와 엄마의 역할로 인해 생활의 균형이 깨지면 상실감, 갈등, 이상과 현실의 차이 등으로 인해 우울증이 생길 수 있다. 산후 우울증은 불면증이나 불안으로 산모나 남편의 고통도 크지만, 우울증으로 인해 태어난 아이를 제대로 돌보지 못해서 부모-자녀관계에 악영향을 미친다는 중요한 문제가 발생한다. 어머니와 아이 간에 제대로된 정서적인 교류가 이루어지지 않고 이로 인해 애착이 형성되지 않으면 아이에게 평생을 두고 대인관계 및 부모-자녀관계에 문제를 일으킬 수 있다(유정희, 2012; 조현, 2009).

③ 갱년기 우울증

갱년기는 폐경 시기의 2~3년 전후 시기인데 보통 45~55세를 말한다. 갱년기 우울증의 증상으로 두통, 어깨 결림, 소화장애 등의 신체적 증상과 안절부절못함, 신경질, 피로, 긴장 등의 정신적 증상이 있다(권숙희, 1996). 또한 행동적인 측면에서는 의존도의 증대, 위축, 사회적 고립, 자발성 결여, 정신운동 지연, 약물과 알코올 의존 등을 보인다(김혜영, 고효정, 1997). 또한 벡(Beck)에 의하면 중년기 여성이 신체가 변한 모습, 노화에 대한 걱정, 출산 능력의 상실, 여성성 상실 등과 같이 자신의 생리적 · 신체적 · 심리적 변화에 대해 부정적인 사고를 가지면 우울해질 수 있다. 폐경을 맞은 여성 중 20~30%는 우울 증상이 있으며 심해지면 갱년기 우울증에 이른다. 그러나 갱년기가 되면 갱년기 우울증을 겪을 것이라는 일반적인 인식과 달리 중년들이 겪는 우울증 빈도에 비해 갱년기 우울증의 빈도는 다소 낮은 것으로 나타났다.

④ 은퇴 우울증

중년 남성(여성)이 은퇴를 하면 생계와 정신 면에서 여러 어려움을 겪게 되고 그로 인해 우울증을 경험할 수 있다. 은퇴 후 경제적으로 잘 준비된 일부를 제외하고는 대부분의 은퇴자들은 생존의 문제를 고민하며 그들의 상당수는 고용이 불안정한 비정규직으로 생계를 꾸려 가는 경우가 많다. 또한 은퇴는 정신적으로도 큰 스트레스인데 사회적 존재로서의 상실감을 느낄 수도 있기 때문이다. 조직구성원의 역할, 직장 내에서의 인간관계, 가족 내에서는 부양자의 역할을 잃는 것이므로 큰 스트레스와 부담을 줄 수 있다.

이러한 스트레스와 부담은 우울 증상에 영향을 줄 수 있고, 심한 경우 우울증에 이르게 된다. 퇴직으로 의한 상실감은 직장을 자신과 동일시하고 헌신하며 오랜 세월 근무한 사람 또는 겉으로 보이는 직위나 자기의 명예를 유지하기 위해 과도한 돈을 쓰거나 부하직원들을 부렸던 사람일수록 클 수 있다. 그러나 모든 퇴직자들이 우울증을 겪는 것은 아니며 은퇴를 새로운 삶의 기회로 보고 과중한 업무로 인해 하지 못하였던 것들을 마음껏 할 수 있는 시기로 받아들이는 은퇴자에게는 심리적인 건강에 긍정적인 영향을 줄 수 있다(권석만, 2016; 유정희, 2012).

2. 우울증 관리하기

1) 우울증 진단하기

DSM-5의 진단 기준에 따르면 다음과 같은 9개 증상 중 5개 이상이 2주간 지속되고 이러한 상태가 이전 기능으로부터의 변화를 나타낼 경우 우울증에 해당한다. 우울증은 정서적으로 나타나지만 일상적인 생활로 드러나는 경우가 많다.

① 하루의 대부분, 그리고 거의 매일 지속되는 우울한 기분이 주관적인 보고(슬픔, 공허함, 절망감)나 객관적인 관찰(울 것처럼 보임)에서 드러난다(단, 아동과 청소년인 경우에는 과민한 기분으로 나타나기도 함).
② 모든 또는 거의 모든 일상활동에 대한 흥미나 즐거움이 하루의 대부분 또는 거의 매일같이 뚜렷하게 저하되어 있다.
③ 체중 조절을 하고 있지 않은 상태(예: 1개월 동안 체중 5% 이상의 변화)에서 확연한 체중 감소 혹은 증가, 또는 거의 매일 나타나는 식욕 감소 혹은 증가가 있다.
④ 거의 매일 불면증이나 과다수면이 나타난다.
⑤ 거의 매일 정신 운동성 초조나 지체(주관적인 좌불안석 또는 처진 느낌이 타인에 의해서도 관찰 가능함)가 나타난다.
⑥ 거의 매일 피로감이나 활력 상실을 느낀다.
⑦ 거의 매일 무가치감 또는 과도하거나 부적절한 죄책감을 느낀다.
⑧ 거의 매일 사고력이나 집중력의 감소, 또는 우유부단함이 나타난다.
⑨ 죽음에 대한 생각, 특정 계획이 없이 반복되는 자살 생각, 또는 자살 기도나 자살 수행에 대한 특정 계획을 반복적으로 한다.

벡 우울 척도 검사는 1961년에 개발되어 전 세계적으로 가장 널리 쓰이고 있으며, 우울증의 인지적·정서적·신체적 증상의 영역을 포함하는 21개 문항으로 구성되며 각 항목을 0점에서 3점까지 채점한 후 합산하여 진단한다.

활동 13-1 벡 우울 척도 검사(Beck Depression Inventory: BDI)

◆자신의 우울 상태를 알아보자. 다음의 문항을 읽고 각 번호의 여러 보기 중에서 요즈음 자신에게 가장 적합하다고 생각되는 번호를 하나씩만 골라 ○표 하시오.

1. (　)나는 슬프지 않다. (0점)
(　)나는 슬프다. (1점)
(　)나는 항상 슬프고 기운을 낼 수 없다. (2점)
(　)나는 너무나 슬프고 불행해서 도저히 견딜 수 없다. (3점)

2. (　)나는 앞날에 대해서 별로 낙심하지 않는다. (0점)
(　)나는 앞날에 대해서 용기가 나지 않는다. (1점)
(　)나는 앞날에 대해 기대할 것이 아무것도 없다고 느낀다. (2점)
(　)나는 앞날은 아주 절망적이고 나아질 가망이 없다고 느낀다. (3점)

3. (　)나는 실패자라고 느끼지 않는다. (0점)
(　)나는 보통 사람들보다 더 많이 실패한 것 같다. (1점)
(　)내가 살아온 과거를 되돌아보면, 실패투성이인 것 같다. (2점)
(　)나는 인간으로서 완전한 실패자라고 느낀다. (3점)

4. (　)나는 전과 같이 일상생활에 만족하고 있다. (0점)
(　)나의 일상생활은 예전처럼 즐겁지 않다. (1점)
(　)나는 요즘에는 어떤 것에서도 별로 만족을 얻지 못한다. (2점)
(　)나는 모든 것이 다 불만스럽고 싫증난다. (3점)

5. (　)나는 특별히 죄책감을 느끼지 않는다. (0점)
(　)나는 죄책감을 느낄 때가 많다. (1점)
(　)나는 죄책감을 느낄 때가 아주 많다. (2점)
(　)나는 항상 죄책감에 시달리고 있다. (3점)

6. (　)나는 벌을 받고 있다고 느끼지 않는다. (0점)
(　)나는 어쩌면 벌을 받을지도 모른다는 느낌이 든다. (1점)
(　)나는 벌을 받을 것 같다. (2점)

( )나는 지금 벌을 받고 있다고 느낀다. (3점)

7. ( )나는 나 자신에게 실망하지 않는다. (0점)
( )나는 나 자신에게 실망하고 있다. (1점)
( )나는 나 자신에게 화가 난다. (2점)
( )나는 나 자신을 증오한다. (3점)

8. ( )내가 다른 사람보다 못한 것 같지는 않다. (0점)
( )나는 나의 약점이나 실수에 대해서 나 자신을 탓하는 편이다. (1점)
( )내가 한 일이 잘못되었을 때는 언제나 나를 탓한다. (2점)
( )일어나는 모든 나쁜 일들은 다 내 탓이다. (3점)

9. ( )나는 자살 같은 것은 생각하지 않는다. (0점)
( )나는 자살할 생각을 가끔 하지만, 실제로 하지는 않을 것이다. (1점)
( )자살하고 싶은 생각이 자주 든다. (2점)
( )나는 기회만 있으면 자살하겠다. (3점)

10. ( )나는 평소보다 더 울지는 않는다. (0점)
( )나는 전보다 더 많이 운다. (1점)
( )나는 요즈음 항상 운다. (2점)
( )나는 전에는 울고 싶을 때 울 수 있었지만 요즈음은 울래야 울 기력조차 없다. (3점)

11. ( )나는 요즈음 평소보다 더 짜증을 내는 편은 아니다. (0점)
( )나는 요즈음 항상 짜증이 나고 귀찮아진다. (1점)
( )나는 요즈음 항상 짜증을 내고 있다. (2점)
( )전에는 짜증스럽던 일에 요즘은 너무 지쳐서 짜증조차 나지 않는다. (3점)

12. ( )나는 다른 사람들에 대한 관심을 잃지 않고 있다. (0점)
( )나는 전보다 다른 사람들에 대한 관심이 줄었다. (1점)
( )나는 다른 사람들에 대한 관심이 거의 없어졌다. (2점)
( )나는 다른 사람들에 대한 관심이 완전히 없어졌다. (3점)

13. ( )나는 평소처럼 결정을 잘 내린다. (0점)
( )는 결정을 미루는 때가 전보다 더 많다. (1점)
( )나는 전에 비해 결정 내리는 데에 더 큰 어려움을 느낀다. (2점)
( )나는 더 이상 아무 결정도 내릴 수가 없다. (3점)

14. ( )나는 전보다 내 모습이 나빠졌다고 느끼지 않는다. (0점)
( )나는 나이 들어 보이거나 매력 없어 보일까 봐 걱정한다. (1점)
( )나는 내 모습이 매력 없게 변해버린 것 같은 느낌이 든다. (2점)
( )나는 내가 추하게 보인다고 믿는다. (3점)

15. ( )나는 전처럼 일을 할 수 있다. (0점)
( )어떤 일을 시작하는 데에 전보다 더 많은 노력이 든다. (1점)
( )무슨 일이든 하려면 나 자신을 매우 심하게 채찍질해야만 한다. (2점)
( )나는 전혀 아무 일도 할 수가 없다. (3점)

16. ( )나는 평소처럼 잠을 잘 수 있다. (0점)
( )나는 전에 만큼 잠을 자지 못한다. (1점)
( )나는 전보다 한두 시간 일찍 깨고 다시 잠들기 어렵다. (2점)
( )나는 평소보다 몇 시간이나 일찍 깨고, 한 번 깨면 다시 잠들 수 없다. (3점)

17. ( )나는 평소보다 더 피곤하지는 않다. (0점)
( )나는 전보다 더 쉽게 피곤해진다. (1점)
( )나는 무엇을 해도 피곤해진다. (2점)
( )는 너무나 피곤해서 아무 일도 할 수 없다. (3점)

18. ( )내 식욕은 평소와 다름없다. (0점)
( )나는 요즈음 전보다 식욕이 좋지 않다. (1점)
( )나는 요즈음 식욕이 많이 떨어졌다. (2점)
( )요즈음에는 전혀 식욕이 없다. (3점)

19. ( )요즈음 체중이 별로 줄지 않았다. (0점)
( )전보다 몸무게가 2kg가량 줄었다. (1점)
( )전보다 몸무게가 5kg가량 줄었다. (2점)

( )전보다 몸무게가 7kg가량 줄었다. (3점)

20. ( )나는 건강에 대해 전보다 더 염려하고 있지는 않다. (0점)
( )나는 여러 가지 통증, 소화불량, 변비 등과 같은 신체적인 문제로 걱정하고 있다. (1점)
( )나는 건강이 염려되어 다른 일은 생각하기 힘들다. (2점)
( )나는 건강이 너무 염려되어 다른 일은 아무것도 생각할 수 없다. (3점)

21. ( )나는 요즈음 성(sex)에 대한 관심에 별다른 변화가 있는 것 같지는 않다. (0점)
( )나는 전보다 성에 대한 관심이 줄었다. (1점)
( )나는 전보다 성에 대한 관심이 상당히 줄었다. (2점)
( )나는 성에 대한 관심을 완전히 잃었다. (3점)

출처: Beck(1967).

채점 방식

21개 문항의 점수를 합산하여 총점을 구하여 평가한다.

- 0~9점: 우울하지 않은 상태
- 10~15점: 우울하지 않은 상태
- 16~23점: 우울하지 않은 상태
- 24~63점: 우울하지 않은 상태

2) 우울증의 치료: 합리적 · 정서적 행동치료 이론

엘리스(Albert Ellis)의 합리적 · 정서적 행동치료 이론(Rational Emotive Behavior Therapy: REBT)에 따르면 우리는 어떤 사건 때문에 우울한 것이 아니라 그 사건을 어떻게 받아들이느냐에 따라 우울한 것이다. 그러므로 그 사건을 내가 어떻게 해석하는지, 즉 나의 사고 과정에 비합리적 사고가 있는지를 알아보고 분석하는 과정을 거치면 우리의 우울증이 통제될 수 있음을 의미한다. 엘리스는 그것을 ABCDE 공식으로 소개하였다(홍경자, 2012).

- A(선행사건, Activating event): 개인에게 정서적 혼란을 가져다주는 사건, 상황, 행

동 또는 개인의 태도이다. 예를 들어, 시험에서 떨어졌다든지, 실직하게 되었다든지 등 강렬한 정서를 유발하는 어떤 사건이나 행위이다.

- B(신념체제, Belief system): 어떤 사건이나 환경적 자극에 대해서 개인이 갖게 되는 개인의 신념체제 또는 사고방식을 가리킨다. 신념체제에는 합리적 신념(rational beliefs)과 비합리적 신념(irrational beliefs)이 있다. 합리적 신념은 우리가 바라는 어떤 목표를 달성하는 데 도움을 주는 사고방식이나, 비합리적 신념은 개인이 경험한 사건을 아주 수치스럽고 끔찍한 현상으로 해석하여 자신을 징벌하고 자포자기하거나 세상을 원망하는 사고방식이다. 여기서 B는 비합리적 신념을 지칭한다. 비합리적 신념은 당위적 생각, 과장성, 인간의 가치평가 절하, 욕구 좌절에 대한 낮은 인내심과 관련되어 있다.
  - –당위적 생각: 다른 사람은 반드시 나를 사랑해야만 한다.
  - –과장성: 그들이 나를 사랑하지 않는 것은 너무 끔찍하다.
  - –인간의 가치평가 절하: 그들에게서 사랑받지 못하면 나는 무가치한 사람이다.
  - –욕구 좌절에 대한 낮은 인내심: 내가 사랑받지 못하고 있다는 사실을 참을 수가 없다.
- C(결과, Consequence): 선행사건에 접했을 때의 결과로 선행사건을 비합리적인 관점에 입각하여 해석할 때는 부적절한 정서와 행동이 뒤따른다. 그러므로 C는 어떤 사건을 해석함으로써 일어나는 정서적 · 행동적 결과를 말한다.
- D(논박, Dispute): 자신이 가지고 있는 비합리적인 신념이나 사고에 대해서 도전해 보고, 과연 그 생각이 사리에 맞고 합리적인지를 다시 한 번 따져 보는 반박의 과정을 의미한다. 반박은 논리성, 현실성, 효과성의 차원에서 이루어진다.
- E(효과, Effect): 비합리적 신념을 철저하게 논박하여 합리적 신념으로 대체한 다음에 뒤따르는 효과로서 자기 수용적인 생각과 긍정적인 감정과 행동을 말한다.

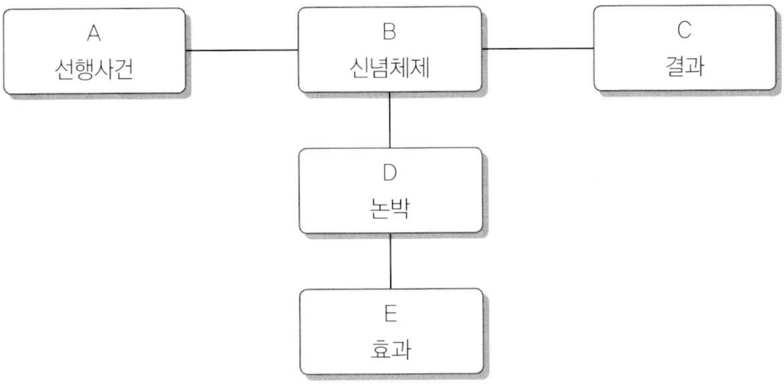

[사례]

① A(선행사건): 남자친구가 헤어지자고 했다.

② C(결과): 너무 우울하고 슬프고 수치스럽다. 잠도 잘 못 자고, 식욕도 없고, 공부도 하기 싫고, 친구들도 만나기 싫다.

③ B(비합리적 신념체제)

- 남자가 여자한테 헤어지자고 말하면 안 되고 여자가 먼저 말해야 한다(당위적 생각).
- 남자친구에게 헤어지자는 말을 듣는 것은 너무 끔찍하다(과장성).
- 남자친구에게 헤어지자는 말을 들은 '나'라는 인간은 너무 수치스럽고 무가치한 존재이다(인간의 가치평가 절하).
- 남자친구에게 헤어지자는 말을 들은 현실을 나는 도저히 견딜 수가 없다(낮은 인내심).

④ D(논박)

- 논박적 질문
  - 남자가 여자한테 헤어지자고 말하면 안 된다는 법이 있는가?(논리성에 입각한 논박적 질문)
  - 현실적으로 볼 때 이 세상의 모든 여자가 남자로부터 헤어지자는 말을 듣지 않는가?(현실성에 입각한 논박적 질문)
  - 내가 이렇게 오랫동안 우울하고 슬픈 생활을 하는 것이 무슨 이득이 있는가?(효과성에 입각한 논박적 질문)
- 논박에 대한 대답
  - 남자친구가 헤어지자고 말하지 않았으면 좋았을 테지만 남자친구가 헤어지자고 했다. 그러나 이 세상에 그러지 말라는 법은 없다. 남자친구가 헤어지자고 하는 일들이 실제로 흔하게 발생한다. 남자친구가 헤어지자고 하는 것은 너무 불행한 일이지만, 그것이 세상의 종말은 아니다. 내가 그것을 끔찍하게 느낄 뿐이다.

–남자친구가 나에게 헤어지자고 했다고 해서 내가 반드시 무가치한 인간은 아니다. 그것은 매우 유감스러운 사건일 뿐이지 내가 법적으로나 윤리적으로 잘못을 범한 것이 아니므로 수치스러운 사건은 아니다.

–내가 우울증에 걸려 자포자기로 사는 것은 아무런 이득이 없다. 남자친구를 잃은 것도 손해인데, 내 건강도 삶의 의욕도 기쁨도 잃은 채 사는 것은 너무 손해이다.

–남자친구가 헤어지자고 해서 우울한 감정을 느끼는 것은 지극히 정상적인 현상일 것이다. 그러나 내가 영원히 우울증 속에 살게 되면 나만 손해이다. 그러니까 앞으로 우울증에 걸려 지내지 않기로 마음먹겠다. 이 사건이 나에게 큰 고통을 준 것은 사실이지만 나는 그런대로 이 시련을 이겨 낼 수 있다.

⑤ E(효과)

- 인지적 효과: 자신이 무가치한 인간이라는 생각에서 벗어나게 되었다.
- 정서적 효과: 우울증 감정이 많이 줄어들고 수치심도 적어져서 그런대로 평온을 되찾았다.
- 행동적 효과: 제때에 식사하고 수면시간도 늘어나고 공부도 하며 사람들도 조금씩 만나게 되었고, 정상적인 생활 리듬을 되찾게 되었다.

활동 13-2 우울증상 치료

◆ 합리적 · 정서적 행동치료 이론을 적용하여 나의 우울증을 치료해 보자.

A(선행사건)		
C(결과)		
B(신념체제)		• (비합리적 신념)
D(논박)	논박적 질문	• (논리성에 입각한 논박적 질문) • (현실성에 입각한 논박적 질문) • (효과성에 입각한 논박적 질문)

	논박에 대한 대답	
E(효과)	인지적 효과	
	정서적 효과	
	행동적 효과	

3) 우울증을 다스리는 생활습관

건강하지 않으면 우울증에 걸릴 가능성이 높아지고 이와 반대로 평소에 건강에 큰 이상이 없었는데 우울증이 생긴 후 몸이 안 좋아지는 경우도 있다. 우울증이 신체적인 질병을 일으키고 그 질병으로 인한 고통이 우울증을 더욱 키우기도 한다. 그러므로 우울증과 신체적 질병의 악순환을 끊으려면 건강관리를 해야 한다. 건강한 생활습관을 가지면 몸이 건강해지고 우울한 기분도 나아질 수 있다(우종민, 2011).

① 매일 10분 이상 햇볕을 쬔다.

기분이 우울해서 밖에 나가기 싫더라도 매일 최소 10분 이상 햇볕을 쬐면 우울한 기분이 나아질 수 있는데 기분을 조절하는 신경전달물질 중 하나인 세로토닌은 햇볕을 받으면 잘 분비되기 때문이다(우종민, 2011).

② 규칙적으로 운동한다.

운동은 우울증을 예방하고 완화시켜 주는데, 운동을 하면 기분을 좋게 만드는 엔도

르핀의 분비가 촉진되고 긴장이 완화되므로 우울한 기분이 호전되기 때문이다. 우울증에 시달리는 사람들 가운데 세로토닌이 부족한 경우가 많아서 운동을 하면 세로토닌 분비가 촉진되어 도움이 된다(우종민, 2011).

우울증을 개선하려면 유산소운동(걷기, 달리기, 줄넘기, 자전거 타기, 수영 등)을 하는 것이 좋다. 크누벤 등(Knubben et al., 2007)의 연구에 따르면, 9개월 이상 심한 우울증을 겪고 있는 12명을 대상으로 10일 동안 매일 30분씩 달리기를 한 후 우울증 지수를 측정한 결과, 우울증 지수가 운동을 시작하기 전보다 25%가 감소되었다.

간단한 요가 동작만으로도 우울증이 개선되는데, 호흡에 집중하면서 요가 동작을 따라하면 스트레스로 인해 뭉친 근육이 이완되어 몸과 마음이 편안해진다.

③ 카페인을 많이 섭취하지 않는다.

카페인 성분이 신경세포를 흥분시키는 역할을 하여 커피처럼 카페인이 많이 함유된 차를 마시면 일시적으로 기분이 좋아지는 느낌을 받을 수 있다. 그러나 카페인을 많이 섭취하면 자극과민성, 신경질이나 불안, 신경과민, 두통, 불면증 등을 유발하여 우울증을 악화시킬 수 있으므로 카페인을 많이 섭취하지 않는 것이 좋다.

④ 하루 한 가지씩 기분이 좋아지는 일을 한다.

우울할 때 아무 노력을 하지 않고 우울 상태를 방치하면 더 우울해질 수 있는데 우울함이 오랫동안 지속되면 기분 좋은 느낌을 잘 기억하지 못할 수 있다. 따라서 매일 스스로 작은 일이라도 기분이 좋아지는 일을 만들어 하는 것이 좋은데 물론 마음이 우울하므로 딱히 하고 싶은 것도 없고 몸을 움직이기 귀찮을 것이다. 일상생활에서 손쉽게 할 수 있는 일들(예: 동네 한 바퀴 산책하기, 마음 맞는 친한 사람들과 수다떨기, 따뜻한 물에 목욕하기 등)을 하루 한 가지씩 해 보면 기분이 좋아지는 데 도움이 된다.

⑤ 남과 비교하거나 자기 비하를 하지 않는다.

나를 남과 비교하면 어떤 상황도 만족스러울 수 없다. 따라서 나의 모습 그대로, 다른 사람도 그의 모습 그대로 진심으로 인정하고 자신과 남을 비교하지 않는 것이 중요하다.

⑥ 호흡과 명상으로 마음을 다스린다.

복식호흡은 몸의 긴장을 풀고 마음을 편안하게 하는데 효과적이어서 우울증을 치료하는 방법으로 자주 사용된다. 복식호흡의 핵심은 숨을 천천히, 깊이, 고르게 쉬는 것이다. 한편, 명상은 부정적인 감정들을 몰아내고, 긍정적인 생각과 감정이 들어오도록 돕는다. 자신을 가장 편안하게 해 주는 순간을 기억하고 그때의 장면이나 모습을 떠올리며 자신이 실제 그 장소에 있다고 생각하면서 그때의 느낌, 냄새, 소리를 기억한다. 그러면 서서히 마음이 편안해지고 자신을 괴롭히는 부정적인 감정을 떨쳐낼 수 있다는 믿음이 생길 수 있다.

〈Tip〉 복식호흡과 명상법

- 의자나 바닥에 편안하게 앉는다.
- 최대한 어깨에 힘을 빼고, 손은 편안하게 무릎 위에 올려 둔다.
- 눈을 감고 천천히 숨을 쉰다.
- 의식적으로 호흡하려 하지 말고 편안하게 호흡한다.
- 눈을 감고 1부터 5까지 천천히 숫자를 세면서 호흡한다.
- 복식호흡을 하면서 자신이 가장 편안하다고 생각하는 장소를 그려 본다. 이미지 명상을 할 때도 복식호흡을 하는 것이 기본이다.
- 자신이 지금 그 장소 안에 있다고 상상하면서 주변을 자세히 둘러본다.
- 그곳에 어떤 풍경들이 있었는지 떠올려 본다.
- 그 장소에서 자신이 받았던 느낌, 소리, 냄새를 떠올려 본다.
- 천천히 숨을 내쉬면서 눈을 뜬다.

⑦ 마음을 편하게 해 주는 식사를 한다.

오메가 3와 같은 불포화지방산이 풍부한 생선과 콩, 계란 등 단백질을 많이 섭취하고, 물을 하루 8잔 이상 마시면 인체의 노폐물을 제거하고 신진대사를 도와 우울증이 완화된다. 그리고 당분이나 포화지방산을 많이 섭취하지 않는 것이 우울증 완화에 도움이 되는데, 당분은 일시적으로 기분을 좋게 하지만 1~2시간이 지나면 오히려 피곤과 우울함이 증가되고, 육류에 들어 있는 포화지방산은 콜레스테롤을 증가시키고 우울증을 촉진하기 때문이다.

제14장

친사회적 행동

1. 친사회적 행동의 이해
   1) 친사회적 행동의 발달
   2) 친사회적 행동과 개인적 자질
   3) 친사회적 행동의 상황적 요인

2. 친사회적 행동 실천하기
   1) 배려
   2) 나눔과 봉사
   3) 협동

1. 친사회적 행동의 이해

1) 친사회적 행동의 발달

일본에 유학을 간 한국인 대학생 이수현 씨(27세)는 2001년 1월에 도쿄 신오쿠보역에서 선로에 떨어진 취객을 구하기 위해 철로에 뛰어내렸다. 취객을 구조했으나 때마침 들어오던 전동차를 피하지 못하고 이수현 씨는 생을 마감하였다(연합뉴스, 2001. 1. 27.).

친사회적 행동(prosocial behavior)은 돕는 사람의 의도나 동기와 상관없이 다른 사람을 돕거나 도우려고 계획된 모든 행동을 포함한다. 친사회적 행동과 이타적 행동은 때로 상호 교환적으로 사용되는데, 이타적 행동은 보수를 기대하지 않고 다른 사람을 자발적으로 돕는 행동으로 친사회적 행동이 이타적 행동을 포괄하는 넓은 개념이다. 따라서 친사회적 행동에는 순수하고 사심 없는 이타적 행동뿐만 아니라 자신의 이익 추구를 위하여 계산적인 의도로 남을 돕는 행동까지 포함된다(이동원, 박옥희, 2011). 레코스키(Reykowski, 1982)는 돕기, 공유하기, 자기 희생, 규칙 준수 등을 친사회적 행동으로 보고 남을 돕는 행동 및 친사회적 가치를 지닌 모든 행동을 친사회적 행동에 포함시켰다. 한편, 아이젠버그와 밀러(Eisenberg & Miller, 1987)는 타인에게 도움을 주는 모든 행동을 친사회적 행동으로 규정하고 도와주기, 나누기, 기부하기, 위로하기, 협동하기 등 보다 구체적인 유형으로 세분화하였다. 요약하면 친사회적 행동이란 타인의 행복에 대해 관심을 갖고 배려하는 내재적인 심리적 특성이 행동으로 나타난 것으로서 나누기, 돕기, 위로하기, 보살피기, 협동하기 등을 들 수 있다. 친사회적 행동은 강화 또는 단순한 관찰과 모방을 통해 학습되기도 하고, 가정이나 학교에서 사회가 정한 도덕과 윤리적 가치를 내면화하면서 습득되기도 한다.

- 도와주기: 상대의 어려운 상황을 인식하고 실제로 도움을 주는 것을 의미한다. 많은 학자들(Eisenberg & Hand, 1979; Honig, 1982; Spodek, 1982)은 친사회적 행동의 개념을 설명할 때 주요 항목으로 '도와주기'를 제시하였다. 도와주기는 친사회적 행동 중에서 이타적인 성격을 잘 드러내는 개념이다.

- 나누기: 다른 사람의 이익을 위하여 자신의 소유물의 일부나 전부를 다른 사람에게 주는 것, 또는 자신이 이전에 소유하고 있던 사물을 타인에게 일시적으로 허락해 주는 것을 의미한다(박영숙, 1987; Eisenberg, 1979).
- 위로하기: 위로의 사전적 의미는 남의 괴로움이나 슬픔을 달래 주려고 따뜻한 말이나 행동을 베푼다는 것이다.
- 협동하기: '협동하기'가 '도와주기'와 구별이 되는 것은 '도와주기'가 도움이 필요한 상대에 대하여 자발적으로 판단하여 도움을 주는 것인 반면, '협동하기'는 서로 간의 상호 의지가 있어야 하며 이와 관련된 지속적인 상호작용과 공동의 목표가 있어야 한다.

활동 14-1 "만약 당신이라면……"

1. 도움이 필요한 상황을 목격한 경우, 당신이라면 어떻게 행동했을까? 기사 속 의사자들의 행동에 대한 자신의 생각을 쓰고, 3~4명이 조를 이루어 이에 대하여 의견을 나눈다.

〈기사〉 불길 · 물속 뛰어들고 총격범 덮친 한국의 '착한 사마리아인'

(전국종합=연합뉴스) 지난 9월 서울에서 60대 택시기사가 운전 중 실신하자 뒷좌석 승객은 그냥 사라졌다. 뒤늦게 경찰이 출동했지만, 기사는 숨진 뒤였다.

8월에는 대전에서 택시기사가 앞차와 추돌해 중태에 빠졌는데도 승객이 아무런 구호 없이 자리를 떴다. 이 기사도 병원에 이송됐지만, 목숨을 잃었다.

이러한 소식을 접한 누리꾼은 냉혈한 등으로 부르며 이기적인 세태를 개탄했다. 극단적 물질주의와 도덕성 상실을 자성하기도 했다.

급기야 생명이 위험한 사람을 보고도 구조하지 않으면 처벌하는 법안이 발의되기도 했다. 이른바 '선한 사마리아법안'이다.

공동체 위기를 우려하는 목소리가 커지는 상황에서 훈훈한 소식도 최근 잇따랐다.

생면부지의 사람을 구하려고 불길과 물속으로 뛰어든 의인들이 나타났다. 사제 총으로 경찰관을 쏴 죽인 범인을 검거하려고 온몸을 날린 시민도 있었다. 이들은 각박한 세상을 밝히는 이 시대의 영웅이라는 평가를 받는다.

지자체들은 조례 등을 만들어 의인들을 다양하게 지원하고 있으나 거룩한 희생정신을 보상하는 데는 턱없이 부족한 실정이다.

◇ 총격 · 불길 위험 무릅쓴 '보통사람들'의 살신성인

지난 19일 서울에서 발생한 경찰관 총격 살해사건 현장에서 범인을 검거하는 데 시민들이 결정적인 역할을 했다. 일용직 노동자 김광윤(56) 씨는 김창호(54) 경위를 사제 총으로 쏴 죽인 성병대(45)에게 달려들어 목을 제압했다. 사건 현장 부근에서 술을 마시던 그는 총성을 듣고 밖으로 나갔다가 범인을 발견하자 주저 없이 덮쳤다. 일행인 이동영(33) 씨는 인공호흡으로 쓰러진 경찰관을 살리려고 애썼고, 인근 상인들도 범인 검거에 힘을 보탰다.

성우를 꿈꾸던 청년 안치범(28) 씨는 지난달 9일 새벽 서울 마포구 서교동 5층 빌라에 불이 나자 불길 속으로 들어가 집집을 다니며 잠든 이웃을 깨운 뒤 질식해 숨졌다.

지난 13일 울산시 울주군 경부고속도로에서는 관광버스 화재로 다친 승객 4명을 승용차에 태워 병원으로 옮긴 남성이 있었다. 고교 교사로 갓 부임한 소현섭(30) 씨는 응급실에 도착한 뒤 휠체어를 준비해 달라고 부탁하고서 홀연히 자리를 떴다. 남몰래 선행한 것이다.

지난달 29일 서울 양천구 한 다가구주택에 불이 나자 입주민 박대호(32) 씨는 집집이 초인종을 누르고 맨손으로 방범창을 뜯어 지하에 사는 10대 남매를 구했다.

경기 광주에 사는 김민수(26) 씨와 홍형표(56) 씨는 지난해 6월 9일 아파트 6층에서 떨어지는 A(36 · 여) 씨와 딸(8)을 두 팔로 받다가 각각 어깨골절상과 뇌출혈 · 발목골절상을 입었다.

지난 2월 24일에는 강원 삼척시 근덕면 용화리 앞 도로에서 사고 차량을 목격한 이상재(36) 씨가 후속 사고를 막으려고 차에서 내려 수신호를 하다가 트레일러에 치여 숨졌다.

보건복지부 통계에 따르면 2011년부터 지난해까지 의사자 수는 86명이다. 연평균 17.2명이 의협심에 목숨을 던졌다. 이들은 모두 사회적 지위가 높지 않고 많은 돈도 갖지 못한 보통사람들이다.

◇ 의인 추모 표지석 · 기념비 · 훈장 잇따라

서울시의회 김용석 의원은 최근 의사자를 추모하는 조형물 설치 근거를 담은 '서울특별시 의사상

자 등 예우 및 지원에 관한 조례 일부개정조례안'을 대표 발의했다.

조례안은 서울시장이 의사자 유가족과 협의해 적절한 장소에 작은 동판이나 기념비 등 조형물을 설치할 수 있도록 했다.

충북 충주시는 관련 조례에 따라 의사상자를 기리는 추모 표지석을 설치한다.

서울 마포구는 최근 '초인종 의인' 고 안치범 씨에게 '용감한 구민상'을 추서해 거룩한 희생을 기렸다.

일본 정부는 2001년 일본 도쿄 지하철 선로에 떨어진 일본인을 구하고 숨진 고 이수현(당시 26세) 씨의 공로를 기려 최근에 유족에게 '욱일쌍광장'(훈장)을 전하기도 했다.

출처: 연합뉴스(2016. 10. 21.)

2. 앞의 상황처럼 도움이 필요한 상황을 목격한 경우, 당신이라면 어떻게 행동했을까? 기사 속 의사자들의 행동에 대한 자신의 생각을 적어 보자. 3~4명이 조를 이루어 이에 대하여 의견을 나눈다.

바-탈과 라비브(Bar-Tal & Raviv, 1982)는 친사회적 행동 발달단계를 제시하였는데 피아제(Piaget)의 인지발달단계, 셀먼(Selman)의 조망수용능력 발달단계, 콜버그(Kohlberg)의 도덕발달단계를 토대로 기타 추론에 대한 문헌들을 검토하여 돕기 행동을 동기 중심으로 1단계에서 6단계로 구분하여 다음 〈표 14-1〉과 같이 제시하였다.

〈표 14-1〉 바-탈의 친사회적 행동 발달단계

단계	친사회적 행동 발달단계	내용
1	순응-구체적으로 언급되는 강화 (compliance-concreate and defined reinforcement)	타인의 요청, 또는 명령이나 지시가 있을 때에는 친사회적 행동을 수행하는 단계로서 책임감이나 의무에서가 아니라 구체적 보상이나 벌의 위협이 있을 때 순응하는 단계이다.
2	순응(compliance)	권위에 대한 순응의 단계로 아동이 자신보다 우세하고 권위를 가진 타인의 지시와 요청에 따라 친사회적 행동이 나타나는 단계이다. 그러므로 이 단계에서의 돕기 행동은 외부적인 힘에 의해 나타난다.
3	내적 주도성-구체적 보상 (internal intiative-concreate reward)	구체적 보상에 대한 내적 주도성 단계로 명백하고 구체적인 보상을 받을 것을 기대하고 행동을 하기 때문에 본질적으로 이기적인 단계라고 설명하고 있다.
4	규범적 행동 (normative behavior)	규범적 행동의 단계로 돕기 행동을 수행하는 동기가 사회적 요구에 대한 순응으로 나타난다. 즉, 순응해야 할 규범을 인식하고 있으며 규범에 대한 순응은 긍정적인 인정을 얻지만 규범의 위반은 부정적 제재를 초래한다는 것을 아는 단계이다.
5	일반화된 상호성 (generalized reciprocity)	보편화된 상호성의 단계로 돕기 행동은 보편적인 교환원리의 영향을 받는다. 즉, 내가 다른 사람을 도와주면 내가 필요할 때 다른 사람도 나에게 도움을 줄 것이라고 생각하는 단계이다.
6	이타적인 행동 (altruistic behavior)	이타행동의 단계로 타인을 이롭게 하기 위한 순수한 동기 이외의 다른 동기 없이 자발적으로 돕기 행동을 수행하는 단계이다.

출처: Bar-Tal & Raviv(1982).

2) 친사회적 행동과 개인적 자질

(1) 공감의 수준

도움을 요청하는 상대방에 대한 개인의 공감 수준과 개인의 공감능력(제9장 참고)은 친사회적 행동에 영향을 미치는 요인이다. 우선 상대방에 대한 공감의 수준이 높을 경우, 친사회적 행동은 상대방의 불편감을 줄이고 상대방을 더욱 기쁘고 행복하게 만들기 위해, 비록 상대방을 돕기 힘든 상황에서도 나타나기 쉽다(Batson et al., 1981; Coke et al., 1978). 또한 개인의 공감능력이 높을수록 도움이 필요한 상대방의 처지에 대해 더 잘 공감하게 되어 친사회적 행동이 증가한다(Batson, 1987).

배슨(Batson)에 따르면 도움을 필요로 하는 누군가를 관찰한 후, 공감을 느끼는지에 따라 도움 행동의 목표가 달라진다고 하면서 [그림 14-1]과 같이 공감-이타주의 가설(empathy-altruism hypothesis)을 제시하였다. 상대방에게 공감을 느끼면 자신이 무엇을 얻을 것인지와 상관없이 순전히 다른 사람의 고통을 완화시키기 위한 이타적인 이유로 상대를 도우려 한다. 반면에 상대방에게 공감을 느끼지 않는다면 사회적 교환 주제가 작동하기 시작하여 당신에게 이익(목격자들로부터의 인정 등)이 있다면 상대를 돕게 된다.

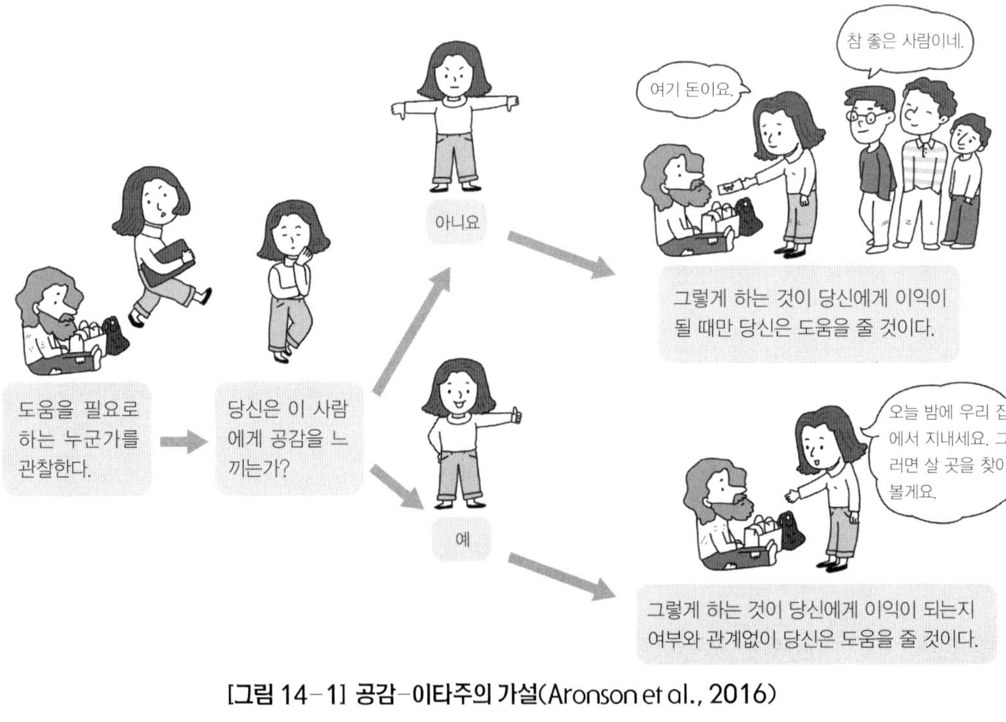

[그림 14-1] 공감-이타주의 가설(Aronson et al., 2016)

(2) 도움제공자의 기분

기분이 좋을 때는 기분이 좋지도 나쁘지도 않은 중립적인 기분을 가진 때보다 친사회적 행동이 잘 나타났다. 그러나 이와 반대로 자신이 기분이 좋은 상태에서 도와야 하는지가 명확하지 않으면, 자신의 기분이 나빠질 것을 꺼려 하여 자신의 도움이 필요 없고 위급하지 않은 상황으로 여기고 친사회적 행동을 안 하는 경향도 있다(한규석, 2009).

한편, 기분이 좋지 않을 때에는 보통 친사회적 행동이 잘 나타나지 않는데 도움 행동에 투입되는 시간이나 노력 등이 크지 않고, 명백하게 위급한 비상 사태로 해석되는 상황에서는 도움 요청을 받았을 때 본인의 기분이 절망적일 정도로 나쁘지 않다면, 자신의 기분을 좋게 하기 위해 친사회적 행동을 하는 경향이 있다(Cunningham, Shaffer, Barbee, Wolff, & Kelley, 1990).

(3) 도움수혜자의 특성

자신을 좋아하거나 자신이 좋아하는 사람들을 더 잘 돕는 것으로 나타났다. 그리고 자신과 비슷한 특성을 가진 사람을 자신과 다른 특성을 가진 사람보다 더 잘 돕는 경향이 있는데 자신과 타인의 유사성이 타인에 대한 호감을 높여 주기 때문이다. 또한 도움받는 사람이 어떤 집단 구성원인지도 친사회적 행동에 영향을 줄 수 있는데 도움받는 사람이 자신이 속한 집단 외 구성원인 경우보다 자신이 속한 집단 내 구성원일 경우 더 잘 도와주었다(이동원, 박옥희, 2011).

(4) 도움 요청 상황에 대한 귀인

도움이 필요하게 된 원인이 무엇인지가 상대방이 도움을 받을 가치가 있는지 판단하는 데 영향을 준다. 도움을 요청하는 상황의 원인이 통제 불가능한 자연재해 또는 환경적 영향인 경우에는 그 상황에 처한 사람은 도움을 받을 자격이 있다고 간주한다. 한편, 도움을 요청하는 사람의 부주의나 무책임 등에 그가 처한 상황의 원인이 있다고 해석되면 도움 행동이 줄어드는 경향이 있다(이동원, 박옥희, 2011; 한규석, 2009).

(5) 도움제공자와 도움수혜자 관계의 형평성

도움제공자와 도움수혜자의 관계가 형평적일 때 비형평적일 때보다 더 잘 돕는 경향이 있다. 도움제공자는 자신의 도움에 대하여 보답 가능한 사람을 보답하기 힘든 사람보다 더 잘 도와준다. 또한 도움수혜자도 나중에 자신이 받은 도움을 갚을 수 있는 경우에 도움을 더 잘 수용하였다(이동원, 박옥희, 2011).

3) 친사회적 행동의 상황적 요인

(1) 상황의 긴급성

라타네와 달리(Latané & Darley, 1970)는 상황의 긴급성이 친사회적 행동에 영향을 준다고 하였는데, 상황 긴급성의 특징은 사건 예측의 불가능성, 위험한 상황, 사건의 희소성, 즉각적인 행동의 필요성이다.

(2) 타인의 존재

타인의 존재는 친사회적 행동에 강력하게 영향을 주는 요인이다. 달리와 라타네(Darley & Latané, 1968)는 1964년에 미국 뉴욕에서 발생한 키티 제노비스 사건에 주목하여, 타인의 존재가 친사회적 행동에 영향을 주는 방관자 효과를 제시하였다. 누군가가 도움을 필요로 하는 상황에서 많은 사람이 존재하는 경우, 도움에 대한 책임감이 분산되어 자신이 도와야 한다는 개인적 책임감을 덜 느끼게 만드는 방관자 효과(bystander effect)가 나타나서 친사회적 행동을 할 가능성이 낮아진다.

키티 제노비스 사건

키티 제노비스 사건은 1964년 3월 새벽, 뉴욕에 있는 아파트 단지에서 한 남자가 키티 제노비스를 칼로 수십 차례 찌르고 도주하여 결국 피해자가 사망한 사건이다. 제노비스가 살려 달라고 여러 번 소리를 지르자, 무려 수십 명에 달하는 아파트 단지 내 이웃들이 잠에서 깨어 사건을 주시하고 있었음에도 불구하고 아무도 그녀를 돕지 않았다.

결국 범인은 도주 후 다시 돌아와 그녀를 여러 번 더 칼로 찔렀고, 범인이 다시 도주할 때까지 이웃들은 아무도 경찰에 신고조차 하지 않았다. 이 사건은 사건 자체의 잔혹성뿐만 아니라 수십 명에 이르는 사람들이 살인이라는 끔찍한 위급 상황에서 아무도 도움을 제공하지 않았다는 점이 오히려 더 큰 사회적 문제가 되었다.

(3) 시간의 압박

달리와 배슨(Darley & Batson, 1973)이 신학교 학생들을 대상으로 실시한 연구에서 시간적 압박이 이타적 행위를 감소시키는 것으로 나타났다. 달리와 배슨(1973)의 연구에서는 피험자들에게 돕는 행위의 도덕적 가치를 상기시켰는지 상기시키지 않았는지의 요인보다 시간의 압박이 강한 상황에서 친사회적 행동이 훨씬 덜 나타났다.

(4) 평가 불안

누군가가 자신에게 도움을 요청할 때 그 상황에 다른 사람들이 있으면 자신의 도움 행동에 대한 그들의 평가에 대한 불안과 걱정으로 친사회적 행동이 줄어들 수 있다. 내가 상대방을 도와줄 때 자신이 잘 도왔다고 사람들이 생각할지, 자신의 도움 행동을 보고 누군가 비난하지 않을지 등 도움을 목격한 사람들의 평가에 대한 불안을 느낄 수 있다. 특히 누군가가 도움을 요청할 때 같은 자리에 있는 다른 사람들이 이를 무시하거나 거부할 경우, 내가 나서는 것을 다른 사람들이 어떻게 생각할지에 대한 불안이 커져 도움 행동이 더 감소한다(이동원, 박옥희, 2011; 한규석, 2009).

(5) 행동의 결과

자신이 친사회적 행동을 했을 경우, 예측되는 그 행동의 결과는 친사회적 행동에 영향을 미친다(이동원, 박옥희, 2011). 특히 친사회적 행동을 했을 때 그 영향으로 심각한 신체적 위험이나 스트레스가 예상되면 친사회적 행동을 할 가능성이 줄어든다.

(6) 기타 요인

기온, 습도, 인구밀도, 소음 등 주변적 요인도 친사회적 행동과 관련이 있다. 덥거나 추운 날씨보다 적정 기온에서, 흐리거나 비가 오는 날보다는 맑은 날씨에, 밤보다 낮에, 인구 밀집이 심각한 대도시보다는 소규모 도시에서 친사회적 행동이 더 발생하였다(이동원, 박옥희, 2011; 한규석, 2009).

2. 친사회적 행동 실천하기

1) 배려

배려(配慮)는 상대방의 처지나 형편을 헤아려 상대방을 기쁘게 하고 보살펴 주려는 마음을 가지고 행동하는 하는 것이다. 상대방을 배려하고, 상대방의 배려를 받는 경험을 함으로써 다른 사람과 긍정적인 관계를 맺을 수 있다. 현대사회에서 개인주의가 팽배하면서 배려심이 퇴색되고 있는 상황에서 배려를 실천하는 것은 중요하다. 배려가 가장 큰 힘을 발휘하는 것은 인간관계인데, 배려는 관계성을 전제로 하므로 자신과 타인을 연결하고 서로 보살펴 주어 인간관계를 윤택하고 강하게 만든다(지동직, 2006). 다른 사람을 배려하기 위해서는 이해력, 주의력, 배려에 필요한 지식 등 인지적 능력과 상대방의 입장을 걱정하는 공감, 도덕적 동기 등 정서적 태도, 구체적으로 행하려는 강한 실천 의지가 필요하다(박은혁, 2011).

배려 관계에서는 배려하는 사람뿐만 아니라 배려받는 사람의 역할도 중요하다. 배려받는 사람이 배려를 수용하고, 배려를 수용하였음을 배려하는 사람에게 보여 주고, 배려하는 사람이 이를 인지하면 배려가 완성된다(Noddings, 2002). 그러므로 배려관계는 상호 호혜적인 관계라고 할 수 있다.

앞서가던 사람이 뒤따라오던 사람을 위해 문을 잡아 주기, 엘리베이터 문 열림 버튼을 누르면서 기다려 주기, 시험시간에 시험을 다 치르고 나갈 때 문을 조용히 닫고 나가기 등의 작은 배려를 통해 상대방을 기쁘게 하고 자신도 기쁨을 느낄 수 있다.

활동 14-2 배려의 경험

◆다음 글을 읽고 이를 참고해 다른 사람을 배려한 자신의 경험을 적어 보자.

〈기사 1〉 임산부 배려석엔 '배려'가 없다

캠페인 · 안내방송 해도 못 들은 척…… 시행 3년째지만 정착 못해

지하철 내 임산부 배려석이 도입된 지 3년이 다 돼 가지만 여전히 임산부들은 이용하지 못하는 실정이다. 지난 2013년 보건복지부 요청에 따라 서울메트로와 도시철도공사 양 공사는 열차 내 임산부 배려석을 운영해 오고 있다.

22일 시에 따르면 현재까지 1~8호선 내 임산부 배려석은 총 7,140석으로 열차 한 칸에 2개의 임산부 배려석이 마련돼 있다.

지난 21일 오후 6시 임산부 배려석에 앉아있던 40대 남성에게 다가가 임산부 배려석에 앉아 있는 이유를 묻자 "자리가 비워져 있어 앉았다"며 "임산부가 오면 비켜주겠다"는 답변이 돌아왔다.

비슷한 시각 다른 임산부 배려석에 앉아 있던 대학생 최 모 씨 역시 "잠깐이라도 잠을 자려고 빈 자리를 보면 반사적으로 앉게 된다"면서 "미안하다"는 사과와 함께 이내 자리에서 일어났다.

김 씨나 최 씨처럼 대부분 시민들은 임산부 배려석을 비워 두기보다는 앉아 있다가 양보하겠다는 입장이다. 최근에는 지하철과 버스 등 임산부 배려석에 앉은 남자들의 모습을 공개하는 소셜미디어 페이지까지 등장해 경찰이 수사에 나서기도 했다.

이런 상황에서 양 공사는 각종 캠페인과 안내방송 등을 병행하고 있지만 실질적인 효과를 거두진 못하고 있다.

1~4호선을 운영하는 서울메트로의 경우 지난해까지 편도 1회 실시하던 차내 임산부 배려석 안내방송을 올해부터 2회로 늘리고, 역사 내 1일 10회에 걸쳐 안내방송을 하고 있다. 5~8호선을 관리하는 서울도시철도공사도 지난 3월부터 매월 셋째 주 수요일 임산부 배려석 캠페인을 실시하고 있다.

평소 지하철을 이용해 출퇴근한다는 임신 6주 차 이민아(31 · 여) 씨는 "안내방송을 해도 효과가 있겠냐"며 "나도 그렇지만, 자기가 임산부라고 말하면서 자리를 비켜 달라고 할 사람이 몇이나 되겠냐"고 반문했다.

실제로 열차 내 임산부 배려석 관련 안내방송이 나와도 시민 대부분은 음악을 듣거나 동영상을 시청해 방송을 듣지 현재로서는 임산부 배려석에 강제성을 부여할 수 없어 결국 '시민의식'에 기댈 수밖에 없는 실정이다.

서울메트로 관계자는 "홍보를 강화해 달라거나 인식 개선을 요구하는 민원이 지속적으로 들어오지만 아직까지 (임산부 배려석이) 제대로 자리 잡지 못한 게 사실"이라며 "어느 정도의 시간이 필요한 부분인 거 같다"고 설명했다.

앞서 서울시는 지난 1월 임산부 배려석을 좀 더 알아보기 쉽게 디자인하겠다는 개선 계획을 밝히고, 당초 벽면에 붙어 있던 엠블럼 스티커를 벽면부터 의자, 바닥까지 전체를 분홍색으로 바꾸고 있다. 서울메트로는 지난달 1~4호선 내 임산부 배려석 총 3,908석에 대한 디자인 개선을 마쳤으며, 도시철도공사 역시 빠른 시일 내에 개선 작업을 완료할 예정이다.

시 관계자는 "임산부 배려석 캠페인이 기존 '양보하기'에서 '비워 두기'로 바뀐 만큼 좀 더 적극적인 시민 홍보를 통해 임산부 배려석이 제대로 자리잡을 수 있게 노력할 계획"이라고 설명했다.

출처: 뉴스토마토(2016. 09. 23.).

〈기사 2〉 지하철 9호선에 테디베어가 놓인 이유는

임산부의 날(10일)을 앞두고 지하철에 등장한 깜짝 손님이 화제이다.

지난 7일 SNS와 온라인 커뮤니티에는 지하철 9호선에 탑승한 테디베어를 촬영한 사진들이 올라왔다.

사진 속에는 "임산부 배려석입니다. 저를 안고 앉으시고 내리실 때는 제자리에"라는 피켓을 든 테디베어가 있다.

임산부 배려석에 앉은 이 테디베어는 7일 오전 9시부터 12시까지 서울 지하철 9호선 국회의사당역, 김포공항역 등 5개 역에서 포착됐다.

지하철에 깜짝 탑승한 테디베어는 10일 '임산부의 날'을 맞아 보건복지부와 서울 지하철 9호선이 합동으로 진행한 '임산부 배려 캠페인'의 일환이다.

이 캠페인은 작은 곰인형 하나로 임산부 배려석에 대한 우리의 인식을 제고하겠다는 뜻을 담고 있다.

곰 인형 아이디어는 광운대 이종혁 교수의 공공소통 프로젝트 LOUD에서 나왔다.

이렇게 임산부 배려석에 테디베어를 앉혀 놓으면 사람이 꽉 찬 지하철에서 해당 좌석은 비어 있어 임산부들이 임산부석에 앉은 일반인에게 비켜 달라고 말하거나 눈치를 볼 필요가 없다.

해당 캠페인을 접한 네티즌들은 "분홍색 좌석이나 어린이를 배려하라는 안내 문구보다 이 작은 인형의 효과가 더 강력하다"며 "이벤트로 끝내지 말고 임산부 배려석에 계속 테디베어가 있으면 좋겠다"는 반응을 보였다.

한편 지난달 27일엔 60대 노인이 지하철 노약자 보호석에 앉은 임산부를 폭행하는 사건이 발생했다. 노인은 여성의 임신사실을 확인하겠다며 임부복을 걷어 올리기도 했다.

출처: 중앙일보(2016.10. 08.).

1. 다른 사람을 배려한 경험

2. 다른 사람이 나를 배려하지 않아 기분 상했던 경험

활동 14-3 배려하기 위해 우리가 할 수 있는 일

◆3~5명 정도의 집단을 구성하여 각 항목에 대하여 '배려하기 위해 우리가 할 수 있는 일'을 토의한 후 적어 보자.

항목	배려하기 위해 우리가 할 수 있는 일
학교에서	
지역사회에서	

가정에서	

2) 나눔과 봉사

나눔은 자신이 가지고 있거나 자신이 할 수 있는 일들을 통해 다른 사람들에게 베푸는 것으로 나눔의 종류에는 물질적 · 정신적인 것 모두 해당되며 나눔은 자신, 타인, 사회에 도움이 된다. 한편, 봉사는 국가나 사회 또는 남을 위하여 자신을 돌보지 않고 힘을 바쳐 애쓰는 것이다. 기부는 자선사업이나 공공사업을 돕기 위하여 돈이나 물건 따위를 대가 없이 내놓는 것으로 나눔과 봉사의 대표적인 실천이다.

대학은 진리를 탐구하고, 탐구한 진리를 전달하고 가르치는 곳으로, 이는 지역사회로 환원되어야 한다. 대학생이 가진 지식과 기술을 활용하여 지역사회의 문제를 해결하고 지역주민들의 삶의 질이 향상하는 데 기여할 수 있다(윤갑수 외, 2011). 대학생이 사회봉사활동에 참여해야 하는 이유는 다음과 같다(박태영 외, 2008; 현외성, 2011).

- 학생들의 바른 인성과 성숙한 자아 형성
- 인간의 존엄성과 가치에 대한 인식 함양
- 학생들의 전문 지식 및 기술의 적용과 연마 지원
- 학생들에게 사회적 책임과 사회지도자로서의 능력 배양
- 대학 내 건전한 대학문화 정착
- 대학 교육의 확충과 국제화 촉진
- 대학과 지역사회 간의 연계 · 협력을 통한 봉사네트워크 구축
- 지역공동체 의식 확산과 사회통합

사회복지자원봉사 인증관리 VMS

사회복지자원봉사 인증관리(Volunteer Management System: VMS)는 한국사회복지협의회 및 보건복지부 주도로 마련된 자원봉사자의 봉사 실적을 체계적으로 누적 관리하는 전산 시스템이다. 이 시스템은 전국 각지의 사회봉사단체가 가입되어 있어 자원봉사한 실적을 인증요원을 통해 적립하도록 되어 있다. 자원봉사확인서의 신뢰도를 높이고 모든 자원봉사 내역이 합산되고 전산관리되는 장점이 있다. VMS 웹사이트(https://www.vms.or.kr)를 통해 자원봉사를 신청하고 봉사자를 구인할 수 있도록 되어 있다(위키백과, ko.wikipedia.org).

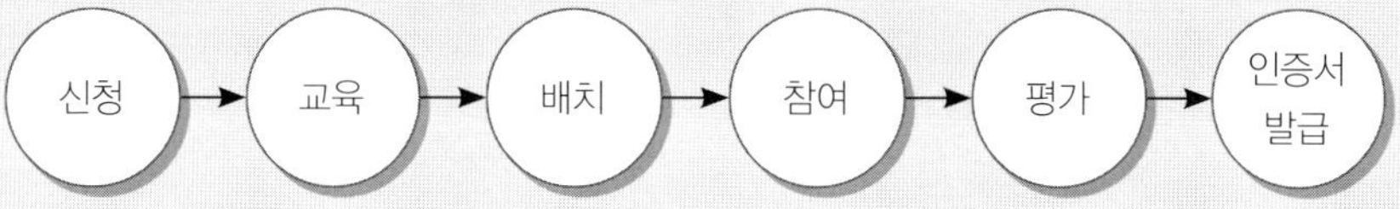

기부 단체 선별 방법

• 기부 설계하기

기부를 결정했다면 우선 매달 정기적으로 할지, 필요에 따라 할지 설계를 해야 하는데 규모에 따라 단체 선정이 달라질 수도 있기 때문이다. 예컨대, 적지만 1만 원이라도 매달 기부를 한다면 선택의 폭은 넓어질 수밖에 없다. 그러고 나서 고민해야 할 부분이 후원단체 선정이다. 온라인 시대답게 단체는 쉽게 접할 수 있다. 행정자치부가 운영하는 '나눔포털(www.nanumkorea.go.kr)'과 네이버 '해피빈'이 대표적이다.

나눔포털 홈페이지

• 기부 테마를 정하기

기부는 불우 이웃만이 아닌 사회 전 분야로 확산되는 추세인데, 꾸준한 기부를 이어 가려면 우선 관심분야를 두는 편이 좋다. 기부 단체는 크게 아동, 여성, 장애, 인권 등으로 나눠 볼 수 있다.

• 정보 공개를 살피기

후원하려는 대상을 복수로 정했다면 기부절차의 반은 마친 셈이다. 이젠 이 중 가장 믿음이 가는 단체를 골라야 한다. 기부자가 보기 쉽게 사업소개나 재무 정보를 자세하게 표현해 놨는지 여부를 투명성의 기준으로 삼을 수 있다. 기부금 영수증을 발급하는 단체라면 모두 홈페이지에 사업소개, 재무 내용 등을 담고 있어야 한다. 하지만 기부자 상당수가 회계지식이 얕다는 점을 이용, 복잡하게 이런 내용을 담고 있는 단체는 일단 경계해야 한다.

• 재정운영이 효율적인 단체를 찾기

이용자가 알아보기 쉽게 정보를 보여 주는 단체를 선별했는데도 선택단체가 복수라면 남은 방법은 얼마나 살림살이를 알뜰하게 운영하고 있는지 여부이다. 기부금, 정부 보조금, 사업수익 등으로 마련한 기금을 낭비 없이 쓰는지 직접 검증하는 것이다. 기본적으로 월별 · 연간 재정운영보고서를 살펴보는 것이 좋다. 연차보고서나 재정운영보고서는 보통 재단소개 내 투명경영 같은 게시판에 있는 경우가 많다. 국내의 경우 기획재정부에 등록된 지정기부금단체는 수익사업의 지출을 제외한 지출액의 80% 이상을 고유 목적사업에 써야 한다. 공시 정보가 잘 되어 있는 곳은 고유 목적사업비와 일반 관리비를 구분해 보여 줘 비율을 확인할 수 있다. 이 중 지출의 순수사업비의 상세 내역을 확인해 사업비 중에서도 행정비가 얼마나 쓰였는지 알아봐야 한다.

단순히 전체 지출액에서 고유 목적사업비만 볼 것이 아니라 사업비 내부에 있는 세부항목도 뜯어보면서 불필요한 지출을 많이 하는 곳은 아닌지 봐야 한다.

• 홍보 글보다 실제 사업내용을 잘 살펴보기

효율성도 중요하지만 실제 기부금이 어떤 용도로 쓰일지에 대해서도 미리 알아둬야 나중에 오해가 생기지 않는다. 예컨대, 일대일 결연을 맺어 해외아동을 후원하는 경우 아이의 실명, 사연을 사진과 함께 홍보하며 감정에 호소하는 경우가 많지만 이런 단체들은 주의해서 봐야 한다. 후원자들 대부분은 '일대일' 결연이라는 말이 실제 자신의 기부금이 아이들에게 직접 전달되어 쓰이는 것으로 생각하기 쉽지만, 후원금 전액이 전달되는 것이 아니라 일정 비율은 사업 운영을 위한 행정비와 학교, 병원 건축 등 제반시설을 구축하는 데 쓰이기 때문이다. 굿네이버스 관계자는 "일대일 결연의 경우 후원금의 사용처를 질문하는 분들이 간혹 있는데 대략 50% 이상이 학용품 구입이나 치료 비용 등으로 직접 후원 아동에 쓰이고, 나머지는 낙후된 시설 개선과 행정비 등 간접비용에 쓰인다고 보면 된다"고 말했다.

간접비용으로 나가는 것 없이 후원금 전액을 후원대상에게 전달하고 싶다면 사회복지관이나 보육원 등을 통해 어려운 이웃을 소개받아 일대일 결연을 맺는 방법도 생각해 볼 수 있다. 이는 후원대상이 효율적으로 후원금을 사용할지에 대한 위험은 있지만 후원금이 온전히 후원자를 위해 사용된다는 장점이 있다.

• 소셜 기부도 하나의 방법

기부단체를 선별하는 데 시간이 부족하다면 모바일로 간편하게 이용할 수 있는 '소셜 기부'도 생각해 볼 수 있다. 소셜 기부는 앱이나 온라인을 통해 기부하고 SNS로 기부 내용을 공유해 타인의 참여를 유도하는 것이 특징이다. 빅워크처럼 스마트폰 앱을 이용해 1km를 걸을 때마다 1원씩 기부금을 적립할 수도 있고 기부톡처럼 전화통화만 해도 기부가 가능하다. 트리플래닛은 게임 속에서 가상의 나무를 심으면 사막화가 이뤄지는 곳에 실제 나무를 심어 주는 앱이다.

출처: 한국일보(2014. 12. 21.).

활동 14-4 실천하는 나눔

◆다음 글을 읽고 이를 참고해 실천하고 있는 나눔 및 실천할 수 있는 나눔에 대해 적어 보자.

〈기사 1〉 대학생들의 벽화 자원봉사활동, 도시가 아름다워진다

삭막한 콘크리트 벽에 울긋불긋 색과 형상으로 생명을 불어넣는 대학생들의 손끝과 얼굴이 사뭇 진지하다. 대학생들이 붓을 들고 나선 것은 도시에 생기를 불어넣고 보기 좋은 도시를 만들기 위해 벽화 자원봉사활동에 나선 것이다.

전주시자원봉사센터가 전주대학교 Painter동아리 봉사단과 함께 전주반월초등학교에서 벽화 봉사활동을 실시했다.

이번 벽화 봉사활동은 (사)전라북도자원봉사센터가 지원했다. 전주권대학생연합봉사단(청 · 바 · 지)에 소속된 Painter동아리 봉사단(회장 송선주)의 재능봉사활동으로 이루어졌다.

Painter봉사단은 학생들에게 등굣길 따뜻한 벽화그림을 선물하기 위해 이날 봉사에 함께 참여한 반월초등학교 학생 및 학부모 40여 명과 함께 칙칙한 학교 담벼락을 깨끗하게 만들고, 벽화 그리기 등의 봉사활동을 펼쳤다.

자원봉사활동에 참여한 한 반월초등학교 학부모들은 "30도를 오르내리는 등 평소보다 무더웠던 날씨에도 대학생들이 찾아와 봉사활동을 하기엔 쉽지 않았을 텐데도 동생들에게 즐거움을 주기 위해 힘든 기색 없이 열심히 봉사활동을 펴는 모습이 보기 좋았다"며 "2학기에 등교할 아이들의 모습을 생각하면 함께하는 벽화 봉사활동이 힘들지 않았다"고 소감을 밝혔다.

박정석 전주시자원봉사센터 부센터장은 "봉사활동을 하기에는 쉽지 않은 날씨였지만, 대학생들과 학부모, 아이들이 학교 담벼락에 그림 그리는 것에 즐거운 마음으로 동참해 주고, 아이들이 손바닥으로 직접 나무를 그리는 등 모두가 한마음 한뜻으로 미소를 잃지 않고 봉사활동에 참여해 줘서 진심으로 감사하다"고 말했다.

출처: 전북도민일보(2016. 7. 28.).

〈기사 2〉 경기도 '대학생 행복멘토링'으로 풍도가 젊어졌어요

25일 오전 11시 경기도 안산 '풍도'에 특별한 손님들이 찾아왔다. 풍도는 주민의 80%가 70세 이상 노인이다. 초등학생은 단 3명뿐이다. 봄철 야생화 축제를 제외하면 외지인의 발길도 뜸하다.

하지만 이날 이곳은 20대의 건장한 젊은이들로 북적였다. 경기도가 2013년부터 운영하고 있는 '대학생 지식멘토사업' 단원들이 봉사활동을 위해 풍도를 방문해서이다. 대학생 지식멘토사업은 경기도가 도내 거주 또는 소재 대학생을 멘토로 선정해 운영하는 사업이다. 멘티는 저소득층 자녀, 장애인, 노인, 다문화가정, 탈북 청소년 등 학습소외계층 등이다.

대학생 지식멘토사업은 크게 두 가지로 나눠 진행된다. 하나는 대학생 멘토가 학습소외계층을 대상으로 학습지도, 특기 · 적성, 자기계발 교육 등을 진행하는 '지식멘토링(90팀 80명)' 사업이다.

현장을 찾아가 필요한 사업을 펼치는 '현장멘토링(10팀 50명)' 사업도 있다. 이날 풍도 방문은 현장멘토링 사업이다. 풍도를 찾은 경동대와 용인대 재학생 10명은 오는 29일까지 주민들과 숙식을 함께하며 다양한 봉사활동을 펼친다.

이들은 이날 복지회관에 모인 풍도 주민들을 대상으로 염색과 피부마사지, 네일아트 등 다양한 봉사활동을 전개했다.

네일아트 서비스를 받은 양춘난(여, 72) 씨는 "어차피 밭일을 하다 보면 지워지겠지만 그래도 예쁜 손녀뻘 되는 여학생들이 손톱과 발톱에 매니큐어를 발라 주니 기분이 좋다"며 환하게 웃었다.

정순자(여, 76) 씨는 "허리 수술을 해서 무릎도 아프고 온몸이 쑤셨는데 안마도 받고, 생전 해 본 적 없는 마스크팩도 하니까 행복하다"며 "조용한 섬이 오랜만에 시끌벅적해서 사람 사는 냄새가 난다"고 전했다.

이날 풍도를 찾은 학생들은 주민들을 위해 천연염색도 준비했다.

김재훈(남, 78)씨는 "오랜만에 염색을 해 봤는데 냄새도 독하지 않고 학생들이 예쁘게 해 줘서 만족스럽다"고 했다.

대남초교 풍도분교에서는 대학생 멘토가 초등학생 3명을 대상으로 점토 모형 만들기, 색종이 접기 등 봉사활동을 펼쳤다.

첫날 멘토 활동을 마친 경동대 장수정(21) 양은 "풍도라는 생소한 섬에서 봉사활동을 한다고 생각해 걱정이 많았다"며 "하지만 섬 주민들께서 반갑게 맞아 줘 이곳에 있는 동안 즐거운 일이 많을 것 같다"고 전했다.

용인대 윤영아(22) 양은 "풍도에서 보내는 5일 동안 어르신들에게 삶의 활기를 드리고 아이들에게 저의 재능과 열정을 오롯이 쏟아 붓고 돌아가고 싶다"며 "더 많은 학생들이 사회 취약계층을 위해 뜻깊은 시간을 보냈으면 좋겠다."고 했다.

출처: 아시아경제(2016. 7. 26.).

내가 나눔을 실천하고 있는 활동 및 소감

내가 나눔을 실천할 수 있는 활동(봉사, 재능 기부 등)

3) 협동

협동(協同)은 개인이나 집단이 공통의 목적과 목표를 달성하기 위해 활동을 결합하고 서로 도우면서 함께 일하는 것을 말한다. 인간은 사회적 동물로 서로 화합하고 협업하면서 살아가야 하므로 협동은 개인과 사회 발전의 기본 조건이다. 특히 개인주의가 팽배하여 협동심이 부족한 현대 사회에서 서로 힘을 합하여 과업을 해결하는 협동은 더불어 살아가는 데 필요한 기본적인 인성 덕목이다(윤문원, 2015).

대학생은 대학생활을 하면서 자신이 소속된 학과, 동아리, 조별 발표, 스터디 등 다양한 집단에서 공동 목표를 추구해야 하는 경우가 있다. 집단 구성원들이 협동을 잘하기 위해 갖추어야 할 협동의 기본 요소는 다음과 같다(조은경, 2007).

- 뚜렷한 목표의식을 갖고 동기를 부여한다. 구성원들 사이에 공동 목표를 명확하게 설정하고, 힘든 상황에서 구성원들이 서로 힘을 모아 극복하고 공동의 목표를 반드시 달성하려는 동기가 부여되어야 한다.
- 구성원 각자 책임과 역할을 다한다. 공동의 목표 달성을 위한 구성원 각자의 책임과 역할을 부여한다. 그리고 각자가 자신의 책임과 역할을 정확하게 인지하고 책무를 다해야 하고, 과제를 수행하기 위해 필요한 지식과 기술을 배우고 익히는 노력도 해야 한다. 문제가 발생했을 시 서로 도와 가며 문제를 해결하고 어려운 일일수록 솔선수범하는 배려가 필요하다.
- 솔직한 대화로 서로를 이해한다. 구성원은 공동의 목표 달성을 위해 과제를 수행하면서 생각과 의견을 솔직하게 표현하고 서로의 의견을 경청해야 한다. 서로 의견의 차이가 있어도 이해하고 배려하면서 감정이 상하지 않게 노력해야 한다.
- 강한 자신감으로 상대방의 사기를 높인다. 긍정적으로 생각하고 자신감을 가지며 서로 격려하면 집단이 좋은 분위기를 형성하고 구성원들의 사기를 높이는 데 도움이 된다.
- 경쟁체제가 아닌 협력체제를 형성한다. 구성원들의 잠재능력을 이끌어 내기 위해 지나친 경쟁 분위기를 형성하면 구성원 개인의 경쟁력을 올릴 수는 있지만, 집단의 경쟁력은 오히려 떨어질 수 있고 긴장 분위기가 조성되고 서로 불신할 수도 있다. 따라서 집단은 경쟁관계가 아니라 협력관계라는 인식이 필요하다.

• 처리할 수 없는 일은 위임한다. 집단 과제에서 구성원이 일을 처리하지 못하면 집단에 영향을 미친다. 그러므로 자신이 처리할 수 없는 일이라고 판단되면 빨리 다른 구성원들에게 알리고 일을 위임하여 과제 수행에 차질이 없게 해야 한다.

활동 14-5 우리의 협동

1. 우리 학과의 협동 수준을 알아보자.

항목	구분	예	아니요
협동의 기본 요소	학생들은 학과 목표 및 도전의식을 공유하는가?		
	학생들은 각자의 책임과 역할을 다하고 있는가?		
	솔직한 대화로 서로를 이해하고 있는가?		
	학과 친구들을 서로 칭찬하고 격려를 잘하고 있는가?		
협동의 저해 요소	학과에 대한 이해가 부족한가?		
	학과 학생들은 자기중심적으로 행동하는가?		
	대부분의 학생들이 학과에 대해 관심을 가지고 있는가?		
	다른 학생의 입장을 고려하지 않고 자기 입장만을 고집하는가?		
학과의 협동 수준			

협동 함양 방안			

출처: 조용태, 김창현, 유경미, 이기용(2016).

2. 서로의 고민을 나누고 해결책을 찾아보자.

진행

① 4~6명 정도의 집단을 구성한다.

② 동일한 크기의 종이와 펜을 사용하여 각자 최근에 갖고 있는 고민을 한 가지씩 적는다. 왼손을 사용하거나 자신의 글자체를 최대한 위장하여 누군지 알 수 없게 유의한다.

③ 고민을 한 장씩 읽고, 집단원 전체가 그 고민을 같이 나누고 해결책을 찾아본다.

④ 고민자의 비밀보장에 유의하며 고민 자체에 대한 관심과 나눔에 초점을 둔다.

⑤ 활동을 한 소감이나 느낀 점을 함께 이야기 나눈다.

고민 내용	해결방안 또는 조언

참고문헌

강갑원(2004). 알기 쉬운 상담이론과 실제. 서울: 교육과학사.

강문희, 이광자, 박경(1999). 인간관계의 이해. 서울: 학지사.

강선보, 박의수, 김귀성, 송순재, 정윤경, 김영래, 고미숙(2008). 21세기 인성교육의 방향설정을 위한 이론적 기초 연구. 교육문제연구, 30, 1-38.

강신덕(1997). 비행청소년 분노조절 교육 프로그램 개발 및 효과연구. 청소년상담연구, 5(1), 81-143.

강종구(1986). 자아개념, 진로의식 성숙 및 학업성취가 직업 포부수준에 미치는 영향. 서울대학교 대학원 석사학위논문.

곽금주(2013). 흔들리는 20대 청년기 생애설계 심리학. 서울: 서울대학교 출판문화원.

고용노동부(2016). 직장 내 성희롱 예방 대응 매뉴얼.

교육부(2015). 인성교육 5개년 종합계획 수립방안 연구.

교육부, 한국교육학회(2015). 2015 인성교육 포럼. 서울대학교 교육연구소 인성교육 연구팀.

교육과학기술부(2010). 창의력 계발 및 인성 함양을 위한 수행평가 활성화 방안 연구.

권대훈(2009). 교육심리학의 이론과 실제. 서울: 학지사.

권석만(1998). (젊은이를 위한) 인간관계 심리학. 서울: 학지사.

권석만(2014). (젊은이를 위한) 인간관계 심리학. 서울: 학지사.

권석만(2016). 우울증. 서울: 학지사.

권숙희(1996). 중년 여성의 갱년기 증상과 우울에 관한 연구. 여성건강간호학회지, 2(2), 235-245.
김규수, 류태보(2001). 교류분석치료. 서울: 형성출판사.
김명순, 김성회(2012). 대학생용 유교적 인성 척도 개발. 교육학연구, 50(1), 27-53.
김애순, 윤진(1997). 청년기 갈등과 자기이해. 서울: 중앙적성출판사.
김은진(2014). 바른 생활습관 함양을 위한 마음챙기기 인성교육 프로그램 사례 연구. 청소년복지연구, 16(4), 195-223.
김정택, 심혜숙(1991). MBTI 안내서. 서울: 한국심리검사연구소.
김정호, 김선주(1998). 스트레스의 이해와 관리. 서울: 아름다운세상.
김정호, 김선주(2010). 스트레스의 이해와 관리. 서울: 시그마프레스.
김종운, 박성실(2014). 만남 그리고 성장을 위한 인간관계 심리학. 서울: 학지사.
김중술(1994). 新 사랑의 의미. 서울: 서울대학교 출판부.
김진숙, 김지은, 연미희, 이인수(2014). 인간관계와 의사소통. 서울: 창지사.
김현수(2005). 학생 인성평가도구 개발을 위한 탐색적 연구. 도덕윤리과교육, 21, 283-306.
김혜영, 고효정(1997). 중년기 여성의 우울과 자아정체감에 관한 연구. 여성건강간호학회지, 3(2), 117-138.
남궁달화(1999). 인성교육론. 서울: 문음사.
노안영(2005). 상담심리학의 이론과 실제. 서울: 학지사.
도승이(2013). 행복한 미래 인재 양성을 위한 인성교육의 필요성과 실천방안. 사고개발, 9(2), 143-159.
류청산, 진홍섭(2003). 인성교육의 이론적 고찰을 통한 인성덕목의 분류와 요인 분석. 한국실과교육학회 학술대회논문집, 109-140.
미 교육부(2007). Partnerships in character education. *state pilot projects, 1995-2001*, lesson learned.
박명순(1999). 인성교육에 관한 교육심리학의 역할과 과제에 대한 토론. 교육심리연구, 13권, 2호, 77-80.
박명순(2002). 인성교육. 서울: 학지사.
박명순, 김나미(2003). 여대생을 위한 구조화된 인성교육 프로그램. 경기: 경인여자대학 출판부.
박명순, 김현경, 이수현(2015). 부모교육. 서울: 학지사.
박성근(2005). 스트레스 다스리기. 서울: 가림출판사.
박성미, 허승희(2012). 청소년용 통합적 인성 척도 개발. 아동교육, 21(3), 35-47.
박영숙(1987). 친사회적 행동 증진을 위한 교육방략: 역할수용능력 훈련이 친사회 행동에 미치는 효과를 중심으로. 숙명여자대학교 박사학위논문.
박은혁(2011). 청소년용 배려적 사고 척도개발 및 타당화. 명지대학교 대학원 박사학위논문.
박태영, 김숙경, 오주, 이경은, 장덕희, 채현탁, 최태자(2008). 자원봉사론. 경기: 공동체.
보건복지부(2012). 대학생 성태도 실태조사.
서수균(2005). 분노와 관련된 인지적요인과 그 치료적 함의. 경기: 한국학술정보.
손애리, 천정수(2005). 전국 대학생의 성의식 첫 성경험 및 성행동에 대한 성차. 보건과 사회과학, 18, 73-100.
송원영, 김지영(2013). 커리어포트폴리오를 통한 대학생의 진로설계. 서울: 학지사.
송원영, 전연진, 조규필, 정주리, 천석준(2006). 미래의 서 – 청소년을 위한 진로 지침서. 서울: 국가청소년위원회.
신경림(2012). 대학생의 성태도 실태조사에 관한 연구. 보건복지부.
신명희, 강소연, 김은경, 김정민, 노원경, 박성은, 서은희, 원영실, 황은영(2010). 교육심리학. 서울: 학지사.
신명희, 서은희, 송수지, 김은경, 원영실, 노원경, 김정민, 강소연, 임호용(2013). 발달심리학. 서울: 학지사.
양정실, 조난심, 박소영, 장근주, 은지용(2013). 교과교육을 통한 인성교육 구현 방안. 서울: 한국교육과정평가원.
양춘희, 신형재, 길웅, 권용만(2015). 인간관계론. 서울: 삼영사.
여성가족부(2018). 직장 내 성희롱 · 성폭력 사건 처리 매뉴얼.
오강섭(1995). 직장인 스트레스 어떻게 할 것인가. 서울: 지구촌.
우재현(2002). 에니어그램 성격유형검사. 서울: 정암서원.
우종민(2011). 우울증 카운슬링. 경기: 웅진리빙하우스.
유영주(2004). 새로운 가족학. 서울: 신정.
유정희(2012). 우울의 힘. 서울: 하나의학사.
윤갑수, 박형순, 이준우, 현무성, 김택환(2011). 대학생을 위한 신나는 사회봉사 길라잡이. 서울: 파란마음.
윤문원(2015). 인성교육 만세. 서울: 씽크파워.
윤치영(2005). 설득 · 경청 · 논박의 기술. 서울: 일빛.
이경희(1991). 형제간 상호작용에 관한 관찰 연구. 연세대학교 대학원 박사학위논문.
이근철(1996). 초등학교 도덕 · 인성 교육의 발전방향. 경인초등 도덕교육학회.
이근호(2012). 미래사회 대비 핵심역량 함양을 위한 국가 교육과정 구상. 서울: 한국교육과정평가원.

이동원, 박옥희(2011). 사회심리학. 서울: 학지사.

이연숙(2000). 대학생이 지각한 부모의 양육태도와 자기존중감 및 진로결정과의 관계. 경남대학교 대학원 석사학위논문.

이윤선, 강혜영, 김소정(2013). 대학생 인성검사도구 타당화. 윤리교육연구, 31, 261-282.

이윤선, 권미진(2015). 대학생 인성수준의 종단적 분석. 윤리교육연구, 36, 259-282.

이자영, 남숙경, 이미경, 이지희, 이상민(2009). Rosenberg의 자아존중감 척도: 문항수준 타당도 분석. 한국심리학회지: 상담 및 심리치료, 21(1), 173-189.

이종목, 이계윤, 김광운(2003). 스트레스를 넘어 건강한 삶 가꾸기. 서울: 학지사.

이주희, 최은정, 최명선, 박희현, 진혜경(2008). 인간관계론. 경기: 공동체.

이태연, 이인수, 정기수, 최명구(2006). 인간관계의 이해. 서울: 신정.

이현주(2016). 관계의 99%는 소통이다. 서울: 원앤원북스.

이혜림, 이동훈(2016). 한부모가정 아동의 역기능적 분노표현 방식이 우울과 외현화 문제행동에 미치는 영향: 가족기능성의 조절효과를 중심으로. 교육학연구, 54(1), 25-52.

임갑빈(2003). 신인간관계론. 서울: 동문사.

장휘숙(2009). 청년심리학. 서울: 박영사.

전병재(1974). Self-esteem: A test of its measurability. 연세논총, 11, 109-129.

정옥분(1997). 청년발달의 이해. 서울: 학지사.

정의석(2013). 진로상담의 이론과 실제. 서울: 시그마프레스.

정진선, 문미란(2008). 인간관계의 심리: 이론과 실제. 서울: 시그마프레스.

정창우(2015). 인성교육의 이해와 실천. 경기: 교육과학사.

정현숙, 유계숙(2002). 가족관계학. 서울: 신정.

조난심, 문용린, 이명준, 김현수, 김현지, 이우용(2004). 인성 평가 척도 개발을 위한 기초 연구. 서울: 한국교육과정평가원.

조성연, 문미란, 정진선(2005). 가족관련 변인과 역기능적 진로사고의 관계. 한국심리학회지: 상담 및 심리치료, 17(1), 111-129.

조연순(2007). 초등학교 인성교육의 현상과 과제: 초등학교 아동의 특성 변화와 인성교육의 요구. 한국초등교육학회 학술대회 자료집, 15-38.

조연순, 김아영, 임현식, 신동주, 조아미, 김인정(1998). 정의교육과 인성교육 구현을 위한 기초연구 1. 교육과학연구, 28(1), 131-152.

조용태, 김창현, 유경미, 이기용(2016). 인성의 이해와 실제. 경기: 공동체.

조은경(2007). 팀워크를 위한 10가지 성공전략. 서울: 가람문화사.

조현(2009). 여성의 우울증. 서울: 계축문화사.

지동직(2006). 배려의 기술. 서울: 북스토리.

지은림, 도승이, 이윤선(2013). 인성지수 개발 연구. 세종: 교육부.

지은림, 이윤선, 도승이(2014). 인성측정도구 개발 및 타당화. 윤리교육연구, 35, 151-174.

질병관리본부(2007). 소아 · 청소년 표준 성장도표. 대한소아과학회 .

천세영, 김왕준, 성기옥, 정일화, 김수아, 방인자(2012). 인성교육 비전 수립 및 실천방안연구. 교육과학기술부.

통계청(2018). 2017년 혼인이혼통계.

한국심리검사연구소(2004). MBTI 데이터뱅크.

한규석(2009). 사회 심리학의 이해. 서울: 학지사.

한기연(2003). 분노 스스로 해결하기. 서울: 학지사.

현외성(2011). 자원봉사론 강해. 서울: 학지사.

현주, 임소현, 한미영, 임현정, 손경원, 장가람(2014). KEDI 초중등학생 인성수준 조사 및 검사도구의 현장 활용도 제고 방안 연구. 서울: 한국교육개발원.

현주, 최상근, 차성현, 류덕엽, 이혜경(2009). 학교 인성교육실태 분석 연구: 중학교를 중심으로. 한국교육개발원 연구보고 RR 2009-09.

홍강의, 정도언(1982). 사회재적응 평가척도 제작: 방법론적 연구. 신경정신의학, 21(1), 123-136.

홍경자(2007). 의사소통의 심리학. 서울: 학지사.

홍경자(2010). 청소년의 인성교육. 서울: 학지사.

홍경자(2012). 의사소통의 심리학. 서울: 학지사.

황매향, 김연진, 이승구, 전방연(2013). 진로탐색과 생애설계. 서울: 학지사.

Adler, A. (1964). *Individual Psychology of Alfred Adler*. Vol. 1154. Harper Collins.

Altman, I., & Taylor, D. A. (1973). *Social penetration: The development of interpersonal relationships*. New York: Holt, Rinehart & Winston.

Arnett, J. J. (1994). Are college student adults? Their conceptions of the transition to adulthood. *Journal of Adult Development, 1*(4), 213-224.

Arnett, J. J. (1997). Young people's conceptions of the transition to adulthood. *Youth & Society, 29,* 1-23.

Arnett, J. J. (2000). Emerging adulthood: A theory of development from the late teens through the twenties. *American Psychologist, 55*, 469-480.

Arnett, J. J. (2001). Conceptions of the transition to adulthood: Perspectives from adolescence through midlife. *Journal of Adult Development, 8*(2), 133-143.

Aronson, E., Akert, R. M., & Wilson, T. D. (2016). 사회심리학(Social Psychology). (박권생, 이재호, 최윤경, 김민영 공역). 서울: 시그마프레스.

Bar-Tal, D. (1982). Sequential development of helping behavior: A cognitive-learning approach. *Developmental Review, 2*(2), 101-124.

Bar-Tal, D., & Raviv, A. (1982). A cognitive-learning model of helping behavior development: Possible implications and applications. *The development of prosocial behavior*, 199-217.

Batson, C., Duncan, B., Ackerman, P., Buckley, T., & Birch, K. (1981). Is empathic emotion a source of altruistic motivation? *Journal of Personality and Social Psychology, 40*(2), 290-302.

Baumrind, D. (1975). *Early socialization and the discipline controversy*. Morristown, NJ: General Learning Press.

Beck, A. T. (1967). *Depression: Clinical, Experimental, and Theoretical Aspects*. New York: Harper & Row.

Benson, P. L., Scales, P. C., Hawkins, J. D., Oesterle, S., & Hill, K. G. (2004). *Successful young adult development*. A Report Submitted to the Bill and Malinda Gates Foundation.

Berndt, T. J. (1996). Exploring the effects of friendship quality on social development. In W. M. Bukowski, A. F. Newcomb, & W. W. Hartup (Eds.), *Cambridge studies in social and emotional development. The company they keep: Friendship in childhood and adolescence* (pp. 346-365). New York, NY, US: Cambridge University Press.

Berndt, T. J. (2004). Children's friendships: Shifts over a half-century in perspectives on their development and their effects. Merrill-Palmer Quarterly. *Journal of Developmental Psychology, 50*(3), 206-223.

Blake, R. R., & Mouton, J. S. (1964). *The managerial Grid*. Houston: Gulf Publishing Company.

Bukowski, W. M., Newcomb, A. F., & Hartup, W. W. (1998). *The Company They Keep Friendship in Childhood and Adolescence*. Cambridge, England: Cambridge University Press.

Coke, J. S., Batson, C. D., & McDavis, K. (1978). Empathic mediation of helping: A two-stage model. *Journal of Personality and Social Psychology, 36*, 752-766.

Coopersmith, S. (1967). *The antecedents of self-esteem*. San Francisco: W. H. Freeman.

Corey, J. (1999). 집단심리상담의 이론과 실제(Theory and practice of group counseling). (조현춘 외 공역). 서울: 시그마프레스.

Covey, S. R. (2003). 성공하는 사람들의 7가지 습관(김경섭 역). 서울: 김영사. (원서는 2000년에 출판).

Cunningham, M. R., Shaffer, D. R., Barbee, A. P., Wolff, P. L., & Kelley, D. J. (1990). Separate processes in the relation of elation and depression to helping: Social versus personal concerns. *Journal of Experimental Social Psychology, 26*(1), 13-33.

Darley, J. M., & Batson, C. (1973). From Jerusalem to Jericho: A study of situational and dispositional variables in helping behavior. *Journal of Personality and Social Psychology, 27*, 100-108.

Darley, J. M., & Latané, B. (1968). Bystander intervention in emergencies: Diffusion of responsibility. *Journal of personality and social psychology, 8*(4p1), 377.

Dickens, W. J., & Perlman, D. (1981). Friendship over the life-cycle. In S. W. Duck & R. Gilmour (Eds.), *Personal relationships 2: Developing personal relationships*. New York: Academic Press.

Duvall, E. (1971). *Family development*. Philadelphia: Lippincott.

Eisenberg, N. (1979). The development of children's prosocial moral judgment. *Developmental Psychology, 15*, 128-137.

Eisenberg, N., & Hand, M. (1979). The relationship of preschoolers' reasoning about prosocial moral conflicts to prosocial behavior. *Child Development. 50*(2), 356-363.

Eisenberg, N., & Miller, P. A. (1987). The relation of empathy to prosocial and related behaviors. *Psychological Bulletin, 101*, 91-119. Social motivation.

Ellis, A. (1997). Must musturbation and demandingness lead to emotional disorders? *Psychotherapy: Theory, Research, Practice, Training, Vol 34*(1), 95-98.

Erber, R., & Erber, M. (2001). *Intimate relationships: Issues, theories, and research*. Needham Heights: Allyn & Bacon.

Evans, S., & Cohen, S. S. (2001). *Que la gota no desborde el vaso: Manual para la resolución de conflictos*. Grijalbo.

Friedman, M., & Rosenman, R. H. (1974). *Type A and your heart*. New York: Knoph.

Furman, W., & Buhrmester, D. (1985). Children's perceptions of the personal relationships in their social networks. *Developmental Psychology, 21*(6), 1016-1024.

Gordon, T., & J. G. Sands, (1976). *Parent effectiveness training in action*. The Putnam Publishing Group.

Greenberger, D., & Padesky, C. A. (1999). 기분다스리기(권정혜 역). 서울: 학지사.

Hawkins, J. D., Oesterle, S., & Hill, K. G. (2004). *Successful Young Adult Development*. Research Report in Bill & Melinda Gates Foundation.

Higgins, E. T. (1987). Self-discrepancy: A theory relating self and affect. *Psychological Review, 94,* 319-340.

Holland, J. L. (1992). *Making Vocational Choices. A theory of vocational personalities and work environment*(2nd ed.). Odessa, FL: Psychological Assessment Resources.

Holland, J. L., (1997). *Making vocational choices: A theory of vocational personalities and work environments* (3rd ed.). Odessa, FL, US: Psychological Assessment Resources.

Holmes, T. H., & Rahe, R. H. (1967). The social readjustment rating scale. *Journal of psychosomatic research, 11*(2), 213-218.

Honig, A. S. (1982). Prosocial development in children. *Young Children, 37*(5), 51-62.

Hornblower, M. (1997). Great Xpectations. *TIME, 129*(23), 58-68.

Irish, D. P. (1964). Sibling interaction: A neglected aspect in family life research. *Social forces 42*(3), 279-288.

James, W. (1890). *Principles of psychology*. New York, NY: Holt.

Jang, S. M. (1996). Concept of human nature and education. *The journal of Elementary Education, 10,* 5-18.

Jim, B. (1999). *Coping Styles Questionnaire. Kaiser-Permanente Medical Center and Health Styles.* Santa Clara, Calif.

Jourard, S. M. (1971). *The Transparent Self* (Rev ed.). New York: Van Nostrand Reinhold.

Knubben, K., Reischies, F. M., Adli, M., Schlattmann, P., Bauer, M., & Dimeo, F. (2007). A randomised, controlled study on the effects of a short-term endurance training programme in patients with major depression. *British Journal of Sports Medicine, 41*(1), 29-33.

Larson, R., & Richard, M. H. (1994). Family emotions: Do young adolescents and their parents experience the same states? *Journal of Research on Adolescence, 4*(4), 567-583.

Latané, B., & Darley, J. (1970). *The Unresponsive Bystander: Why Doesn't He Help?* New York, NY: Appleton-Century-Crofts.

Lazarus, R. S., & Folkman, S. (1984). *Stress, appraisal, and coping.* Springer publishing company.

Levinson, D. J. (1978). *The seasons of a man's life.* New York: Ballatine.

Lickona, T. (2006). **인격교육의 실제** (유병열, 서강식, 김태훈, 김항인 공역). 경기: 양서원. (원서는 2004년에 출판)

Marcia, J. E. (1980). Identity in adolescence. In J. Adelson (Ed.), *Handbook of adolescent psychology.* New York: John Wiley.

Marcia, J. E. (1999). Representational thought in ego identity, psycholotherapy, and psychosocial developmental theory. In I. E. Sigel (Ed.), *Development of mental representation: Theories and application.* Mahwah, NJ: Erlbaum.

Marcia, J. E. (2001). A commentary on Seth Schwartz's review of identity theory and research. *Identity, 1*(1), 59-65,

Marcia, J. E. (2002). Identity and psychosocial development in adulthood. *Identity, 2*(1), 7-28.

Markus, H., & Nurius, P. (1986). Possible Selves. *American Psychologist, 41*, 954-969.

Mead, G. H. (1934). *Mind, Self, and Society from the Standpoint of a Social Behaviorist.* Chicago, IL: University of Chicago Press.

Miller, L., & Smith, A. D. (1985). *Stress Vulnerability Scale.* University of California, Berkeley Wellness Letter.

Newman, M. A. (1994). *Health as Expanding Consciousness* (2nd ed.). Sudbury, MD: Jones & Bartlett, National League for Nursing.

Nichols, M. P. (1999). *Inside family therapy: A case study in family healing.* Boston: Allyn & Bacon.

Noddings, N. (2002). **배려교육론: 인간화교육을 위한 새로운 접근**(추병완, 박병춘, 황인표 공역). 서울: 다른 우리.

Novaco, R. W. (1994). Anger as a Risk Factor for Violence Among the Mentally Disordered. From *Violence and Mental Disorder: Developments in Risk Assessment* (pp. 21-59). Chicago, IL: University of Chicago Press.

Pearson, Q., & Nicholson (2000). Comprehensive character education in the elementary school. *Journal of Humanistic Counseling, Vol. 38,* No. 4, 243-251.

Potter-Efron, R., & Potter-Efron, P. (1995). *Letting Go of Anger: The 10 Most Common Anger Styles and What to Do about Them.* New Harbinger Publications

Resenberg, M. (1965). *Society and adolescent self-image*. Princeton, NJ: Princeton University Press.

Reykowski, J. (1982). Social motivation. *Annual Review of Psychology, 33*, 123-154.

Roskies, E. (1998). 건강성격을 위한 스트레스 관리 프로그램(이종목, 이계윤, 김광운 공역). 서울: 학문사.

Roskies, E. (2010). 건강성격을 위한 스트레스 관리 프로그램(이종목, 이계윤, 김광운 공역). 서울: 학문사.

Seligman, M. E. (1975). *Helplessness: On depression, development, and death*. WH Freeman/Times Books/Henry Holt & Co.

Selye, H. (1956). *The stress of life*. New York, NY, US: McGraw-Hill.

Shantz, C. U., & Hobart, C. J. (1989). Social conflict and development: Peers and siblings. In T. J. Berndt & G. W. Ladd (Eds.), *Peer Relationships in Child Development*. New York, NY: Wiley.

Simonton, O. C., Simonton, S., & Creighton, J. (1978). *Getting well again: A step-by-step, self-help guide to overcoming cancer for patients and their families*. Tarcher.

Sothmann, M. S., Horn, T. S., Hart, B. A., & Gustafson, A. B. (1987). Comparison of discrete cardiovascular fitness groups on plasma catecholamine and selected behavioral responses to psychological stress. *Psychophysiology, 24*(1), 47-54.

Spodek, B. (1982). *Handbook of research in early childhood education*. New York, NY: Macmillan.

Sternberg, R. J. (1986). A triangular theory of love. *Psychological Review, 93,* 119-135.

Stinett, N. (1985). Strong families. In J. M. Henslin (Ed.), *Marriage and family in a changing society*. New York: The Free Press.

Stinett, N., & Defrain, J. (1989). The healthy family: Is it possible? In M. J. Fine (Ed.), *The second handbook on parent education*. New York: Academic Press.

Upton, B. G. J. (1982). Oceanic islands. In A. E. M. Nairn & F. G. Stehli (Eds.), *The Ocean Basins and Their Margins*. New York, NY: Plenum.

U. S. Department of Education (2008). Partnerships in character education, State pilot projects,

1995-2001: Lessons Learned. Washington, D. C.: Office of Safe and Drug-free Schools, Character Education and Civic Engagement Technical Assistance Center.

Wentzel, K., & Erdley, C. (1993). Strategies for making friends: Relations to social behavior and peer acceptance in early adolescence. *Developmental Psychology, 29*, 819-826.

Williams, R., & Williams, V. (2001). **분노가 죽인다**(고경봉 역). 서울: 한언.

Zajonc, R. B. (1968). Attitudinal effects of mere exposure. *Journal of Personality and Social Psychology Monograph, 9*(2), 1-28.

기사 및 웹사이트

뉴스토마토(2016. 09. 23). 임산부 배려석엔 '배려'가 없다. http://www.newstomato.com/ReadNews.aspx?no=691719

아시아경제(2016. 7. 26.). 경기도 '대학생 행복멘토링'으로 풍도가 젊어졌어요. http://www.asiae.co.kr/news/view.htm?idxno=2016072608323892360

연합뉴스(2001. 1. 27.). '살신성인' 한국유학생 부모 도쿄 도착. https://www.yna.co.kr/view/AKR20010127005800009?section=search

연합뉴스(2016. 10. 21.). 불길 · 물속 뛰어들고 총격범 덮친 한국의 '착한 사마리아인'. http://www.yonhapnews.co.kr/bulletin/2016/10/19/0200000000AKR20161019144800053.HTML?input=1195m

위키백과. 우울증. https://ko.wikipedia.org/wiki/%EC%9A%B0%EC%9A%B8%EC%A6%9D

위키백과. 사회복지자원봉사 인증관리. https://ko.wikipedia.org/wiki/%EC%82%AC%ED%9A%8C%EB%B3%B5%EC%A7%80_%EB%B4%89%EC%82%AC%ED%99%9C%EB%8F%99_%EC%9D%B8%EC%A6%9D%EA%B4%80%EB%A6%AC

유튜브. 직장 내 성희롱 예방 동영상. https://www.youtube.com/watch?v=EY9ZbVag6xw

이투데이(2016. 8. 29.). 삼성전자, 직함 빼고 "○○님"… 직급체계 4단계로 단순화. http://www.etoday.co.kr/news/section/newsview.php?idxno=1376814

전북도민일보(2016. 7. 28.). 대학생들의 벽화 자원봉사활동, 도시가 아름다워진다. http://m.domin.co.kr/news/articleView.html?idxno=1117829

조선일보(2016. 6. 6.). 대졸 신입사원 4명 중 1명, 입사 1년 내 퇴사. http://news.chosun.com/site/data/html_dir/2016/06/06/2016060600882.html

중앙일보(2016. 10. 8.). 지하철 9호선에 테디베어가 놓인 이유는. https://news.joins.com/article/20694664

한국일보(2014. 12. 21.). 기부 단체 선별법 6가지. http://www.hankookilbo.com/v/d37d436ea3624e5590742aad2e7878b3

한국일보(2017. 10. 21.). 대학생 고민 1순위는 취업?... '주변관계'를 더 걱정했다. http://www.hankookilbo.com/News/Read/201710210496987122

고든트레이닝 http://www.gordontraining.com/thomas-gordon/origins-of-the-gordon-model/

국가법령정보센터 http://www.law.go.kr

꿈날개 온라인경력개발센터 http://www.dream.go.kr/dreamfront/main/index.do

마인드 트레이닝 www.mindtraining.co.kr

마중물가치교육연구소 http://ecovalue.kr

삼성서울병원 우울증 센터 http://www.samsunghospital.com/dept/main/index.do?DP_CODE=DEP

서울대학교병원 의학정보실 https://m.snuh.org/pub/infomed/sub01/sub01/

아시아경제 http://m.asiae.co.kr

워크넷 http://work.go.kr

조대신문 http://www.chosun.ac.kr/user/indexMain.do?siteId=chnews

코리안스피릿 http://www.ikoreanspirit.com/

한국MBTI연구소 http://www.mbti.co.kr

한국교류분석협회 http://www.ta.or.kr

Josephson Institute http://josephsoninstitute.org

찾아보기

인명

내용

저자 소개

❙ 박명순(Park Myongshun)

연세대학교(교육학 석사)
독일 튀빙겐대학교 사회과학 박사(교육심리학 전공)
전 경기도 가족여성연구원 원장
현 경인여자대학교 유아교육학과 교수

〈주요 저서 및 역서〉
부모교육(공저, 학지사, 2015)
아동을 위한 세계시민교육(공역, 학지사, 2012)
영재교육을 이끈 세기의 학자들(공역, 학지사, 2016)

❙ 이미진(Lee Mijin)

연세대학교(문학사, 교육학과)
연세대학교 교육학과 교육학 박사(교육심리 전공)
전 경인여자대학교 유아교육과 초빙교수
이화여자대학교 학교폭력예방연구소 연구교수
현 연세대학교 교육연구소 전문연구원

〈주요 저서〉
부모교육매뉴얼(여성가족부, 2017)
청소년 자녀가 기대하는 부모역할수행 검사: 부모용(공저, 인싸이트심리검사연구소, 2018)
학교폭력 피해·가해학생을 위한 집단상담 프로그램 "도담도담(道談道談)"(공저, 카운피아 원격교육연수원, 2018)

❙ 배성혜(Bae Sunghye)

연세대학교(문학사, 영어영문학과)
연세대학교 교육학과 교육학 석사(교육심리 전공)
전 서울여자대학교 바롬인성교육원 강사
현 경인여자대학교, 서울여자간호대학교, 명지전문대학 강사

대학생을 위한
인성교육: 나, 너, 우리
Character Education: With Our Life

2019년 3월 20일 1판 1쇄 발행
2021년 3월 25일 1판 2쇄 발행

지은이 • 박명순 · 이미진 · 배성혜
펴낸이 • 김진환
펴낸곳 • ㈜학지사
04031 서울특별시 마포구 양화로 15길 20 마인드월드빌딩
대표전화 • 02-330-5114 팩스 • 02-324-2345
등록번호 • 제313-2006-000265호

홈페이지 • http://www.hakjisa.co.kr
페이스북 • https://www.facebook.com/hakjisa

ISBN 978-89-997-1688-1 93370

정가 18,000원

이 도서의 국립중앙도서관 출판시도서목록(CIP)은 서지정보유통지원시스템 홈페이지(http://seoji.nl.go.kr)와 국가자료공동목록시스템(http://www.nl.go.kr/kolisnet)에서 이용하실 수 있습니다.
(CIP 제어번호: CIP2019008084)